古籍保护研究

第十四辑

《古籍保护研究》编委会 编

国家图书馆出版社

图书在版编目（CIP）数据

古籍保护研究．第十四辑 /《古籍保护研究》编委会编．-- 北京：国家图书馆出版社，2024. 9. -- ISBN 978-7-5013-8141-8

Ⅰ. G253.6-53

中国国家版本馆 CIP 数据核字第 2024334XZ5 号

书　　名　古籍保护研究（第十四辑）
著　　者　《古籍保护研究》编委会　编
责任编辑　潘云侠
装帧设计　付铁铁

出版发行　国家图书馆出版社（北京市西城区文津街 7 号　100034）
（原书目文献出版社　北京图书馆出版社）
010-66114536　63802249　nlcpress@nlc.cn（邮购）
网　　址　http://www.nlcpress.com
排　　版　九章文化
印　　装　北京武英文博科技有限公司
版次印次　2024 年 9 月第 1 版　2024 年 9 月第 1 次印刷

开　　本　710 × 1000　1/16
印　　张　18
字　　数　295 千字
书　　号　ISBN 978-7-5013-8141-8
定　　价　80.00 元

国家古籍保护中心主办
天津师范大学古籍保护研究院承办

编辑委员会

目　录

修复与装潢

保藏与利用

再生与传播

版本与鉴赏

书评与书话

研究生论坛

CONTENTS

首届古籍保护人才发展论坛综述

A Summary of the First Forum on the Development of Ancient Books Preservation and Conservation Talents

庄秀芬

摘　要:2023 年 6 月 27 至 28 日,“首届古籍保护人才发展论坛”在苏州举办,来自全国 31 个省、自治区、直辖市的公共图书馆、高校图书馆及社会团体的百余名专家学者参会。本次论坛分为主旨报告、分论坛研讨两个部分,分论坛由公共图书馆分论坛、高等院校分论坛、社会组织分论坛三场组成。论坛主要围绕古籍保护学科建设、创新古籍保护人才培养形式、古籍保护人才职业发展路径、社会力量如何参与古籍保护人才培养等问题进行研讨。

关键词:古籍保护;人才培养;学科建设

古籍保护人才培养作为“中华古籍保护计划”的重点工作之一,从 2007 年至今取得了丰硕的成果。国家古籍保护中心通过培训基地、高等院校、传习所“三位一体”的人才培养模式,推动古籍保护学科体系建设,形成了古籍保护人才培养的长效机制。经过十余年的努力,全国古籍保护从业人员数量得到快速增长,有力推动了“中华古籍保护计划”的顺利开展。然而,随着人才培养工作的深入发展,高精尖人才欠缺、学科体系不完善、资金匮乏等问题仍然普遍存在。打造素质优良的古籍人才队伍,为古籍保护业界、高等院校及社会团体搭建交流平台,发动各方力量共同为未来古籍保护人才发展出谋划策成为新时代古籍保护人才发展的迫切需要。

2023 年 6 月 27 日,由国家图书馆(国家古籍保护中心)主办,南京图书馆（江苏省古籍保护中心）、苏州市文化广电和旅游局协办，苏州图书馆（苏州市古籍保护中心）承办的“首届古籍保护人才发展论坛”在苏州图书馆隆重开幕。文化和旅游部公共服务司二级巡视员龙晓华，江苏省文化和旅游厅二级巡视员王洪舟，苏州市人民政府副秘书长盛乐出席开幕式并分别致辞。与会领导对此次论坛寄予厚望，希望以本届论坛为契机，凝聚各方力量，推动新时代古籍保护人才队伍建设再上新台阶。

本次论坛分为主旨报告和分论坛研讨两部分，主旨报告共有 11 个，分论坛共设 3 场。

一、主旨报告

苏州市委常委、宣传部部长金洁，《广州大典》编纂委员会主任陈建华，北京大学副校长王博，国家图书馆常务副馆长、国家古籍保护中心副主任张志清，中国科学院院士、复旦大学原校长、复旦大学中华古籍保护研究院院长杨玉良，天津师范大学校长钟英华，中山大学国家文化遗产与文化发展研究院院长程焕文，上海图书馆馆长陈超，南京图书馆馆长陈军，国家民委全国少数民族古籍整理研究室业务处处长杨硕，中国古籍保护协会会长刘惠平先后作主旨报告，根据报告内容将其略加归类，分别概述。

（一）政府出资多种渠道培养古籍保护人才

1.“中华古籍保护计划”专项经费培养古籍保护人才

国家古籍保护中心副主任张志清就“中华古籍保护计划”开展以来古籍保护人才培养工作情况做了报告。2007 年 1 月，国务院办公厅印发《关于进一步加强古籍保护工作的意见》（国办发〔2007〕6 号），我国历史上首次由政府主持开展的国家级重要文化工程——“中华古籍保护计划”正式启动。计划实施 16 年来，国家财政每年拨付专项经费用于古籍保护整体工作，其中重要内容之一就是“加强古籍修复、鉴定、普查等培训工作，培养一批具有较高水平的古籍保护专业人员”。截至 2022 年底，国家古籍保护中心已举办各类培训班 230 余期，培训学员超过 1.9 万人次，覆盖全国 2000 余家古籍收藏单位。

为拓宽古籍保护人才培养渠道，建立人才培养长效机制，国家古籍保护中心创立培训基地、高等院校、传习所“三位一体”的古籍保护人才培养模式：依托国家古籍保护人才培训基地和各省级古籍保护中心开展在职人员培训，不仅培养了一支覆盖全国的古籍保护人才队伍，而且充分发挥培训基地优势，打造了各具特色的人才培训基地;依托国家级古籍修复技艺非遗传承项目建设传习所,不仅培养了古籍修复骨干人才,修复了一批珍贵古籍,而且建立了覆盖全国的古籍修复技艺传承体系;依托高等院校,不仅培养了一批古籍保护新生力量,而且推动了古籍保护学科体系建设。此外,还利用社会力量扩大人才储备,和中国古籍保护协会合作开展“中华古籍普查文化志愿者服务行动”项目,和中国文物保护基金会、字节跳动公益合作,开展珍贵古籍修复项目,在完成项目的同时扩大了古籍编目和修复人才后备力量。

虽然“中华古籍保护计划”的开展使古籍保护各项成果显著,但是人才培养过程中依然存在十分突出的问题。

(1)高精尖人才缺乏。虽然目前古籍保护领域有一些专家作为学术引领,但是整体团队来看,能够利用前沿科技成果、先进科学方法推动古籍科学保护的高端技术人才还很欠缺。需要在行业大家的带领下培养出一批能够运用科技手段、融合多学科知识、开拓科学保护方法的新时代古籍保护尖端人才,推动古籍保护从经验保护走向科学保护。

(2)中年核心力量不足。老一辈专家大多年事已高,目前培养的年轻人占绝大多数,他们中被认可的传承者和接续者数量有限,古籍保护专家队伍断层现象十分突出。

(3)职业上升渠道不均衡。从事古籍保护工作的专业人员职业上升渠道不均衡,特别是修复人员评职称难,没有专门的职业认证和上升路径。而古籍修复工作的特殊性迫切需要职业资格认证去规范和管理。

(4)学科建设缺乏整合。目前开设古籍保护相关专业的院校还存在师资力量参差不齐、专业知识整合不足、人才划分不统一、培养目标不明确、长期保障机制缺失等问题。已有古籍保护相关的一级学科、二级学科及方向仅能包含古籍保护的部分内容,无法涵盖古籍保护的所有范围,当前的学科设置缺乏古籍保护人才培养的完整体系,学科整合迫在眉睫。

面对问题,国家古籍保护中心就今后重点工作做出规划:

(1)建立全国古籍保护人才平台。平台将一方面对古籍保护方面的专家学者、管理人员等进行动态管理,一方面通过在线培训、资源发布、学习交流等线上功能的实现,及时为中青年从业者提供进修和提升的机会。

(2)设立“古籍保护人才发展论坛”。围绕古籍保护人才培养路径、学科建设、业内需求、社会力量助力等热点问题进行研讨,推进古籍保护人才培养、就业、发展，推动古籍保护学科建立，团结各方力量共谋古籍保护未来发展。

（3）推动古籍保护学科整合提升。有效整合多学科资源，打造高素质教学队伍，建立符合古籍事业需要的“古籍保护学”或“大文献学”学科。在建立古籍保护学科的过程中，先期开展“古籍保护课程进校园”活动，在高校普及古籍保护知识，增强新时代大学生的古籍保护技能，为古籍保护事业培养后备力量。

（4）逐步建立古籍修复师职业认证制度。发挥国家古籍保护中心和中国古籍保护协会的作用，在“中华古籍保护计划”框架内开展古籍修复师资质评定试点工作，通过资质评定，规范古籍修复人员队伍建设，提高古籍修复工作的专业水平和成果认定标准。

（5）充分发挥国家古籍保护人才培训基地作用。结合各培训基地的自身优势，进一步打造适应地区发展、特点突出、具有行业引领作用的特色基地。同时希望更多的单位加入进来，共同稳步推进古籍保护人才培养。

2. 苏州市政府对古籍保护人才的培养

苏州市委常委、宣传部部长金洁在报告中讲到，苏州市自 2007 年以来在古籍普查、修复、整理出版、分级保护、数字化等方面取得了一定成绩。在建设现代化苏州图书馆的同时，坚持政策驱动、协同保护，打破行政壁垒，各系统协作等措施，加强古籍整理出版、数字转化、宣传推广等工作。

在古籍保护人才培养方面，苏州市政府一方面鼓励把从业人员“送出去”，通过参加国家级和省级的各类培训来提升专业人员素质；一方面积极“引进来”，通过招聘古籍专业博士、硕士充实本地古籍保护专业力量。同时加大人才激励保障政策，在“苏州宣传文化人才培训计划”的资助、评审中对古籍类人才进一步突出，加强分层培养，推动形成从青年拔尖人才、重点人才到领军人才的梯队。今后，苏州还将加强和全国古籍保护应用专业单位和机构的合作，多渠道培养古籍保护人才，打造新时代古籍工作的苏州样本。

3.《广州大典》编纂项目带动古籍保护人才培养

《广州大典》编纂委员会主任陈建华以《广州大典》编纂项目为例，分享政府牵头项目如何带动古籍人才的培养。《广州大典》是由中共广州市委宣传部、广东省文化厅（现广东省文化和旅游厅）策划并组织的项目，从启动到最后出版，历时十年。项目执行中，除依靠老专家把关定向外，主要依靠的是广东省立中山图书馆、中山大学图书馆、广州图书馆相关馆员。参与项目的人与项目共成长，有些人已成长为全国知名的古籍研究专家，有些人则成为古籍工作的骨干。

（1）《广州大典》与广州历史文化研究课题专项带动人才培养。《广州大典》与广州历史文化研究课题专项（含博士学位论文项目）从2013年开始设立，该项目旨在支持海内外学者、博士生对《广州大典》开展深层次的文化历史研究，涉及文学、历史学、考古学、哲学、图书情报与文献学、经济学、社会学、民族学等学科知识。来自北京师范大学、复旦大学、浙江大学、厦门大学、武汉大学、华中师范大学、澳门大学、中山大学、华南理工大学、暨南大学、华南师范大学等高校博士生受到资助。目前已资助重点课题51项、一般课题242项、博士论文67个、特别委托项目8个，合计资助368个项目。这些受到资助的学者和博士生在项目研究中逐渐成长为古籍研究型的专业人才。

（2）《广州大典·书志》的撰写带动人才培养。《广州大典·书志》是对《广州大典》所收古籍进行客观、全面的基本信息著录，具体包括责任者、内容简介、成书过程、批校题跋、牌记、刻工、讳字以及重要书目收录、单位收藏情况，钤印及底本来源等方面内容。参与《书志》撰写的作者共有137人，主要来自广东、江苏、浙江、北京、上海、天津、重庆、四川、安徽、香港、澳门等地的图书馆、高校与研究机构，其中博士、硕士为“主力军”。通过参与《书志》撰写，这些年轻的“主力军”可以说已经成为古籍整理队伍的新生力量。

（3）《广州大典普及书系》的推出带动人才培养。《广州大典普及书系》已出第一、二辑，共10多种广府名人读本，参与编写读本的，有少数学养深厚、研究有素的知名教授，更多的是青年学者，也有以老带新的合作编写者。参与普及书系读本的编写，让青年学者获得了深入认识《广州大典》所收古籍文献的机会，也使他们的研究能力得到快速提高。

（4）《广州大典》（民国编）对人才的培养。2017年，广州大典中心启动《广州大典》（民国编）相关工作，计划用十年或更长时间，广泛征集国内外档案馆、图书馆及私人所藏1912—1949年广东相关文献资料，内容涉及整个民国时期广东的政治、社会、经济、教育等方面，文献类型包括档案、报纸、期刊等出版物、音像制品等，按照专题方式整理影印出版。参与人员在整理有关图书、期刊、报纸和档案工作中，一方面对于国内民国时期广东文献的收藏情况进行摸底，编制文献目录，一方面参与文献的具体整理过程中，工作要求对文献高度熟悉，了然于胸，也使得这些人逐渐成长为文献整理人才。

（二）高等院校对古籍保护学科建设的推进

1. 全国高等院校古籍整理研究工作委员会（简称“古委会”）

北京大学副校长王博，以视频形式发言，介绍了古委会多年来对古籍文献专业人才培养所做的工作：一方面加强对古典文献专业青年教师的培养，一方面采取措施完善高校古籍保护学科专业机制，增加相关专业，推动相关专业建设。同时，古委会对今后古籍保护学科建设和人才培养做出新的规划。

（1）探索古籍保护学科建设。借鉴国外先进经验，整合现有古文献学科，力争将古文献学设置为一级学科，将古籍工作全过程内容贯穿到教学。在确立综合、全面、高效的人才培养模式的同时，建立完善、客观、公正的古籍保护工作评价体系，适应新时代古籍保护事业深入发展的需求。

（2）鼓励各综合院校利用自身优势整合教学与科研资源，招收古籍保护硕士、博士研究生，推进高端古籍保护人才培养。古委会未来五年将在符合条件的院校设立古籍保护教学实践基地，为研究生提供实践场所，强化教学、实习、实践三位一体的培养模式。

（3）充分利用古委会掌握的古文献师资与教学优势，联合公共图书馆业务力量全面开展高校古籍保护在岗人员的培养，同时将专职培训与研讨交流有机结合，拓展古籍保护在岗人员视野，提高业务水平。

2. 高校专家建言

（1）对古籍保护学科建设的建议

中国科学院院士、复旦大学原校长、复旦大学中华古籍保护研究院院长杨玉良，就如何推进古籍保护学科建设提出自己的观点。他指出，学科是人为的，是为人才培养设立的。由于人类知识比较复杂，把知识做了分类更有利于教学。要做学科建设，先要清楚这个学科包含哪些内容，做一个基本划定，划清边界。他建议将“古籍保护学”改称为“纸质文物保护学”，涵盖古籍、书籍、字画、纸雕、纸塑等所有纸质文物，进而扩展至对纸、墨等材料学的研究，甚至扩展至对艺术绘画笔法等方面的研究。这样就能把文献学所没有涵盖的古籍保护和修复研究，纸张材料学涉及的造纸工艺、自然条件和人为干预对纸的寿命的影响，艺术材料学涉及的绘画颜料、绘画方法等作为学科研究内容。同时，作为文物有展示和利用功能，“纸质文物保护学”也会涉及数字化研究方面的内容。另外，修复与保护还要与现代科学结合，有些古人做法不一定合理。例如，宣纸的竹浆里面加碱，熟宣里面加明矾，都使纸张被破坏，缩短了纸张寿命。要想开发出一种适用的、没有破坏性添加物且寿命长的纸张，就需要利用现代科学。

杨院士将纸质文物修复保护人才比喻为医学人才，给文物续命，但不可能寿命无限。因此，一方面要培养实际应用型人才，这部分培养到专业硕士基本能解决大量的实际问题；一方面要培养纸质文物基础问题研究型人才，这部分以学术硕士、博士为主要培养目标，介于二者中间的就是材料学研究人才的培养。按照这种划分，三者合理把握比例调配，也就满足了纸质文物保护所需要的人才。

杨院士强调，教材对于学科建设极其重要，只有把学科归类、涉及的知识内容深浅程度考虑非常详细，把学科涉及知识结构的每一个方面，深度宽度都框架好了，教材的基本框架定下来才能写。教材写成后还需要通过使用后不断修改，才能逐渐形成学科，只有先做好基础工作才有利于学科的成熟和建立。

（2）对古籍保护人才发展的建议

中山大学国家文化遗产与文化发展研究院院长程焕文认为，古籍保护人才与事业发展需要三个基本观念。

一是“文化自觉观”。古籍传承取决于文化自觉，文化自觉就是对自己文化的认知、认同，对其价值的尊重。依靠广大民众、决策者的文化自觉、思想自觉、行为自觉，传统文化才能传承下去。文化自觉是人才的试金石，更是衡量决策者和领导者的试金石。

二是“专业人才观”。未来传统技艺人才必须是高学历的专业人才，因为高学历者相对能力会更强，既具有足够的能力发展自己的事业，又有能力利用现代科技推动古籍保护事业发展。

三是“学科建设观”。高等教育是学科诞生的标志，专业学位、专门杂志、高校开始招生是学科产生的三个条件。学科专业造就人才培养体系，高校有了学科才能形成人才培养体系。目前中山大学已经有了第一个专业硕士点，即文献与文化遗产保护专业，以后在学科目录中有了古籍保护相关学科名称，学科就建立起来了。

3. 高校古籍保护人才培养实践

天津师范大学校长钟英华，介绍了天津师范大学在古籍保护人才培养上所做的实践工作。天津师范大学作为全国古籍保护人才培训基地，开展了古籍保护专业硕士培养。学校在古籍保护专业人才培养方面积极努力，发挥高校特有的育人功能，整合全校力量建设古籍保护专业教学条件和教学团队，成立古籍保护研究院，开启硕士、博士、博士后高层次人才培养工作。截至会议举办前已累计招收硕士 86 人，在读博士 2 人，博士后 3 人，就业古籍保护岗位的 53 人，为古籍保护专业队伍提供了新生力量。

天津师范大学积极探索古籍保护学科体系建设，已经初步形成古籍保护学科教学体系，建立研究院管理新模式。图书馆、历史文化学院、管理学院等相关学院负责人组成综合管理委员会，加强各学院、学科之间的交叉和融合，举全校之力重点建设交叉学科创新团队，形成学科交叉融合的师资力量，为人才培养的高质量提供必要的支撑。目前学校古籍保护人才培养稳步推进，正在迈向高质量的新阶段，今后还要完善人才培养机制，提升古籍保护传播与利用的广度和厚度，加大对人才培养、教学科研的支持力度，加大地区合作和人才培养的交流，助力新时期古籍保护人才培养的高质量发展。

（三）公共图书馆古籍保护人才培养经验交流

1. 上海图书馆

上海图书馆馆长陈超对新时代图书馆古籍人才工作做了重新思考。他认为古籍保护人才是新时期图书馆发展所需要的最重要的人才之一。古籍保护人才不仅是修复保护人才，还包括古籍整理与研究、服务与管理、科学与技术、展览展示和利用等多种人才，主要分为工匠型、专家型、管理型人才。图书馆要发展，必须懂得选人、用人、管人、育人、留人。上海图书馆通过“机制选人、平台用人、制度管人、项目育人”等方式培养人才，特别是从 2001 年开始实行的“2151”人力资源建设工程（选择 20 名优秀业务骨干，10 名经营管理人才，5 名学科带头人，10 名中年优秀业务人才，给予一定科研政策）为中青年人才跨中心交流、组队开展项目研究提供通畅的合作沟通渠道，为新进人员寻找学术研究兴趣点给予资金鼓励等，培养了一批骨干人才。新时代，上海图书馆将继续构建人才培养成长的途径，通过制定人力资源开发与管理制度、组织上海图书馆特色文化建设、建立“以人为本，以才为重”的人才观，营造出“重才、爱才、惜才、扶才”的浓厚氛围，促进古籍保护人才高质量发展，为古籍保护事业献力献策。

2. 南京图书馆

南京图书馆馆长陈军介绍了南京图书馆多年来古籍保护人才培养的实践经验。南京图书馆利用本地高校优势，联合南京艺术学院、金陵科技学院、南京市莫愁中等专业学校等培养古籍修复人才，申报“国家古籍保护人才培训基地”，在江苏省逐步建立起符合职业教育特点和用人单位岗位需求的古籍修复课程体系，率先形成“中专—大专—本科—硕士—博士”的古籍修复专业完整学历体系，为全国古籍保护事业持续输送了大量人才，也为江苏省古籍保护人才在职培训提供了更加有利的条件。江苏省古籍从业人员由2008年前30多人发展到目前200余人，本科学历以上人员占比超90%，建立了全省古籍保护工作人才梯队。

同时，南京图书馆立足古籍保护长远目标，制订并实施了江苏省古籍保护人员在职培训长期计划，坚持投入专项经费，通过举办全省古籍保护培训班、开展古籍普查志愿者活动、师带徒非遗技艺传习等形式培养古籍保护人才。南京图书馆还与莫愁中等专业学校进一步探索修复专业人才的留用。自2016年起，借助莫愁修复公司的建立，以劳务派遣的方式引进该校古籍修复专业的优秀毕业生，体现了馆校合作的“产学研”效益，也为修复专业人才的充分利用提供了机遇。

最后陈军馆长从扩大社会宣传、开拓古籍从业人员职业上升渠道、建立古籍修复师资质认证制度、加强古籍保护经费投入、推广古籍保护区域协作等方面提出古籍保护未来发展建议。

（四）少数民族古籍保护人才的培养

国家民委全国少数民族古籍整理研究室业务处处长杨硕，就新时代如何培养少数民族古籍保护人才进行交流。他认为培养少数民族古籍保护人才首先是政治能力培养。只有理清各民族共同性和差异性的关系、中华民族共同体意识和各民族意识的关系、中华文化和各民族文化的关系、物质和精神的关系，才能围绕铸牢中华民族共同体意识，深入整理反映各民族交往交流交融历史的古籍文献，挖掘弘扬蕴含其中的民族团结进步思想，引导各族群众树立正确的中华民族历史观。其次是古籍专业能力培养。既要学习民族语言文字，更要加强中国古典文献学相关知识培训。用人单位对于仅掌握民族语言的员工，要加强中国古典文献学培训，让他们与熟悉中国古典文献学的人共同工作，互相学习。选聘新人时，也要注意对此项能力的考核，不能只考核民族语言能力。对于没有掌握民族语言员工的单位，可在精通中国古典文献学的现有人员中培养他们的民族语言能力。没有培养条件的单位，可通过与专业单位开展民族古籍整理项目合作培养人才。

（五）社会力量助力古籍保护人才培养

中国古籍保护协会会长刘惠平在主旨报告中指出，社会力量参与古籍保护人才建设工作是有对象、有体系、有路径、有方法的，并根据实践归纳了“一个载体、两个方面、三种形式、四条路径”的工作思路。“一个载体”即中国古籍保护协会，“两个方面”即古籍保护行业的人才建设和扩大古籍保护的民众基础，“三种形式”包括项目策划、开展培训、组织交流，“四条路径”包括民间古籍保护工作者的培养、企业技术人才的培养、开展社会化文化志愿服务、社会公益资助。团结社会力量参与古籍保护人才建设能够形成多方合力、优势互补的局面，能将有志于促进古籍保护工作的企事业单位、志愿者和民间有识之士团结起来，助力古籍保护人才培养。

今后，中国古籍保护协会将继续加强各方协作力度，提升行业服务效能。通过分支机构独办、联办、合办等形式，面向社会开展一系列古籍保护人才培训活动。同时加强与国家和地方古籍保护中心、中国图书馆学会、国家标准化管理委员会、中国非物质文化遗产保护协会等在古籍保护人才培养上的合作，支持公藏非营利和民营古籍修复机构参与执业资格认定、人才培养标准、职业道德规范等方面的研究。还将充分发挥社会组织作用，拓展社会参与渠道，加强与古籍类企业合作力度，形成符合古籍保护新技术需求的企业后备人才培养机制。引导企事业单位、基金会等社会力量，以公益捐助形式，持续推进古籍保护人才建设公益资金的投入。通过加强顶层设计、政策引导，精准布局和体系化实施，社会力量就会成为促进古籍保护人才培养的有生力量，推进形成政府主导、社会力量参与的古籍保护人才建设新型模式。

二、分论坛

此次分论坛共设有公共图书馆分论坛、高等院校分论坛以及社会组织分论坛三场，分别由上海图书馆、复旦大学中华古籍保护研究院以及中国古籍保护协会负责召集。

（一）公共图书馆分论坛

公共图书馆分论坛于28日上午举行，来自全国32家公共图书馆的代表出席了会议，由上海图书馆馆长陈超主持。山东省图书馆副馆长李勇慧和四川省图书馆副馆长杜桂英分别做主题发言。李勇慧介绍了山东省古籍保护与人才培养工作思路及工作范围，并着重介绍了该馆与山东本地高校、全国古籍保护单位及社会力量的交流与协作；杜桂英在介绍四川省古籍保护工作近况的同时，分享了该馆结合古籍普查、古籍修复等工作探索创新人才培养新路径的相关经验。

主题发言结束后进入自由讨论环节，大家就古籍保护工作现状、人才培养的激励机制、上升渠道、项目驱动、培训、传习等具体议题展开了深入的交流探讨，一致认为古籍保护人才是公共图书馆发展所需要的重要的人才之一。随着时代发展，公共图书馆古籍保护人才的发展面临诸多机遇与挑战，本次论坛有效地促进了公共图书馆、高等院校以及社会力量的交流，为古籍保护人才发展提供了经验和机遇。今后，公共图书馆应当继续引领高层次古籍保护人才培养方向，将此次论坛中所吸收的先进培育理念和创新发展模式在全国范围内推广，并定期进行交流合作，拓宽人才培育渠道，凝聚各方力量，推动新时代古籍保护事业的不断向前迈进。

（二）高等院校分论坛

高等院校分论坛亦于28日上午举行，来自清华大学、复旦大学、南开大学、中山大学、南京大学、中国社会科学院大学、天津师范大学、贵州民族大学等10余所高校的30余名专家学者参会。该分论坛由复旦大学图书馆副馆长、中华古籍保护研究院常务副院长杨光辉主持。中山大学信息管理学院教授张靖、天津师范大学古籍保护研究院常务副院长姚伯岳、贵州民族大学图书馆馆长卢云辉、复旦大学中华古籍保护研究院副研究员闫玥儿、中国社会科学院大学历史学院副院长刘强做了主题发言。

张靖首先回顾了中山大学在古籍文献保护与修复学科的建设历程，提出当前古籍保护相关学科建设的四大困境，即：人才培养有方向无专业，学科发展重特色轻融合，学科方向偏传统欠现代，学科叙事显内向待开放。面对这四大困境，中山大学抓住学校自主审核新增专业学位授权点这一契机积极申报，于2022年正式获得国务院学位委员会批准，新增文献与文化遗产保护硕士（MPDaCH）专业，融合并依托信息资源管理一级学科进行“文献保护与修复、古籍整理与活化利用、非物质文化遗产数字化保护、文化遗产保护管理”四个方向的人才培养，使得这一领域成为信息资源管理学科转型过程中一个有历史渊源、有发展空间的学科生长点，也成为面向文化遗产保护传承重大战略的学科理论应用场域，从而实现了人才培养、学科发展、学科方向和学科叙事四大困境的突破。

姚伯岳以天津师范大学古籍保护学科设置为例，提出按照古籍原生性保护、再生性保护、传承性保护的思路，构建古籍保护的学科建设体系，理顺古籍保护各项工作内在逻辑关系，构建合理的古籍保护学科知识体系。

卢云辉从课程教学、专业实习实践、古籍保护志愿者培养、古籍保护知识培训、古籍修复进修等方面详细介绍了贵州民族大学图书馆古籍保护人才培养的基本情况，重点介绍了少数民族古籍整理与保护人才培养情况，并提出对贵州地方文献与民族古籍保护与管理人才培养的思考。

闫玥儿围绕复旦大学古籍保护博士学位点设立、博士生导师名录、博士生培养方案、博士生培养情况与研究成果等方面，介绍了古籍保护二级学科博士学位点情况，并重点介绍了复旦大学“科学、人文、艺术”三位一体的古籍保护科学研究平台。

刘强从学科培养平台、课程体系框架、主干课程解析与面临主要问题四个方面介绍中国社会科学院大学古籍保护人才培养工作，认为当前古籍保护人才培养恰逢学科调整的机遇，应当多学科交融，努力培养专业人才。同时也提出要关注学生就业去向问题。

（三）社会组织分论坛

社会组织分论坛于26日晚召开，由中国古籍保护协会副秘书长吴凯主持。中国古籍保护协会会长刘惠平首先介绍召开本次论坛的背景和基本思路，参会代表就社会力量参与古籍保护人才建设的必要性和可行性进行讨论。

社会公益服务代表认为，中国古籍保护协会组织的古籍普查志愿服务行动解决了基层馆藏单位人力、财力不足，工作难开展的问题，助力了全国古籍普查的完成，同时志愿者在行动中可以接触古籍，大大提升了认知水平，储备了古籍人才。

企业代表们分享了各自在技术创新方面的人才战略及需求，如：设立研究中心、与专业院校开展校企合作、做好人员培训、为人才争取应得的荣誉与待遇、为高校教学提供实践及实习基地、定期向大众直播分享、参与制定行业标准、开展“校、企、馆”多方面联合培养，扩大视野策划传统文化体验活动，争取人力资源和社会保障部的人员培养资格等等。同时也建议学校培养与社会培养相结合、申请社会资金进入文化传承事业中、设定从业资格考试、基于自身需求开展跨界融合培养、建立人才数据库，提供工匠人才技能提升渠道及待遇提升等。

分支机构代表认为，学校人才培养有必要走出校园，与社会力量结合，让学生有机会到企业实习、培训，培养符合社会需要的人才。同时高校可以为企业人才设置人才称号、荣誉称号评选等，为留住人才提供服务。

三、结语

自“中华古籍保护计划”实施以来，国家古籍保护中心多措并举，使古籍保护人才建设得到加强，专业队伍不断扩大，为古籍保护事业的持续发展提供了有力保障。党的二十大报告指出，教育、科技、人才是全面建设社会主义现代化国家的基础性、战略性支撑，人才是第一资源。为适应新时代古籍保护事业的切实需要，国家古籍保护中心根据自身职能，策划设立了“全国古籍保护人才发展论坛”交流平台，每年召开一届，由国家古籍保护中心主办，邀请文化和旅游部公共服务司指导。另设立古籍保护中心管理人才培养、古籍保护学科建设、古籍保护人才职业资格认定及在职培养、古籍保护社会力量参与人才培养等主题的分论坛，分别由国家古籍保护中心指导，全国高等院校、公共系统古籍收藏单位和中国古籍保护协会轮流牵头，每年适时举办。论坛紧扣当前古籍保护人才发展趋势和突出难题，邀请各方力量共谋古籍人才培养、就业、发展，推动建立古籍保护学科，推进古籍修复人员职业资格认定，促进社会力量参与古籍保护工作，为古籍保护事业持续、稳定、长远发展提供人才保障。“首届古籍保护人才发展论坛”的举办是一个良好的开端，以此为平台，各方力量通力合作，古籍保护事业一定能创造新的辉煌。

（庄秀芬，国家图书馆研究馆员）

江流万古　文润千年

——2023年中华传统晒书活动综述

An Overview of the Chinese Traditional Book Exposing Event in 2023

安　平

摘　要: 自2019年以来,"中华传统晒书活动"取得了积极的社会反响。2023年,国家图书馆(国家古籍保护中心)继续在全国范围内,以"江流万古　文润千年"为主题,号召组织晒书活动。文章梳理了此次系列活动的开展情况,总结分析了活动的特色亮点与社会成效。在这一系列的宣传推广工作中,各古籍收藏单位在转变思想、贴近群众、推陈出新方面均开展了有益探索。

关键词: 古籍保护;宣传推广;晒书

古籍是中华文明的瑰宝,凝聚着中华民族的思想智慧和历史记忆,其中蕴含的丰富精神、历史、文化价值是实现中华民族伟大复兴的重要源泉与不竭动力。党的十八大以来,在传承和弘扬中华优秀传统文化的实践过程中,党中央出台了一系列决策部署,为推动古籍保护事业的繁荣发展提供了基础与保障。2014年,习近平总书记指出"让收藏在博物馆里的文物、陈列在广阔大地上的遗产、书写在古籍里的文字都活起来"[1],为做好新时代古籍保护工作指明了方向、赋予了使命。

2019年,为进一步发挥古籍收藏单位特别是公共图书馆在古籍保护、传承文化中的主阵地作用,"中华传统晒书活动"应运而生。该活动由国家图书馆(国家古籍保护中心)策划,并组织全国古籍存藏机构共同参与实施,通过还原传统"晒书"习俗,全面展示古籍保护成就,让广大民众从看到古籍、认识古籍、逐步发展到了解古籍、参与古籍保护,营造全社会读书、爱书、藏书的良好风尚,让"晒书"成为历史文化传承与推广的有效途径。

一、"中华传统晒书活动"的背景介绍

晒书,亦称曝书,系指藏书者或政府管理图书的部门每年在特定的时间,将所藏图书拿出来晾晒,藉此以免除图书因潮湿而生蠹虫等受损状况,从而延长书籍寿命,是保护古籍的重要措施之一[2]。相关文献显示,我国晒书、曝书习俗流传已久。西周典籍《穆天子传》卷五中有关于"天子东游,次于雀梁,蠹书于羽林"的说法,是目前可以追溯到与"晒书活动"有关的最早记载。江少虞的《宋朝事实类苑》中记载:"秘省所藏书画,岁一暴之,自五月一日始,至八月罢。"[3]从中可以看出,宋朝的晒书活动不仅级别高,出现了由当时国家图书馆主办的大型书展,同时活动持续时间增长,先后长达四个月。由此可见,晒书这项习俗在宋朝发展壮大,随后历经元、明、清各代,逐渐发展为由官藏、私藏共同参与,以拜书、品书、祭书、咏书等各种形式组成的雅集,可谓是雅俗共赏、文脉相承的书籍盛宴。在21世纪的今天,重启"晒书会"这一传统项目,意义深远。这一系列活动主要是由国家古籍保护中心组织全国古籍存藏机构,借助各类宣传推广形式,丰富"晒书"的文化内涵,使其延伸出展示、阅读和推广的多重含义,将典籍保护的传统与文化传承相融合,实现典籍文化的传承与发展。

自2019年7月开始,中华传统晒书活动已连续举办5届,历年主题分别是:"不忘初心　饮水思源"(2019)、"传承经典　融古慧今"(2020)、"诗书继世　察古知今"(2021)、"启卷知新　文脉流长"(2022)、"江流万古　文润千年"(2023),30余个省、区、市数百家单位已晒出珍贵古籍近1000种,举办各类活动1000余场,制作各类古籍相关视频数百部,线上线下惠及群众2700万人次。晒书活动主要内容包括"晒国宝""晒技艺""晒保护""晒经典"等,重点通过国家图书馆(国家古籍保护中心)号召,省级古籍保护中心在本省范围内组织古籍收藏单位和民间收藏家,广泛采取体验活动、展览、沙龙、讲座等多种形式,向公众介绍国家珍贵古籍中所蕴含的历史智慧、背后故事及其制作修复技艺。晒书活动主会场以山东曲阜为起点,再到浙江杭州、江苏扬州,活动参与范围逐渐扩大,形式愈发丰富,影响日益显著。

二、2023 年“中华传统晒书活动”的基本情况

在“江流万古　文润千年”主题引领下，2023 年“中华传统晒书活动”于 7 月至 11 月期间在全国广泛开展。各地结合自身文化特色和历史背景，举办了一系列丰富多彩的活动，有效促进了长江、黄河、大运河沿线不同地区文化的交流互动。8 月 22 日，活动启动仪式在江苏扬州市图书馆举办，标志着本年度晒书活动正式开启。仪式当天，还开展了典籍展览、专题讲座、沙龙论坛等活动，全国各省级古籍保护中心的代表齐聚一堂，分享经验、展示成果。

在 5 个月的时间内，北京、山东、湖南、云南、海南等全国 20 余个省份近 100 家古籍公藏单位举办了各类特色活动数百场，涵盖省、市、县等不同层级，公共图书馆、学术机构附属图书馆、博物馆等各个类别的古籍存藏单位，以“国宝典籍、经典著作、非遗技艺、发展新貌”为展示内容，采用通俗易懂的形式，让貌似“高冷”的古籍走向普通民众。

作为 2023 年晒书活动的特色栏目，国家图书馆（国家古籍保护中心）与央视频联合举办的“沿着运河读典籍”系列活动反响热烈。其中，配合启动仪式上线的“古籍里的扬州运河文化”直播视频，吸引近 200 万人次在线观看，拉开了 2023 年晒书活动宣传的序幕。

三、2023 年“中华传统晒书活动”的特色亮点

（一）活动主题鲜明，参与地域广泛

晒书系列活动在主题策划和内容安排方面，注重与国家重大战略发展规划相结合。特别是 2023 年从长江、黄河、大运河文化保护传承着手，组织号召各地以古籍为媒介，探索其中关于“大江大河”等历史文化遗迹的时代印记和价值内涵，宣传展示近年来古籍保护的重要成果。各省市参与的主动性和积极性持续高涨，以行政地理分区划分为例，华东、华北、华南、西南、西北、华中、东北地区均有相关活动涉及，覆盖率较高。

例如，北京、天津、河北、河南、安徽等大运河途经的 8 个省市，都以“展览展示、讲座推广、互动体验、研学交流”等多种活动形式为载体，将运河文化资源与古籍中的故事与知识相结合，晒出了运河沿线的自然风貌、发展脉络和文化底蕴。其中，扬州作为京杭大运河的原点城市、中国大运河申遗牵头城市，举办启动仪式正是紧扣“大运河文化保护传承利用”主题的匠心之举。山东省图

书馆和河南省图书馆从馆藏资源入手，举办专题文献展，寻找典籍里的运河记忆，展示古老运河的历史沧桑和人文风情，为大运河文化的传承与发展提供新方向。

与此同时，黄河与长江沿线省市的晒书活动也如火如荼。各地以古籍为出发点，展现了沿江、沿河地区民生繁衍、社会变迁和文化发展。如内蒙古聚焦与“老牛湾段黄河和长城”相关的典籍文献，在官方微信公众号上推出“黄河与长城的第二次握手”线上古籍展，讲述古籍中的黄河故事与丰富内涵，弘扬黄河文化、坚定文化自信。武汉图书馆联合长沙图书馆、成都图书馆以“古籍中的名楼”为主题，展示长江流域的地理风貌、人文风采。

（二）结合地方特色，创新活动形式

活动期间，各地各单位积极发挥主观能动性，根据自己独特的藏书和文化遗存特点，创新创造，将晒书和地方文化旅游相结合，开展了形式多样的展览展示、体验活动，推动文旅融合、研学互动，营造出全社会参与、关注、保护和传承古籍的浓厚氛围，使“中华传统晒书节”逐步成为保护典籍、传承文明的节日。

如湖南图书馆根据本省“一江一湖三山四水”的生态格局，举办“溯百代之源流　揽全湖之胜概”洞庭湖文化文献展，多角度展示洞庭湖的发展变迁、自然风光和人文历史，使读者从中感受这里百年前的风貌。云南省图书馆举行“六百年翠湖与百年云图——流动的云南生活”主题研学活动，让参与读者体会昆明的山水之胜、人文之美，了解昆明历史，深入体验传统文化。苏州图书馆组织亲子家庭参与“吴门缥缃”之“金螭璎珞系美玉　七夕时节话红楼”晒书活动，借助“七夕”传统习俗，引导小朋友走近古籍，感受文化传承。内蒙古自治区图书馆开展“解锁尘封的记忆　聆听古籍的声音”和“文字里的内蒙古”线上推介活动，以官方微信公众号为平台，通过图文并茂、影音结合的方式讲述古籍故事，既易于理解、生动灵活，又便于传播，为古籍的传承开辟了新的途径。首都图书馆携手孔庙和国子监博物馆，举办“制作线装书”主题活动，使读者近距离体验古籍修复技艺，感受中华传统文化。

（三）探索多方交流，共谋发展路径

近年来，随着党和国家对传统文化传承的支持力度不断加大，社会各界在古籍保护方面的交流研讨也日渐加强。今年各地既在图书馆内部分享经验，也积极联合学术机构、文博机构、商业机构等进行合作交流，大家取长补短、相互借力，进一步推动古籍研究与古籍保护“齐头并进”，推动古籍普及与古籍利用“双向赋能”，推动古籍人才和数字化建设“深度发力”。

如安徽省图书馆在全省范围内举办珍贵古籍修复成果宣讲和“古籍修复技艺走基层”中华传统晒书活动，通过走进基层古籍公藏单位，分享珍贵古籍修复经验及技术创新等内容，提升基层图书馆古籍修复水平，助力古籍保护人才建设。聊城大学运河学研究院和图书馆联合举办“运河古籍的挖掘、保护与利用”研讨会，来自图书馆和高校的专家、学者分别结合自身学科领域和专业背景，针对运河与古代书籍的传播、典籍博物馆在古籍保护中的作用、运河文献的整理与研究等问题展开讨论。南京图书馆与苏州过云楼顾氏家族、江苏凤凰出版传媒集团有限公司共同举办以“过云楼”为主题的古籍书画展览。首次精品合璧过云楼旧藏古籍与书画，突破以往由公藏或私藏单位单一主体举办展览的做法，是政府、市场、社会良性互动的重要呈现，更是我国私人藏书机构同样承担着保存保护中华优秀传统文化责任的一次生动证明。

与此同时，通过广泛交流与共享，我国在促进古籍有效利用、推进古籍数字化方面成果丰硕。2023 年 9 月 8 日，国家图书馆第八次集结全国范围内的古籍收藏单位和个人，携手发布古籍数字资源，共同推动古籍文化的数字化传承与普及。截至 2023 年底，全国各古籍收藏单位和个人累计发布古籍及特藏文献影像资源达到 13 余万部（件）[4]。各古籍存藏机构通过共建共享、持续开放的途径，将古籍资源有效聚合起来，对解决古籍藏与用的矛盾，促进学术繁荣发展起到至关重要的作用。

（四）注重资源融合，推动古籍活化

2022 年，中共中央办公厅、国务院办公厅印发了《关于推进新时代古籍工作的意见》，提出“加快古籍资源转化利用”[5]。为此，各古籍保存机构始终将典籍文化如何融入日常生活作为核心任务，以晒书为纽带，坚定文化自信，从思想上主动发力，在行动上推陈出新，积极联合北京大学、中国社会科学院、字节跳动、今日头条等，利用中央电视台、微博、微信、抖音等各级媒体的技术手段和流量优势，开展直播互动、专家讲读、创意大赛等类型多样、形式活泼的项目，发起网络话题，向大众分享古籍知识、传播保护方式，提升典籍文化的认知度与影响力。

其中，网络直播 + 短视频、网络征文、文化创意产品等新兴业态走向古籍，让古老的文字呈现出新颖且充满趣味的面貌。各地分别开展“沿着运河读典籍”“首届华夏晒谱节暨湖北第十四届晒谱节”“孔子博物馆第五届中华传统晒书大会”等主题的融媒直播活动，打通交流渠道，以其独特的形式和丰富的内容，吸引了大量读者的关注和参与；今日头条、抖音、西瓜视频三大平台同步推出历史类典籍课程直播《古籍公开课》，邀请来自北京大学、中国社会科学院等院校的权威专家讲解《春秋》《汉书》《三国志》等典籍，累计实时在线观看人次超过 548 万，视频回放观看次数超过 596 万。在新媒体主导的“图像时代”，各古籍存藏机构用影像资源助力“晒书活动”持续升温。

此外，国家图书馆（国家古籍保护中心）不断突破特定圈层，以古籍内容本体为切入点，推出新潮、时尚、有趣味的文化产品，收获了更广泛的受众，在社会上产生良好效应。例如，联合字节跳动公益发起“识典杯·古籍内容创意季”大赛，聚焦视频和设计两大赛道，累计征集到 226 件参赛作品，最终遴选出 41 件视频获奖作品及 10 件设计获奖作品。活动官方话题“古籍新说”视频传播量达 1.5 亿次，与抖音集团番茄小说合作举办“古籍活化　传承书香”联合征文活动，历经四个月，共征集到作者投稿 30038 部，签约作品 5319 部，并评选出 15 部获奖作品，累计阅读人次 7500 万。以古籍内容为主的“数字文创”，激发了社会大众对古籍的兴趣，让古籍文化在流动中焕发出更多活力与魅力。

（五）突出发展，展示古籍保护成果

党的十八大以来，全国各地在古籍保护利用各项工作上扎实推进，取得了一系列显著成就。本次晒书活动首次提出“晒发展”，各单位纷纷向社会展示古籍原生性保护、再生性保护、传承性保护三方面的显著成果与未来蓝图，有效增强了古籍保护行业的传播效应和社会影响力。其中，超大型省市公共图书馆新馆不断涌现，城市书房等新型阅读空间如雨后春笋，网络化、数字化、智慧化公共图书馆服务引领世界潮流，等等，都成为发展亮点。

如文化和旅游部联合北京大学、抖音集团共同探索古籍智慧化服务新方式，充分发挥政府部门、高校和科技企业的特色优势，推动古籍网络化、数字化、智慧化的整理和利用。首都图书馆在新馆区北京城市图书馆中，开设古籍文献馆，通过阅览室、典籍博物馆、中华经典传习所三大分区，实现古籍收藏、展示、保护研究、教育传承等多项功能。山东、江苏、河北、浙江等运河沿线省市将“城市书房”建设与运河文化发展传承并肩前行，打造了“运河书屋”“沿着运河去阅读”等系列文化品牌，成果显著。此外，古籍保护工作发展情况也成为各地注重展示的主题。如潍坊市以古籍保护工作十五周年为契机，举办专题展览；大连图书馆梳理本馆入选《国家珍贵古籍名录》的典籍珍品，通过对珍品古籍及保护成效的集中展示，回顾和总结保护历程与经验成果，提升从业者的使命感与荣誉感。

四、2023 年“中华传统晒书活动”的舆论反响

2023 年晒书活动得到了各级各类媒体的持续关注，100 余家媒体刊发 500 余篇原发报道进行关注。

（一）媒体报道级别较高，有效扩大了活动影响力

从媒体级别来看，以新华社、中国新闻社为代表的通讯社，中央电视台新闻频道、中文国际频道，《光明日报》《中国新闻出版广电报》等在内的 25 家重点中央级媒体，刊发 70 余篇文字和图片报道，凭借强大的舆论影响力，有效提升了活动宣传影响力。山东卫视、四川卫视、宁夏卫视、《湖北日报》等省级媒体，以及《中国文化报》《中国文物报》、中国旅游新闻网等重点行业媒体参与活动宣传，从专业角度出发，密切关注活动动向。

（二）媒体报道内容丰富，多角度展示活动全貌

此次活动形式多样，规模不一，各级各类媒体报道内容丰富。其中，中央电视台、《光明日报》、《中国旅游报》、《图书馆报》等多家中央媒体刊发综合报道，对活动时间、地点、内容等基本信息进行介绍和宣传。《中国文化报》刊发整版专题报道，介绍各地活动。《图书馆报》开辟两个整版篇幅，采访多个国内公共图书馆，梳理古籍保护措施，展示古籍保护成就。《安徽商报》《海南日报》《四川日报》等均以整版或大篇幅对本地活动和特色展品进行深入解读。中国日报网刊发题为“Bookworms express their love for ancient texts on Chinese Valentine’s Day”的英文报道，《澳门日报》也刊发了 3 篇报道，扩大了媒体宣传的受众群体。

同时，各级各类图书馆根据活动情况，以其官方网站、微信公众号、短视频平台、官方微博等为阵地，近 100 个图书馆宣传端口联动，推送展览、讲座、趣味挑战、研学、沙龙、互动体验等活动资讯 140 余篇，全方位立体推送活动信息。

（三）平台直播和互动话题等新形式扩充宣传渠道，提高公众参与度

在此次活动中，新媒体凭借强大的技术手段和流量优势，突破时间与空间的壁垒，让更多人接触和了解以古籍为载体的中华优秀传统文化，成为晒书活动的重要推广平台。

8 月 22 日至 9 月 19 日，国家图书馆（国家古籍保护中心）与央视频以“京杭大运河”为线索，推出“沿着运河读典籍”系列直播活动，通过介绍扬州、北京、沧州、聊城、杭州五地的风土人情和文化特色，吸引全网近 1500 万次关注。国图官方微博同期发起“沿着运河读典籍”话题，浏览量突破 450 万人次；“全民晒书”话题在抖音平台热度持续飙升，总浏览量高达 4.9 亿人次，成功推动晒书活动火爆出圈，成为话题焦点。湖北省图书馆“首届华夏晒谱节暨湖北第十四届晒谱节”开幕直播活动，以及孔子博物馆“江流万古　文润千年——孔子博物馆第五届中华传统晒书大会”融媒直播都受到一致好评，相关话题在新浪微博阅读量逾千万人次。晒书活动借助新媒体平台为传统文化走进群众、走进生活，打开了一个窗口，搭建了一座桥梁。

五、总结与展望

新时代古籍工作，是在全方位、全角度、全领域认知古籍、传承古籍、发展古籍，让一切优秀古籍的文本形式和文本内容升华为可用的当代价值[6]。历时 5 个月的 2023 年中华传统晒书活动已经圆满落下帷幕，此次系列活动在展示古籍文化瑰宝、激发公众热情、推进古籍保护工作等方面取得的显著效果。活动以古籍为载体，以“晒”连接古今，借助传统习俗，将书的内容和价值、背后的故事、人物的典故、走过的遗迹、地方的文化等串联起来，以活动、展览、讲座、沙龙等形式开展，通过专家学者对古籍知识的挖掘与阐释，寻找古籍资源“活”起来的手段办法和市场价值。更为重要的是，晒书活动为古籍活化树立了榜样，找到了古籍大众化传播新的突破口和切入点，为下一步宣传活动的推广和发展提供了有益经验和参考。

但我们也要认识到，与非遗传承、文物保护等其他传统文化传播屡屡“出圈”相比，古籍传播仍然存在着受众群体门槛较高、内涵阐释不够、专职人员偏少、方法形式单一、普及活化程度与社会群众需求存在偏差等问题，古籍的大众化传播之路依然任重而道远。今后在各方共同努力下，国家古籍保护中心还将与时俱进、兼容并蓄，以揭示古籍内涵为核心、满足群众需求为基础，在持续打造品牌活动、激发古籍在当代传播潜力的道路上不断探索、勇于创新。

（安平，国家图书馆馆员）

参考文献：

[1] 中共中央办公厅　国务院办公厅印发《关于实施中华优秀传统文化传承发展工程的意见》[EB/OL].（2017-1-25）[2024-1-20].https://www.gov.cn/gongbao/content/2017/content_5171322.htm.

[2] 汪帆．浙江图书馆早期晒书活动述论 [J]. 图书馆研究与工作，2021（7）：28-31，36.

[3] 邱俊霖．晒书会 [J]. 文史春秋，2023（6）：63.

[4] 陈雪．国家图书馆上线 10 万册电子书“中华古籍资源库”上新 [N]. 光明日报，2023-9-9（2）.

[5] 中共中央办公厅　国务院办公厅印发《关于推进新时代古籍工作的意见》[EB/OL].（2022-4-11）[2024-1-11].https://www.gov.cn/gongbao/content/2022/content_5687500.htm.

[6] 李景文．让古籍“活”起来 [N]. 河南日报，2024-2-19（4）.

贵州省民族院校古籍保护学科建设的实践与探索*

The Practice and Exploration of the Discipline Construction of Ancient Book Conservation in the Ethnic Minority Colleges in Guizhou Province

罗利曼　刘汝诺

摘　要:古籍保护学科定位与归属问题极为重要。在新时代的背景下,贵州省民族院校应结合地方古籍保护工作的特点,加快“古籍保护”学科的构建。古籍保护学科建设应朝着优化古籍相关学科专业布局、深化民族古籍保护学科理论构建、加强学科交叉融合以及多单位联合培养模式等方向发展,以培养出适应时代发展的古籍专业人才队伍,切实推进贵州民族古籍事业高质量发展。

关键词:古籍保护;学科建设;民族

党的十八大以来,以习近平同志为核心的党中央站在实现中华民族伟大复兴的战略高度,对传承和弘扬中华优秀传统文化做出一系列重大决策部署,古籍事业迎来新的发展机遇。当下,做好古籍保护学科建设是贵州推进新时代古籍工作发展的重要举措之一。随着贵州民族古籍事业的不断发展,民族古籍基础设施建设不完善和专业人才匮乏等一系列问题也随之突显,古籍保护学科建设逐渐成为人们关注的焦点。民族院校是古籍人才培养的重镇,其古籍人才培养和引进能力对赓续中华文脉、弘扬民族精神、增强国家文化软实力、建

---

* 本文为贵州省哲学社会科学基金青年项目“贵州佯僙语深度调查与研究”(23GZQN05)阶段性成果。

设社会主义文化强国具有重要意义。一直以来，贵州省民族院校非常注重古籍保护工作的开展，以院系、图书馆和国家古籍保护人才培养基地为依托，秉持“救人、救书、救学科”的工作原则，以培训班和学历培养相结合，为社会培养了一批古籍普查、编目、鉴定、整理等专业人才，对地方的发展以及民族古籍保护研究领域发挥实质性作用。但就目前贵州省古籍工作发展所面临的人才紧缺问题，这只是杯水车薪。基于此，我们对贵州省民族院校古籍保护学科建设和古籍人才培养的现状进行梳理，整理和分析贵州省民族院校在古籍保护学科建设方面所面临的问题，并提出建设性的意见和看法。

一、贵州省民族院校古籍保护学科建设的基础

古籍保护学科的建设离不开国家政策、学科基础等要素的支持和支撑。首先是国家的需求，长期以来古籍保护备受国家及全社会的重视，且古籍保护专业人才缺口很大，目前古籍保护已经列入国家“十三五”规划，成为国家重大战略部署；其次是现有的学科基础的支撑，贵州民族院校多以“中国古典文献学”作为重点学科来建设，如贵州民族大学与古籍相关的“古典文献”“图书馆学”和“图书情报”等专业有了一定的发展，这些专业对古籍保护新学科的建立奠定了良好的基础。

（一）党和国家高度重视古籍保护事业

一直以来，党和国家高度重视古籍保护工作，前后制定和出台了许多关于古籍保护的政策。如国务院办公厅印发了《关于进一步加强古籍保护工作的意见》，要求要加强古籍保护人才培养和加强对古籍保护的宣传[1]；中共中央办公厅、国务院办公厅印发《关于推进新时代古籍工作的意见》（以下简称《意见》），要求各级党委和政府要强化古籍保护学科专业建设和人才队伍建设，为古籍工作的进一步发展提供切实的保障[2]。在党和国家的高度重视下，贵州省政府开始研制实施方案和可行性方法，将古籍保护工作落到实处。如贵州省民族宗教事务委员会印发了《贵州省少数民族古籍工作“十四五”规划》（简称《规划》），《规划》对“十四五”期间贵州省民族古籍事业的发展谋篇布局[3]；贵州省文化和旅游厅出台关于贯彻落实《文化和旅游部公共服务司关于开展古籍保护有关工作的通知》的工作方案，该方案结合贵州实际，以古籍普查登记为基础，以保护修复、资源利用和人才队伍建设为重点，积极推动贵州省古籍保护工作[4]。这些中长期古籍保护规划和政策文件对贵州省古籍保护工作的开展具有纲领

性作用，保障古籍保护事业。2023 年 12 月 29 日，中共贵州省委宣传部、贵州省教育厅、贵州省民族宗教事务委员会、贵州省文化和旅游厅印发了《贵州省关于推进新时代古籍工作的实施意见》（以下简称《新意见》），要求省内古籍人才培养单位要做好古籍编辑出版与强化人才支撑等工作，鼓励省内有条件的高等院校设立古籍相关学科专业，加强学科交叉融合，建设高水平古籍科研和教学团队，开展古籍研究和实践。《新意见》进一步明确了新时代贵州古籍工作的发展方向，为贵州民族院校如何做好古籍工作体系、建设好古籍保护学科、培养好古籍专业人才、转化利用好古籍资源等工作提供了根本遵循。

在党和国家领导人以及各级政府和相关机构对古籍保护工作的高度重视以及良好国际舆论氛围下，贵州省民族院校古籍保护学科建设迎来了新的发展契机。面向未来，贵州省民族院校应抓好古籍事业发展的新机遇，加强学科建设和人才培养工作，让民族古籍在新时代焕发出勃勃生机。

（二）丰厚的古籍资源背景

贵州省是一个多民族聚居的省份，拥有丰富多彩的民族文化资源，各民族积攒了不计其数的历史文献典籍资源，为古籍保护学科建设奠定了丰厚的资源基础。贵州省各民族院校的古籍资源也十分丰厚，以贵州民族大学图书馆为例：该校从 20 世纪 70 年代开始古籍文献的收集、管理工作，收集到一大批珍贵古籍文献，图书馆古籍特藏 3.7 万余册，藏量居全省高校系统第三位；除了丰富的汉文古籍资源，该校图书馆特色文献资源主要包括贵州世居民族文献、贵州地方文献、傩文化文献、民族文化藏品等，其中包括收藏了大批量古老珍贵的少数民族古籍，如“水文古文献”“彝文古文献”“布依文古文献”；此外，该校还收藏了贵州世居少数民族文献 5 万余册（件），其中有 3 部水文文献入选《第六批国家珍贵古籍名录》。兴义民族师范学院图书馆现有馆藏纸质图书 86 万余册，电子图书 100 多万种（册），图书资源总量近 144 万册[5]。黔南民族师范学院图书馆现有馆藏纸质图 134.34 万册，纸质期刊 380 种，电子图书 384 万余册，馆中设有古籍特藏书库、地方民族文献库、“丹心斋”思政党建书库、一流学科（中国汉语言文学）文献库等特色书库[6]。

一直以来，贵州省民族院校十分重视古籍保护工作，为推进新时代古籍工作奠定了坚实基础。“十二五”以来，贵州省民族院校积极与国家图书馆（国家古籍保护中心）、省古籍保护中心、省民族古籍办以及其他古籍存藏单位密切合作、不断开拓，在古籍保护专业人才队伍建设、古籍普查登记、修复与展示、整理研究和开发利用等方面取得了长足进步，为贵州古籍保护事业发展做出了独特贡献，致力于开展古籍和珍稀文献修复、古籍数字化等工作，建成“贵州世居民族文献数字图书馆”，启动实施“贵州民族古籍数字资源发布平台”项目等。

二、贵州省民族院校古籍人才培养的现状

人才是推动古籍保护事业发展的源源动力，而古籍保护学科建设是培养人才的基石，想要保障贵州古籍保护事业持续向前发展，必须以人为本，切实做好贵州民族院校古籍保护学科专业的建设工作。

（一）学科专业布局初见成效

2014 年贵州民族大学与贵州省古籍保护中心共同申报并获批成为全国首批 12 家“国家古籍保护人才培训基地”之一，是西南地区唯一的古籍人才培养基地。2015 年、2016 年贵州民族大学相继成立了“古籍修复中心”和“贵州民族大学古籍整理研究所”，古籍修复中心承担了学校相关专业的古籍修复课程教学工作，从 2018 年起为图书馆学、文物与博物馆学等专业学生累计 7 个班 400 余人开设了“古籍修复”与“文献保护与修复”课程。其中，针对图书馆学专业的“文献保护与修复”课程，重点培养学生的古籍保护实践能力，除在课堂上传授古籍保护相关知识，在实践课程中开设古籍装帧、雕版印刷、流沙笺与花草纸制作、古籍编目等相关课程，培养学生的古籍保护实操能力[7]。2016 年开设图书馆学本科专业，首届共有 46 名新生入学，至此开启了古籍保护专业人才培养的新篇章。2023 年，图书情报硕士专业首届学生已入学，少数民族古籍保护方向是培养方向之一，古籍保护相关课程也相继开设，着重培养学生从事少数民族古籍保护工作的能力，包括少数民族古籍的鉴定与整理、修复等。2021 年以来，贵州民族大学古籍保护研究院基本形成了集收藏鉴定、修复、整理研究、普及推广和人才培养等“五位一体”的古籍保护体系，以全面培养古籍修复技能、版本鉴定、数字化等专业人才。此外，黔南民族师范学院建有“贵州省民族古籍研究基地”，兴义民族师范学院文学与传媒学院与省民委、州民委共同创建了“贵州省民汉双语服务基地”和“贵州省民族古籍研究基地”，在苗族民间文学与口头传统、水书与水族历史文化、布依族历史文化、毛南族历史文化等方面的研究取得显著的成果，为推动民族团结进步和传承优秀民族文化做出了积极贡献。

（二）学科理论构建尚不完备

贵州民族院校古籍保护相关学科自创办以来，严格按照“理论＋实践”的教学思路，实现“走进来＋走出去”培养模式。除了平时基础理论知识的学习，学校还鼓励学生多参与社会服务和社会实践工作。如贵州民族大学图书馆多次以古旧文献特展、古籍文化讲座、古籍修复体验、传统印刷体验、外出访学、野外拓碑、新媒体推广等形式进行典籍文化的普及传播，学生可在这些实践活动中观摩学习或是参与其中，让学生深刻领悟古籍保护的具体工作方式和方法，为古籍专业技术人才个人发展提供了不可或缺的培养平台。黔南民族师范学院充分利用地方民族文化资源，通过“三个途径、四个内容”，将民族文化要素融入课程体系。虽然贵州民族院校多采用“理论＋实践”的教学思路和“走进来＋走出去”培养模式来对古籍保护相关学科进行培养，但这种传统的教学模式对于综合性强的古籍保护学科而言尚感不足；且选择把“文献保护概论”“古籍修复”等专业课程设置为集中实践教学课程中的选修课，这对于专业理论和实践能力有着高要求的古籍保护相关专业来说是不够的，这也导致出现学生对古籍修复专业知识的理解模糊、混乱，教学效果不够理想等问题。

随着我国古籍保护事业的发展，专业人才紧缺问题日益突显。从贵州省民族院校古籍保护学科的建设情况来看，虽然有了一定的专业建设基础，但目前仍处于发展探索阶段，存在着古籍保护相关学科专业布局不完善、古籍学科理论构建不完备等方面的不足。贵州民族院校应当紧跟国家战略需求和古籍事业发展大势，加快推进古籍保护学科建设，完善涵盖古籍保护、整理研究、编辑出版和数字化的古籍相关学科专业体系；不断深化古籍学科理论构建，编写古籍保护专业教材，强化古籍保护实践教学，在古籍保护相关教学中增加文史哲、中医药等相关教学内容，设立民文古籍与汉文古籍兼修的古文献相关学科专业；加强学科交叉融合，推动古籍学科与材料技术、信息技术、人工智能等领域学科融合发展，以促进古籍保护事业的长效发展。

三、贵州省民族院校古籍保护学科建设的策略

长期以来，古籍保护工作得到党中央、国务院的高度重视，尤其是党的十八大以来，以习近平总书记为核心的党中央对传承和弘扬中华优秀传统文化做出一系列重要部署，各级各相关部门及广大古籍保护工作者积极推进古籍保护、古籍修复、整理出版、人才培养、学科建设等方面的发展。虽然经各方的不懈努

力，我国古籍事业取得了长足的进步，但人才的困扰依然是古籍保护工作推进的羁绊。如贵州很多民族院校的图书馆也存在古籍保护人才匮乏的困扰，掌握古籍修复和古籍鉴定技能的专业人员以及民族古籍研究人员更是匮乏，加起来都不超过两位数，这对数量庞大的古籍来说无疑是杯水车薪。基于新时代古籍发展的新目标、新方向，贵州民族院校应以学科建设为突破，具体从优化古籍相关学科专业布局、深化民族古籍保护学科理论体系、加强学科交叉融合和多单位联合培养模式进行建设，大力促进民族古籍事业的快速发展。

（一）优化古籍相关学科专业布局

目前贵州的民族院校都还未设有“古籍保护”这一学科，仅设立有“中国古典文献学”“图书馆学”“图书情报学”等相关专业。基于我国古籍保护的发展实际，且在前人研究的基础上，我们认为贵州民族院校应发挥地方以及少数民族古籍保护研究领域的优势，在现有学科的基础上，有效整合相关学科资源，结合自身发展优势，设置“古籍保护学”“古籍修复学”“古籍整理出版学”“古籍数字化学”“少数民族古籍学”等学科专业，并重点突出“少数民族古籍学”学科专业的建设，努力打造一支高素质、高水平的教学队伍，培养出适应时代发展，符合少数民族古籍保护各方面工作的“一专多能”型人才。

（二）深化古籍保护理论体系

目前，我国古籍保护工作的现实需求与专业人员在配比上严重失衡，造成这一现象的主要原因是缺少标准化培养模式、学科理论体系构建不科学导致的[8]。虽然从古籍保护发展的历史来看，师徒相承的方式在古籍收集整理、存藏修复等方面有着很好的传承效果，但是这种古老的培养模式很难满足现代古籍保护的人才缺口。《意见》中明确提出要“深化古籍学科理论的构建，编写专业教材，强化实践教学，鼓励将文史哲、中医药等相关学科专业教学与古文献相关教学内容交融结合，鼓励有条件的院校设立民文古籍与汉文古籍兼修的古文献相关学科专业”的具体要求。

古籍保护相关的学历培养工作已经开始走向体系化，各培养单位早已制定培养方案和课程，但其中多数课程都还没有完整或成熟的教材，还停留在“因师设课”的阶段。通过编写标准和权威的专业教材，对古籍保护教学进行规范化改革，可以在短时间内有效地缓解专业人才紧缺这一问题，还可以将濒临失传的古籍保护技艺用文字、图片、多媒体数字等技术进行传承，有效地促进中华优秀传统文化遗产的保护与传承，以实现古籍从“存藏”到“活用”的转化。

具体到贵州，应该加强了解本省少数民族古籍保护现状，深入讨论民族古籍保护的研究对象、研究内容、研究方法和目的等问题，完善民族古籍保护的培养模式、研究方向、课程设置和教学实践等工作。在此基础上，专业培养具有系统的古籍保护学理论知识，熟练掌握文献典籍的搜集、鉴定、修复、整理、开发和利用等能力，适应民族地区公共文化服务体系建设及信息化发展需要的厚基础、宽口径、强能力、重特色的应用型古籍人才。

（三）加强学科交叉融合

从古籍保护学科建设出发，要加强学科之间的交叉融合，就不能限制古籍保护学科建设的研究视角。古籍保护是一门综合性极强的学科，其内容非常丰富，含有大量管理学、历史学、文献学、语言学、民族学、生物学、材料学、医学等多个学科知识，加之还有古籍数字化、智能化等现代科学技术的内容，其种类可谓包罗万象、融聚古今[9]。贵州省民族院校大都是综合性院校，经过多年的研究和建设，具有很好的交叉学科理论和实践基础。古籍保护学科的建设应依托国家级古籍人才培训基地和贵州省民族院校古籍保护研究院，推动学校图书馆学、文献学、民族学、少数民族语言文学、材料科学、化学、生物学、信息技术和大数据技术等领域学科的融合发展，建立跨学科理论体系和教学体系。充分发挥学校图书馆的职能和资源优势，整合各院系的科研资源，构建统筹规划、部门协同、分类指导、职责明确的工作方制度，积极促进古籍整理、古籍修复、古籍出版、古籍数字化等方面向专业化、精密化、科学化发展。尤其是调动图书馆与民族语言学的师资力量，培养一批懂民语、识民文，并能够从事少数民族古籍整理及研究工作的古籍保护人才，完成贵州省水文、彝文、布依文等少数民族古籍的整理和修复工作。此外，还要加强古籍保护实验室建设，完善管理制度，推动硬件升级，逐步开展古籍保护科研工作，推动古籍保护学科与材料技术、信息技术、人工智能等领域学科的融合发展。

（四）多方联合培养模式

古籍保护是一项庞大的系统性工程，需要多方协作共同努力才可以实现这一远大的历史目标。联合培养是一种新型的教育理念，指在双方或多方共同协作下开展的教育培养模式。通过这种创新合作模式，可增加学校之间的交流合作，优化教学资源，以提升教师和学生的多元化视角和创新性思维，满足当今社会对专业型、应用型、复合型等新型人才的需求。2012年《高等学校创新能力提升计划（2011 计划）》开始施行，联合培养在协同创新时代中跃升为各主体整合配置优质资源、提升人才创新水平与实践能力、促进科技转化与企业进步的主流途径。

为适应社会和古籍发展的现实需求，近年来贵州省很多民族院校的研究生招生指标明显增加，但还是无法摆脱高质量培养的难题。由于自身实力不足，再加上学科优势较弱、学科平台较低、师资队伍较弱、招生宣传力度不够等问题，导致培养指标充足与生源短缺的矛盾经常出现，有时需要调剂来完成招生计划，甚至还出现招生计划无法完成的情况，造成指标的浪费。长期以来，贵州省许多民族院校十分注重对外交流合作，与国内其他高校图书馆、地方政府部门、行业和校内各学院开展广泛深入的业务交流与合作，秉持“在交流中取长补短，在合作中建立自信”的信念，不断加强与重点院校、研究机构或企业的战略合作，提高古籍人才培养的质量。如 2014 年贵州民族大学与贵州省图书馆共建“贵州省图书情报人才培训中心”，承担地方图书情报人才的继续教育工作；随后与贵州省古籍保护中心共同申报“国家古籍保护人才培训基地”，多次承担古籍普查、古籍鉴定和古籍修复等在内的古籍保护人才培训任务；2015 年 4 月与重庆大学图书馆签署战略合作协议，深度开展人才培养、技术研发和资源共建共享合作；2016 年成为中国图书馆学会阅读史研究专业委员会挂靠单位；2016 年与贵阳文通书局签署地方文献资源建设战略合作协议；2018 年与贵州省历史文化研究会签署战略合作协议，共同致力于地方文献的收集、整理、研究与出版工作；2020 年与毕节市图书馆签订图书馆学专业实践教学基地，实现互惠共赢的有力举措。未来，贵州民族院校还会加强与国家古籍保护中心、省民族古籍整理办、省古籍保护中心、复旦大学古籍保护研究院、中山大学文化遗产保护中心、天津师范大学古籍保护研究院等古籍工作机构的合作，汇聚各单位的优质资源，组建专业师资团队、编写专业教材、强化实践教学，加快建设古籍保护学科。

四、结语

古籍保护是中华民族共同参与的一项具有伟大深远意义的历史工程。贵州民族院校作为少数民族古籍保护人才重点培养单位，义不容辞地肩负着传承、保护中华优秀典籍的重要使命，应该在古籍保护事业发展的大背景下，在现有学科建设的基础上，整合学校优质教学和文献典籍资源，组建专业师资队伍,编写专业教材,充分发挥民族院校自身优势,积极促进民族古籍事业更好更快地发展;同时在中国特色哲学社会科学框架下,以建设古籍保护学科为起点,充分发挥民族地方院校跨学科特色和优势,开展地方高校与重点院校、研究机构或企业的战略合作,共同构建贵州特有的古籍保护人才培养模式。

(罗利曼,贵州民族大学讲师;刘汝诺,贵州民族大学图书馆助理馆员)

参考文献:

[1] 国务院办公厅关于进一步加强古籍保护工作的意见 [J]. 中华人民共和国国务院公报,2007(8):12-14.

[2] 中共中央办公厅,国务院办公厅印发《关于推进新时代古籍工作的意见》[J]. 中华人民共和国国务院公报,2022(12):30-33.

[3] 省民宗委关于印发贵州省少数民族古籍工作“十四五”规划的通知 [EB/OL].(2021-11-23)[2024-04-02]. https://mzw.guizhou.gov.cn/zfxxgk/fdzdgknr/zcwj_5623240/bmwj_5623242/202112/t20211202_71902694.html.

[4] 贵州省文化和旅游厅关于贯彻落实《文化和旅游部公共服务司关于开展古籍保护有关工作的通知》的工作方案 [EB/OL].(2022-2-28)[2024-04-02]. https://www.guizhou.gov.cn/zwgk/zdlygk/jjgzlfz/whly/ggfwgl/202202/t20220228_72773481.html.

[5] 兴义民族师范学院图书馆简介 [EB/OL]. [2024-04-02]. https://lib.xynun.edu.cn/jian.html.

[6] 黔南民族师范学院 2021—2022 学年本科教学质量报告 [EB/OL].(2022-11-28)[2024-04-02].https://www.sgmtu.edu.cn/info/1034/4592.htm.

[7] 唐亚 . 图书馆学本科专业古籍修复课程建设的探索与实践——以贵州民族大学为例 [J]. 古籍保护研究,2023(1):123-133.

[8] 姚伯岳,周余姣 . 任重道远　砥砺奋进——我国古籍保护学科建设之探索与愿景 [J]. 中国图书馆学报,2019(4):44-60.

[9] 张靖,刘菡 . 古籍保护学科建设研究:背景、现状及空间 [J]. 图书馆论坛,2020(3):101-106.

王重民研究

21世纪以来的王重民研究述略*

An Overview of the Study of Wang Zhongmin in the 21st Century

姚小燕

摘　要:王重民研究是我国目录学理论与历史研究的重要课题之一。20世纪80年代刘修业及王重民的友生曾从目录学、图书馆学、敦煌学等角度刻画王先生辉煌的学术成就和崇高的道德情操。21世纪以来随着"纪念王重民先生诞辰100周年学术研讨会"的举办和学界对王重民生平与学术的关注,王重民研究逐步向纵深化、专精化发展。本研究即着眼于这一阶段,力求综合评述并客观归纳21世纪以来王重民研究所取得的主要进展。

关键词:王重民;王重民研究;目录学;图书馆学;敦煌学

王重民(1903—1975),字有三,河北高阳县人。曾在保定直隶省立第六中学、北京高等师范学校国文系就读,毕业后先后任职于河北大学国文系、辅仁大学国文系、国立北平图书馆(今中国国家图书馆)、北京大学中文系、北京大学图书馆学系(现为信息管理系)等,是我国著名的版本目录学家、敦煌学家、图书馆学家。

自1979年,历史学家、方志学家傅振伦为《中国善本书提要》作序,开启"王重民研究"这一学术课题以来,已有不少学者对王先生的生平故实、道德文章展开系统梳理和深入研究,并有北京大学信息管理系孟昭晋、王锦贵两位教

* 本文为2019年国家社科基金一般项目"王重民生平与学术思想研究"(19BTQ054)研究成果之一。

授撰文《二十年来的王重民研究》集中论述 1979—1999 年间王重民研究的阶段性成果[1]。2023 年为王先生诞辰 120 周年，中国国家图书馆已于 2023 年 6 月 30 日举办“前哲垂范　文津日新——王重民诞辰 120 周年纪念座谈活动”，10 月 21 日北京大学信息管理系也举办了纪念王先生诞辰 120 周年学术研讨会。那么 21 世纪以来的王重民研究进展到何种程度，呈现出怎样的文献特征？笔者拟在系统回顾和全面爬梳的基础上对此进行深入解读和阐释。

一、21 世纪以来王重民研究现状

21 世纪以来，王重民研究主要分布于学术期刊、专人文集、业内报刊、会议论文等。为全面搜寻与王先生有关的研究论述，笔者以“王重民”“王有三”“Chun-min Wang”“Wang Chongmin”为主题词，以 2000—2023 年为时间段（具体截止于 2023 年 10 月），在中国知网、维普网、万方数据知识服务平台、Web of Science 等数据库中检索、研读、筛选后，最终锁定 209 篇目标文献（为尽可能全面揭示王重民研究现状，部分提及王重民也算做目标文献）。对所有文献进行梳理、分析后，笔者将王重民研究分为治学贡献、生平考述、缅怀追思、信札考释、综合评介与其他相关研究六个方面。其中，治学贡献研究进一步细化为目录学、敦煌学、图书馆学及其他专题研究。以下将按照六个方面逐一展开。

（一）治学贡献研究

王重民一生勤苦治学、著述宏富，在目录学、敦煌学、图书馆学以及太平天国文献、西学东渐史、科技史、徐光启研究等多个领域卓有建树，堪称一代学术大家。对先生在不同领域的治学成就进行梳理和阐述一直是学界的研究热点。

1. 目录学

在目录学研究领域，学界主要评述王重民的目录学专著、教育实践和治学思想等方面。如《中国善本书提要》（下文简称为《提要》）和《校雠通义通解》作为王先生的目录学代表作，早在 20 世纪 80、90 年代就已有傅振伦[2]、李剑雄[3]等对其进行阐释和研究。21 世纪以来，白化文[4]51-56、李弘毅[4]80-88、牛先芳[4]89-95继续对《提要》及其《补编》的撰写经过、具体内容和特点等进行探讨，揭橥《提要》对于撰写古籍善本书目提要的引领作用。其中白化文先生之文章尤以诸多例证详述该著学术价值之高。周文骏[5]、吴格[6]等系统梳理王先生在《校雠通义通解》中所表达的目录学思想，并揭示其评述章学诚《校雠通义》的严谨与审慎，有助于我们深入理解和研究章学诚的目录学思想。李景文[7]结合《校雠通义通解》对“互著”与“别裁”的源流进行考辨。

《老子考》是王先生早年在北京高等师范学校求学时所作，是其子部目录学领域的代表作。张宗友最早关注到这部专著，并条分缕析地论述该著在条目著录、辑录文献、按语考辨方面的目录学成就，尤其肯定该著对辑考体著录体例的调整与创新[8]。褚国锋在其基础上进一步梳理《老子考》的学术特色、成书缘由及学术影响[9]。柯平通过对比研究，简明扼要地概括和总结王先生的目录学思想，并客观允正地将他定位为我国第二代目录学家的领袖人物[10]。

2003 年是王重民诞辰 100 周年，在此之际不少专家、学者综合评述王先生杰出的目录学成就，有来新夏[4]22–26、周文骏[4]46–50、彭斐章[4]18–21、谢灼华[4]39–45、王锦贵[4]57–62、李万健[4]74–79等。作为当代目录学家，又是当年受教于王先生的青年后学，他们论述严谨、文笔精湛，全方位凝练了王先生的目录学研究理路、教育思想和书目编纂实践等。

2. 敦煌学

自 1934 年起，王重民作为“教育部派考察图书教育”官员曾先后至法国巴黎国家图书馆、英国伦敦大英博物馆等地寻访、整理敦煌遗书，对于国内的敦煌学研究具有开创之功。党燕妮[11]、罗德运[4]113–122阐微发幽，对王先生敦煌遗书的整理研究工作以及敦煌目录学、文学研究成果予以系统梳理和全面揭示。王桂兰引入文献学研究视角，在更广阔的治学背景下考察王先生敦煌学文献整理的思路和研究特色，视角新颖、论述精到[12]。白化文[13]、宗岩[14]、荣新江[15]、朱凤玉[16]、萨仁高娃[17]分别以王先生的《伯希和劫经录》《敦煌古籍叙录》《敦煌遗书总目索引》《敦煌变文集》和《敦煌曲子集》等作品为中心，阐明王先生在整理敦煌文献时注重结合时代背景，立论平直、考证绵密，对于后世研治敦煌学多有可借鉴之处。1985 年，刘修业委托柴剑虹将王先生在巴黎抄录的部分遗书、卡片和录文赠予敦煌研究院后，李永宁、程亮对其手稿进行初步的整理和释读[18–19][20][21]，进一步助推学界对敦煌遗书的专题研究。

3. 图书馆学

王重民是北京大学图书馆学系的创办者。他以“培养中国图书馆学高深人才”为办学理念，精心选聘国内外名师任教，并结合自己的工作经验开设专业课程，为北大图书馆学系的发展、图书馆学人才的培养付出了极大心力。孟昭晋作为王先生的受业弟子，特将先生《书目答问》课程的授课提纲予以揭示，以进一步强调《书目答问》对于目录学课程教学的现实意义[22]。徐雁着力阐发王先生的图书馆学教育思想，展示其竭力开创和完善图书馆学教育体系的筚路蓝缕、开辟学程之功和诲人不倦、作育人才之德[23]。王余光基于图书馆学术史研究视角，从群体出发论述图书馆学前辈著作的传与读，为后来的王重民研究打开了思路[24]。周佳贵、李世娟借助北大档案馆、信管系资料室所藏有关资料，首度深入揭示王重民于 1947 年回国设立图书馆学专修科的历史背景[25]和创办初期的发展概况[26]。

4. 其他专题研究

王重民学识渊博、视野开阔，治学领域十分宽广，且在每一个领域都做出了不凡的成就。如在辑佚学研究领域，曹书杰、胡喜云等指出王先生是我国辑佚学个案研究第一人，开辟了辑佚学个案研究方法[27][28]；在古籍版本学领域，曹之认为王先生洞悉版本源流，能够运用校勘学、目录学知识科学鉴定古籍版本的内容和形式[4]105–112；在文献发展史研究领域，罗彧首次梳理王先生早期对刀、笔、纸、墨的演进研究[29]，并指出他的这些成果开拓了文献史研究的新领域，为后世专题研究的开展夯实了基础；在四库学研究领域，张宗友认为王先生"涉足的四库学领域极为广阔"，对《四库全书总目》既有高屋建瓴的全面阐发，又有细致入微的精要识见，总体上"把四库学发展到了一个新的阶段，达到了同时代的高峰"[30]。

（二）生平考述研究

自 20 世纪 90 年代，刘修业在《王重民 1935—1939 年英德意诸国访书记》[31]《王重民法国读书记》[32]中对王重民在欧洲的访书史实予以揭示后，21 世纪以来随着国内外学术交流的深入开展，也涌现出一批揭示王先生海外访书经历的考释研究。如凌一鸣与姚伯岳[33]、刘波与林世田[34]、蒙曦与罗栖霞[35]及荣方超[36]等分别利用罕见史料如普林斯顿大学东亚图书馆所藏资料、国家图书馆所藏档案、亚洲学会戴密微通信档、吉美博物馆伯希和通信档等还原了王先生当时在欧美地区撰写书录、访求书籍，竭力为国内传输文献史料的艰辛与不易，也向我们展示了一位勤奋严谨、敬业爱国的学者形象。

对于王先生的早年生平和著述，学界也比较关注。如不少文章都将"王鉴"视为王先生的原名，对此顾晓光撰文匡正这一讹误，明确指出"王鉴"只是他曾经为躲避军阀通缉而短暂使用的化名，"王重民"才是其真正的原名。此外，他还借助刘修业写就的王重民年谱及其他档案资料进一步还原了少年、青年时期的王重民形象[37]。黄国荣依据王先生早年发表的文章纠正刘修业在《王重民教授生平及学术活动编年》上的时间讹误，并总结王先生早年善于以古论今、推陈出新的写作特点[4]222-227。李墨《王重民年谱》也为进一步展开王重民研究提供了基础性资料[38]。

（三）信札考释研究

书信是国学大师深层学术交流的典范，是后学提升研究能力、汲取丰富营养的宝库，也是文化界、教育界继承发扬优良传统和优良学风的好教材[39]。通过对王先生信札内容的揭示与释读，可以释放更多耐人寻味的知识信息和文化内涵，也有助于进一步理解其人、其学的无穷魅力。胡适在晚年时与王重民相交甚笃，从二人的书信交流不仅可以看到他们“求真求实”的考据思想，更能体会到他们之间的深情厚谊。2009 年北京大学信息管理系、台北胡适纪念馆合编的《胡适王重民先生往来书信集》（以下简称为《书信集》）出版，王锦贵撰写前言[40]，并在出版发布会上表达自己对两位先生之间博精的学术造诣和高尚的道德情操的感动之情[41]。因《书信集》中对法国汉学家杜乃扬、戴何都、马伯乐、伯希和、戴密微的注解失之漏略，姚伯岳特别撰文以补充说明他们各自的生平事迹、学术贡献及他们与胡适、王重民之间的交往渊源[42]。此外蔡登山[43]、季维龙[44]、徐雁平[4]185-192 也借二人之间的书信往来基本廓清了胡适晚年研究《水经注》的来龙去脉及二人学术交往的互动切磋之乐，并在中国现代学术史研究的语境之下揭示了这段学术交往在王重民学术生涯中的重要意义。

近年来，王重民与伯希和之间的书信往来也逐渐被学界关注。陈恒新获取了巴黎吉美博物馆所藏二人之间的四通书信内容，并由此考述王先生在法国国家图书馆工作的概貌[45]。刘蕊也进一步揭示王重民在法国国家图书馆编纂法藏敦煌目录、伯希和所藏金石拓片目录的具体细节，为 20 世纪上半叶中法学术交流提供重要的参考资料[46-47][48]。此外，王重民与袁同礼[49-50][51][52][53]、向达[54]、邓衍林[55]、顾颉刚[56]、阿英[57]等学者之间的书信也受到学界关注。

值得一提的是，北京大学信息管理系顾晓光的博士论文《王重民书信研究》曾对王重民与刘修业、袁同礼、胡适等人的往来书信进行专门研究。2019 年他以“王重民书信与年谱研究”为题申报国家社科基金一般项目，目前收集到王重民往来书信 800 余封。这一项目的完结，将是“王重民书信与年谱研究”的一大系统性、综合性研究成果。

（四）缅怀追思研究

陈寅恪曾言："凡一种文化值衰落之时，为此文化所化之人，必感苦痛，其表现此文化之程量愈宏，则其受之苦痛亦愈甚，迨既达极深之度，殆非出于自杀无以求一己之心安而义尽也……盖今日之赤县神州值数千年未有之拒劫奇变，劫尽变穷，则此文化精神所凝聚之人，安得不与之共命而同尽……"[58]"文化大革命"中，一生素怀学者良知、不阿时势的王重民面对"四人帮"及其党羽，宁为玉碎不为瓦全，被迫选择了自我摧折的绝命之路，令学界众人无比痛心。王先生的亲炙弟子、旧交故知及文史领域的其他学者都自觉撰文以回忆与王先生过往故实的点点滴滴，使得王先生为人、为学、为师的典范形象更加圆满、丰润。

朱天俊[4]10-17、陈文超[4]173-177、肖东发[4]178-184、王尧[59]、丁瑜[60]、徐自强[61]等弟子、同仁饱含深情地回忆了当年于王先生侍坐请益的场景及王先生对北京大学图书馆学系以及国立北平图书馆竭力付出的辛劳。这些文章字字句句情真意切，向读者展现出学界、业界对于王先生无限的敬仰与怀念之情，也向我们塑造了一个学识渊博、平易近人的学者形象。可以感受到王先生的直接教诲和间接影响有如涓涓细流，不断滋润着、鼓舞着这些曾经的后学，正所谓"哲人其萎，流风迢然"。

（五）综合评介研究

也有不少专家、学者从宏观层面对王重民的学术成就与人格魅力进行综合评述。如周文骏与王红元[62]、王余光[63]、陈红彦[64]、罗彧[65]全面梳理并评述王先生的治学历程与学术著述，其中周文从书目索引、古籍善本、敦煌遗书、图书学史、目录学史五个角度进行论述，较为细致。罗文从王重民学术著述目录编纂的角度，对有关著述进行系统分类和整理考辨，为今后编纂王重民著述目录作了重要参考。还有王锦贵[66]高度赞扬和评介王先生的治学成就和人格魅力。概言之，他们融王先生的生平与学术为一体，清晰地勾勒了王先生卓有建树的学术人生和和蔼可亲的大师风范。

（六）其他相关研究

亦有学者从王重民的藏书、研究概况、古籍保护实践等角度充实、丰富、完善了王重民研究体系。如姚伯岳以王重民藏于北京大学图书馆的三部线装书为线索，追溯王重民与傅增湘的师生之谊、对胡思杜的爱护之情以及撰写《中国善本书提要》的苦心孤诣[67]。陈东辉、王佳黎在王先生诞辰110周年之际整理2013年以前有关王重民研究的文献目录[68],有助于学界对王重民研究形成整体感知。向辉从"古籍保护实践"的角度对王重民在1939—1949年间抢运古籍善本、撰写古籍善本书提要等进行系统阐述[69]。

此外,王重民著述目录的编撰也成为王重民研究的一个方面。现今发表的《王重民著述目录》共有七种版本①,大多为刘修业编制,21世纪以来主要有王媛《王重民教授著述目录》[4]494-518和张宁《王重民著述目录》[70]。王媛将其他未见于著述目录的著作、论文、遗稿等,编成分类目录。罗彧和戴沛莘对这一著述目录予以订正[65],并从著录格式、著录内容等方面为未来的《王重民著述目录》制定方针[71]。张宁在前有基础上列表呈现《王重民著述目录》,亦是一种新的尝试。总体来说,虽然王媛所编著述目录存在一些讹误及使用不便的情况,但从分类编排、著录详确等角度而言,仍是目前最受学界认可的王重民著述目录。

一言以蔽之,王重民一生访书、校书、辑书、著书,纵横多个学科领域,学问精深、著作等身,其道德学问,皆称楷模。上述研究不仅梳理了王先生不同阶段、各个领域的治学成就、人格魅力,也提高了学界、业界对王重民学术与生平的认识和理解。

二、21世纪以来王重民研究的具体特征

1979—1999年间学界进行的王重民研究以刘修业整理王先生著述达至高潮。"刘修业可谓以个人之力有计划地主持、领导和组织了80年代中国的王重民研究"[1]。21世纪以来,北京大学信息管理系、中国国家图书馆、北京大学图书馆和兰州大学敦煌学研究所联合举办"纪念王重民先生诞辰100周年学术研讨会"无疑将王重民研究推至第二个高潮。在此期间,不仅《图书与情报》《文津流觞》开辟专栏纪念王先生诞辰100周年,北京大学信息管理系亦结集出版《王重民先生百年诞辰纪念文集》(北京图书馆出版社2003年版),并最终

① 注:七种王重民著述目录分别为:《王重民教授著述系年》(刊载于《吉林省图书馆学会会刊》1980年第2、3期)、《王重民著述目录》(刊载于《中国当代社会科学家》第一辑)、《王重民著述目录》(附录于《中国目录学史论丛》)、《王重民著述目录》(刊载于《图书馆学研究》1985年第5期)、《王重民教授著述目录》(附录于《冷庐文薮》)、王媛《王重民教授著述目录》(收录于《王重民先生百年诞辰纪念文集》)和张宁《王重民著述目录》(《王重民古典目录学成就研究》之第四章)。

形成了一批高水准的王重民研究成果，推动了社会各界对王重民研究的关注与重视。

（一）研究内容逐渐纵深化

21世纪以来，随着社会各界对王重民关注度的提高，不少专家、学者围绕王先生的生平与学术两个方面进行了更加深入的挖掘和揭示，诞生了不少补白之作，如《论王重民先生〈老子考〉的目录学成就》[8]《论王重民对敦煌文献整理研究的贡献》[12]《王重民与北京大学图书馆学系的建立》[26]《刀笔纸墨与文献史——论王重民对印刷术发明前文献生产的研究》[29]《走向弱冠之年的王重民》[37]《王重民在法国期间致伯希和四信考释》[45]等。这些研究或以新的研究视角切入，或运用新的研究方法，或使用罕见档案资料、手稿信札，从细微层面不断追索，抽丝剥茧般为我们揭橥王先生早年不为人知的生平故实、学术著述及其20世纪30—40年代远赴欧美编纂目录、撰写提要的具体工作内容等，丰富了王重民研究的学术内涵，有效推动了整个王重民研究体系的专精化、纵深化发展。

（二）研究方法和视角多元化

"就学术研究而言，材料影响方法的使用，方法有助于研究成果的呈现。"[16]早期的王重民研究以综合评述为主，随后研究主题逐渐从最初的著述整理、友生回忆等延拓至社会各界对王先生早年生平故实的考证、代表性学术著述的评价及信札考释等微观层面，研究方法也逐渐多元化和丰富化，开始引入文献考据法、个案分析法、比较分析法及数字人文研究方法等。比如姚伯岳利用王重民于1941年秘密返国期间写给刘修业的17通24页书信考证王先生当年秘密回国抢运古籍善本的始末[72]；闫嘉琪等重点关注《清代文集篇目分类索引》的编纂过程与学术价值，解析王先生在传承中创新的索引编纂思想[73]；柯平运用比较分析法总结姚名达与王重民的目录学思想和成就[10]；刘亚男、肖明借助构建传记资源知识地图模型，对王重民传记资源进行实例化展示[74]。多元化的研究方法进入王重民研究领域，使我们可以多维度、多层次感受其严谨的治学精神、非凡的学术成就和高尚的人格魅力，也为我们进一步开展王重民研究提供了新的思路。

此外，与其他学人研究不同的是，王重民研究没有局限于"内史"层面，而是既聚焦于对生平、事功的叙述，同时也对时代背景、其他学人、其他学科予以横向关注。如王余光[75]、周余姣[76]、全根先[77]、吴稌年[78]等从群体视角出发结合当时的社会背景、学术发展综合评述民国图书馆学人、文献学家的海外访书经历及其对近代中国图书馆事业发展的贡献，有助于学界立足时代洪流认识和理解王先生的治学之路。

（三）由文献研究逐渐向理论阐释层面深化

以往学界、业界对王重民治学成果的研究主要停留在文献梳理和综合论述层面，而忽视了从理论层面对其学术思想进行系统凝练和阐发。21世纪以来，学界对王重民目录学研究思想、图书馆学教育思想等的提炼逐渐开始出现，如王桂兰、柯平曾梳理并总结王先生整理敦煌文献的方法、思路[12]和目录学思想的精髓要义[10]；吴慰慈、董焱也明确指出："王重民受近现代科学实证主义精神的影响，其古代文献典籍整理实际上是在现代科学理论指导下进行的，并且善于将史料放在其产生的历史背景中去研究分析，因而王重民不是简单的史料整理者，而是一个卓越的国学大师"[4]27-31。说明学界已意识到，王重民先生在史料整理、史实论述、文献考辨等领域都已形成自己独特的学术思维和思考逻辑，值得予以深入的学理探讨。

（四）研究范围有待继续开拓

早在1999年，孟昭晋就曾高屋建瓴地指出18个王重民研究的具体选题，有"王重民的家世与青少年时代""王重民学术史地位的研究""王重民与刘修业""王重民与袁同礼"等，为学界有计划、有范围、有深度地开展王重民研究作了重要的指导和规划[79]。但21世纪初期，学界对王重民的研究仍多集中在目录学、图书馆学和敦煌学方面，仅综合阐述王先生目录学成就的论文就有10多篇。这些文章虽出自朱天俊、周文骏、孟昭晋、来新夏、白化文等知名学者之手，立论清晰、阐述严明，但在内容上却也不可避免地有所重叠和覆盖。对王重民在其他领域学术成果的整理与研究仍有待加强。比如对王重民在方志学、太平天国史料、徐光启研究等方面的贡献，目前还缺乏有分量的研究成果。

三、未来王重民研究的思考

20世纪的王重民研究主要由刘修业及王重民的友生主导，并以序、跋、书评等形式存在。综观目前的王重民研究进展，可以看出随着故交友朋、亲炙弟子的故去，王先生的再传弟子、青年俊彦等逐渐成为王重民研究的主体。他们虽大多未与王先生有过近距离接触，却在王先生弟子友朋的影响下，自觉关注这一领域，多元化诠释王先生的学问与品行。基于此，为继续推进和丰富未来王重民研究的学术内涵，笔者以为今后学者可从以下两个方面着力深耕。

（一）开展王重民学术思想研究

王重民的学术思想蕴含着理论与实践、传统与现代的双重结合，他在长期实践中形成了视野开阔、内涵丰富、方法多维、勇于创新的治学体系。因此基于王先生的治学经历、书目实践、教学经验等来挖掘其一以贯之的学术思想是十分必要且有意义的。尤其王先生“坚持理论联系实际”“坚持目录学知识创新”的目录学教育思想[66]，强调“读者为本、书籍至上、学贯古今、术通中西”[23]的图书馆学教育理念等都是需要系统揭示并形成学理性阐发的重要内容。这对于信息化、数字化研究甚嚣尘上，目录学、图书馆学逐渐式微的今天，更加有着无比切实的重要意义。可喜的是 2019 年，天津师范大学古籍保护研究院姚伯岳教授已获批国家社会科学基金一般项目“王重民生平与学术思想研究”，拟从学术思想的高度实现对其生平与学术成就的理论凝练和深层把握，撰写《王重民评传》一书。我们也殷切期待有更多学者关注到这一领域，从理论层面阐释和解读王先生精妙的学术思想和治学心得。

（二）继续深入并拓展其他专题研究

虽然学界、业界对王重民的目录学、敦煌学、图书馆学等学术成就已经进行了比较深入的研究，但事实上即便是王先生的目录学代表作《中国善本书提要》，其学术价值也远未被充分挖掘。白化文曾指出《提要》（上海古籍出版社 1983 年版）第 383 页《朱翼》条“提要内容提示书中引用《水浒传》等小说，小说研究者当注意并在适当的研究场合引用之。可惜至今知者不多，总因没有读到王先生这篇提要之故”[13]。关于王重民在其他专题研究成果，王桂兰也强调“王重民对中国科技史、中西文化交流史研究下过很深的功夫，尤以其对铜活字印刷、套版印刷及明清之季西学东渐的研究而著称，他的论断和结论绝非空泛之谈，而是以极深厚的学术根底为根基的”[12]。这便进一步说明王重民博大精深的学术成果仍然需要学界继续深入挖掘、揭示、提炼和应用。值得一提的是，北京大学信息管理系于 2017 年中标“《王重民全集》编纂”国家社科基金重大项目，已经全方位收集王先生已刊、未刊的全部著述，包括专著、文章、提要、题跋、目录、索引、信札、古籍整理作品等，并于 2024 年完成《王重民全集》的编纂。后续《王重民全集》的出版，对于学界深入释读并研究王重民学术成果无疑将产生极大的推动作用。

此外，王重民藏书研究也是今后可以深入拓展的一个方向。据悉王先生的藏书在其去世后被《历史研究》杂志图书馆收藏,有 9000 余册,但已被打散,没有形成专藏。今后若有人对此进行系统整理,并编撰藏书目录以示学林,将有助于从藏书角度解读王先生的研学轨迹与治学思路。

四、结语

王重民先生作为近现代著名学者,一生钩沉探赜、严谨治学,所取得的学术成就令人叹为观止,诸多领域至今无人能出其右。我们欣喜地看到,21 世纪以来王重民研究成果正由回忆文章、史实考辨等单篇论文逐渐向专精型研究专著转化,同时也期待未来的王重民研究能够更加系统化、学理化地呈现王先生博大精深的学术体系与高尚纯洁的学人品格。

(姚小燕,天津师范大学历史文化学院 / 古籍保护研究院博士后)

参考文献:

[1] 孟昭晋,王锦贵 . 二十年来的王重民研究 [J]. 中国图书馆学报,1999(2):54-59.

[2] 傅振伦 . 王重民《校雠通义通解》评介 [J]. 图书情报工作,1988(6):44.

[3] 李剑雄 . 关于《中国善本书提要》[J]. 社会科学战线,1984(3):333-337.

[4] 王锦贵 . 王重民先生百年诞辰纪念文集 . 北京:北京图书馆出版社,2003.

[5] 周文骏 . 读《校雠通义通解》——纪念先师王重民教授诞辰 100 周年 [J]. 中国图书馆学报,2002(6):56-59.

[6] 吴格 . 王重民《校雠通义通解》述评 [C]// 陈仕华 . 章学诚研究论丛:第四届中国文献学学术研讨会论文集 . 台北:学生书局,2005.

[7] 李景文 . "互著""别裁"起源时间考辨——读王重民先生《校雠通义通解》[J]. 图书情报工作,2012,56(7):140-144.

[8] 张宗友 . 论王重民先生《老子考》的目录学成就 [J]. 大学图书馆学报,2008(3):56-58.

[9] 褚国锋 . 王重民先生《老子考》的特色与影响 [J]. 中华老学,2021(1):244-250.

[10] 柯平 . 王重民与姚名达的目录学思想比较研究 [J]. 图书与情报,2003(4):40-45.

[11] 党燕妮,李长迅 . 王重民先生对目录学、敦煌学的贡献 [J]. 图书与情报,2002(1):37-40.

[12] 王桂兰 . 论王重民对敦煌文献整理研究的贡献 [J]. 深圳大学学报(人文社会科学

版),2002(3):87-94.

[13] 白化文 . 读《伯希和劫经录》[J]. 文津流觞,2003(3):253-256.

[14] 宗岩 . 王重民《敦煌古籍叙录》著录特点——兼谈敦煌出土《王梵志诗》整理情况[J]. 哈尔滨职业技术学院学报,2010(2):47-48.

[15] 荣新江 . 中国敦煌学的滥觞——王重民的《巴黎藏敦煌残卷叙录》[M]// 马宝珠 .20 世纪中国史学名著提要 . 北京:北京师范大学出版社,2007:103-106.

[16] 朱凤玉 . 百年来敦煌文学研究之考察 [M]. 北京:民族出版社,2012:154-177.

[17] 萨仁高娃 . 王重民等有关《敦煌变文集》的信函二十四通 [J]. 文献,2009(2):151-163,2.

[18] 李永宁,程亮 . 王重民敦煌遗书手稿整理 [J]. 敦煌研究,2004(5):69-70,112.

[19] 李永宁,程亮 . 整理王重民敦煌遗书手稿所得(一)[J]. 敦煌研究,2004(6):71-75.

[20] 李永宁,程亮 . 整理王重民敦煌遗书手稿所得(二)——王梵志诗辑录 [J]. 敦煌研究,2005(1):9-10.

[21] 李永宁,程亮 . 整理王重民敦煌遗书手稿所得(三)[J]. 敦煌研究,2005(2):64-66.

[22] 孟昭晋 . 王重民先生的《书目答问》课 [J]. 图书情报工作,2000(2):90-93.

[23] 徐雁 . 人去遗文在　丹心育门生——纪念我国图书馆学教育家王重民先生 [J]. 图书情报工作,2003(5):7-12.

[24] 王余光 . 图书馆学前辈学术著作的传与读 [J]. 图书情报工作,2005(1):9-10.

[25] 周佳贵 . 王重民设立图书馆学专修科的始末 [J]. 国家图书馆学刊,2013,22(4):83-89.

[26] 李世娟 . 王重民与北京大学图书馆学系的建立 [J]. 图书情报工作,2003(5):13-19,33.

[27] 曹书杰 .20 世纪的辑佚学研究(1949 年以前)[J]. 淮阴师范学院学报(哲学社会科学版),2000(5):75-80.

[28] 胡喜云,王磊 . 清代辑佚学研究综述 [J]. 图书与情报,2009(1):136-140.

[29] 罗彧 . 刀笔纸墨与文献史——论王重民对印刷术发明前文献生产的研究 [J]. 历史文献研究,2017(2):365-372.

[30] 张宗友 . 论王重民先生的四库学成就 [J]. 中国四库学,2018(1):21-27.

[31] 刘修业 . 王重民 1935—1939 年英德意诸国访书记 [J]. 文献,1991(4):203-212.

[32] 刘修业．王重民法国读书记 [J]. 文献，1992（3）：247-259.

[33] 凌一鸣，姚伯岳．拨开历史迷雾——王重民与普林斯顿大学东亚图书馆渊源始末 [J]. 国家图书馆学刊，2021，30（1）：107-113.

[34] 刘波，林世田．国立北平图书馆拍摄及影印出版敦煌遗书史事钩沉 [J]. 敦煌研究，2010（2）：113-119.

[35] 蒙曦，罗栖霞．王重民巴黎往事追记（1934—1939）[J]. 版本目录学研究，2014（1）：3-38.

[36] 荣方超．"交换馆员"王重民、向达欧洲访书考 [J]. 国家图书馆学刊，2013，22（3）：85-90，96.

[37] 顾晓光．走向弱冠之年的王重民 [J]. 大学图书馆学报，2019，37（3）：109-115.

[38] 李墨．王重民年谱 [D]. 河北大学，2008.

[39] 王锦贵．慧眼识珠启宝藏　大师谈心遗佳酿——写于《胡适王重民书信集》问世前 [J]. 图书与情报，2007（2）：123-127.

[40] 北京大学信息管理系，台北胡适纪念馆．胡适王重民先生往来书信集 [M]. 北京：北京图书馆出版社，2009：前言．

[41] 王锦贵．大师级光辉形象　高层次精神营养——在《胡适王重民先生往来书信集》出版发布会上的发言 [J]. 大学图书馆学报，2009，27（3）：108-110.

[42] 姚伯岳《胡适王重民先生往来书信集》中的几位法国汉学家 [J]. 大学图书馆学报，2009，27（6）：75-80.

[43] 蔡登山．要把金针度与人——胡适与王重民论《水经注》[J]. 国家图书馆学刊，2007（3）：81-87.

[44] JI WL.Hu Shi and Wang Chongmin[J].Chinese Studies in History，2005，39（2）：45-68.

[45] 陈恒新．王重民在法国期间致伯希和四信考释 [J]. 大学图书馆学报，2017，35（6）：117-120.

[46] 刘蕊．新见王重民致伯希和信札七通诠解——以王重民对法藏敦煌遗书的整理为中心 [J]. 文献，2021（5）：146-158.

[47] 刘蕊．巴黎吉美博物馆藏王重民致伯希和书信四通考释 [J]. 图书馆论坛，2021，41（7）：149-153.

[48] 刘蕊．新见王重民致伯希和书信十一通考释 [J]. 图书馆杂志，2022，41（9）：130-136，104.

[49] 顾晓光 . 袁同礼致王重民四通书信浅疏 [J]. 图书馆论坛，2019，39（4）：125-129.

[50] 王菡 . 王重民致胡适、袁同礼的一封信 [J]. 国家图书馆学刊，2004（1）：87-89.

[51] 陶诚 . 袁同礼先生等致王重民先生七通书札浅疏 [J]. 版本目录学研究，2014（0）：47-54.

[52] 许京生，李际宁，姚伯岳 . 王重民致袁同礼信函（1938 年 6 月至 1940 年 8 月）[J]. 信息与管理研究，2016（2-3）：43-62.

[53] 李周 . 王重民书信三通 [J]. 文津学志，2020（2）：219-223.

[54] 孟昭晋 . 读王重民致向达书信 [J]. 图书情报工作，2001（4）：93-95.

[55] 周余姣，顾晓光，凌一鸣 . 王重民致邓衍林信札五通考释 [J]. 图书馆论坛，2020，40（6）：140-146.

[56] 赵大旺 . 王重民旅法期间致顾颉刚二函考释 [J]. 文献，2021（5）：132-145.

[57] 姚明 . 王重民致阿英书信浅疏 [J]. 山东图书馆学刊，2022（2）：95-101.

[58] 刘梦溪，陈寅恪 . 中国现代学术经典　陈寅恪卷 [M]. 石家庄：河北教育出版社，2002：846.

[59] 王尧 . 记与王重民先生交往二三事 [M]// 国家图书馆善本特藏部敦煌吐鲁番学资料研究中心 . 敦煌学国际研讨会论文集 . 北京：北京图书馆出版社，2005：31-34.

[60] 丁瑜 . 深切怀念王有三（重民）老师 [M]// 国家图书馆善本特藏部敦煌吐鲁番学资料研究中心 . 敦煌学国际研讨会论文集 . 北京：北京图书馆出版社，2005：35-37.

[61] 徐自强 . 怀念北图馆长北大教授王重民先生 [M]// 国家图书馆善本特藏部敦煌吐鲁番学资料研究中心 . 敦煌学国际研讨会论文集 . 北京：北京图书馆出版社，2005：38-45.

[62] 周文骏，王红元 . 王重民先生的学术成就——纪念先生诞生 100 周年 [J]. 图书情报工作，2003（6）：5-10.

[63] 王余光 . 王重民先生的生平与著述 [J]. 图书情报工作，2003（5）：5-6.

[64] 陈红彦 . 王重民先生与文献学 [M]// 国家图书馆善本特藏部敦煌吐鲁番学资料研究中心 . 敦煌学国际研讨会论文集 . 北京：北京图书馆出版社，2005：53-56.

[65] 罗彧 . 王重民学术著述考 [J]. 大学图书馆学报，2019，37（3）：116-120.

[66] 王锦贵 . 王重民先生与《王重民全集》[J]. 信息管理研究，2017（2-3）：4-16.

[67] 姚伯岳 . 北京大学图书馆新发现的三部王重民先生原藏线装书 [J]. 版本目录学研究，2014（1）：103-112.

[68] 陈东辉，王佳黎 . 王重民先生研究文献目录 [J]. 版本目录学研究，2014（1）：113-129.

[69] 向辉 . 王重民先生 1939—1949 年的古籍保护实践 [J]. 古籍保护研究，2019（1）：43-54.

[70] 张宁 . 王重民古典目录学成就研究 [D]. 河南：河南师范大学，2005.

[71] 戴沛莘 .《王重民著述目录》析评、反思及建议 [J]. 问学集，2014（20）：55-71.

[72] 姚伯岳 . 王重民 1941 年秘密返国史事钩沉 [J]. 信息与管理研究，2016（2-3）：29-42.

[73] 闫嘉琪，贾卫民，蒲珊 . 王重民《清代文集篇目分类索引》的成书与特点 [J]. 图书馆，2020（2）：15-19.

[74] 刘亚男，肖明 . 基于知识地图的传记资源组织方法研究——以王重民先生为例 [J]. 图书馆理论与实践，2020（2）：80-84.

[75] 王余光 . 中国现代文献学家海外访书的成就 [J]. 图书情报工作，2004（3）：5-7.

[76] 周余姣 . 陈农之使："平馆学人" 的访书活动 [N]. 中国社会科学报，2023-01-17（6）.

[77] 全根先 . 民国学者与 "索引运动" [J]. 文津学志，2014（1）：153-164.

[78] 吴稌年 . 国学大师对中国近代图书馆事业的贡献 [J]. 图书与情报，2005（2）：2-5，32.

[79] 孟昭晋 . 王重民研究选题问题试探 [M]// 王鹤鸣，马远良 .1999 理论学术年刊 . 上海：《图书馆杂志》编辑部，1999：312-318.

王重民目录学教学述略*

A Brief Review of Wang Zhongmin's Teaching in Bibliography

李超然

摘　要:王重民在北京大学图书馆学系创办过程中付出了巨大的心血和努力,在系内的教学工作中,他主要教授内容为目录学。他撰写讲义,授课教学,带领学生实践学习,对目录学理论的框架,目录学学科的建设、中国目录学史的研究都有卓越的贡献。研究王重民目录学教学实践及讲义,总结王重民目录学教学及在目录学教学过程中产生的目录学思想,对全面认识王重民的教学工作具有重要意义。

关键词:王重民;目录学;目录学教学;中国目录学史

王重民(1903—1975),字有三,号冷庐,曾化名鉴,直隶省保定府高阳县西良淀村人(今属河北省安新县龙化乡西良淀村)。他是我国著名的目录学家、版本学家、敦煌学家、图书馆学教育家。青年时期求学于北京高等师范学校国文系,师从陈垣、杨树达、高步瀛、袁同礼等人,为从事文史工作打下了坚实基础。参加工作后,他在国立北平图书馆进行书目编纂、索引编制等目录学实践工作。1934 年后,他遍访西方各国著名图书馆,致力于搜辑流落于海外的中文古籍工作,对太平天国文献、敦煌遗书等书尤为重视,并取得丰硕成果。

王重民一生勤于著述,著作颇丰,早年以索引、提要及古籍整理为主。1947 年从美国回国后,在北京大学中文系下主持创建图书馆学专修科,1951 年独立

*　本文为国家社科基金一般项目"王重民生平与学术思想研究"(19BTQ054)研究成果之一。

为图书馆学系，着力培养图书馆学人才，并撰成一批目录学讲义、专著、研究论文等。在此期间，他也兼顾敦煌学、古籍整理等方面的研究，主编《敦煌遗书总目索引》，整理《徐光启集》等。

目前学界对于王重民目录学的研究主要集中在其对目录学发展的贡献上，如王锦贵《王重民先生及其学术成就》[1]，周文骏《王重民目录学研究述要——纪念先师王重民教授诞辰100周年》[2]，展龙、张宁《试论王重民目录学研究之特点》[3]等学术论文，对王重民的目录学思想做了提纲挈领的总结。2005年河南师范大学张宁的硕士学位论文《王重民古典目录学成就研究》[4]和2012年黑龙江大学陈香萍的硕士学位论文《王重民目录学研究刍议》[5]，围绕王重民的目录学成就和思想作了系统深入的研究。而专门研究王重民目录学教育的成果主要有李智媛、韦燕《论王重民对我国目录学教育的贡献》[6]和王锦贵《试论王重民先生的目录学成就》[7]等文，对王重民的目录学教育实践与目录学思想进行论述。王重民对北京大学图书馆学系创建所付出的心血与努力亦有专文论述，如李世娟《王重民与北京大学图书馆学系的建立》[8]，文中不仅详述北京大学图书馆学系及其前身北京大学图书馆学专修科建立始末，而且对王重民在图书馆学系开设的课程及其撰写的讲义所涉内容加以介绍，在此基础上，就王重民对中国图书馆学教育的贡献予以高度评价。又如周佳贵《王重民设立图书馆学专修科的始末》[9]，详述图书馆学专修科的建立过程及创建伊始所遇到的问题。本文拟在前人研究基础上，进一步研究王重民在从事目录学教育工作及产生思想的特点，对他目录学教育的贡献展开探讨。

一、王重民的目录学教学实践工作

我国目录学有着源远流长的历史，但在古代书院与私塾中似并未形成专门的课程。近代以来，受到西学影响，我国也开始了学制改革。在1922年颁布的“壬戌学制”中，目录学教育作为图书馆学教育的一个重要组成部分被正式纳入教学体系[10]。武昌文华大学图书科（1920）、上海国民大学图书馆学系（1925）、金陵大学文学院图书馆学系（1927）、国立社会教育学院图书博物馆学系（1941）等一些高等学校开设了图书馆学专业[11]，组织目录学教育，培养专门人才。余嘉锡、汪辟疆、刘咸炘、赵万里等人也分别在执教学校开设目录学课程。

1925年，王重民师从袁同礼，学习目录之学，从此走向目录学研究的道路。

王重民在工作中积累了大量的经验，并且在海外从事古籍编目的过程中，深感图书馆对目录学人才的需要，遂在1947年回国之前，便与胡适、袁同礼商议在北大设立专科进行图书馆学人才的培养。

（一）从专修科到图书馆学系（1947—1956）

北京大学图书馆学系的建立与王重民的辛勤付出是分不开的。1947—1948年，图书馆学专修科附属于中文系；1949年成为独立的专修科；1951年建系，招收了第一届本科生；1952年院系调整，又改为专科；1956年与武汉大学图书馆学系一起，正式由图书馆学专科改为系。

在图书馆学系从无到有的建设过程中，王重民的贡献主要集中在两个方面，一是负责统领全局，负责整体的学科建设；一是具体的教学工作，撰写编制相关课程讲义，向学生传授知识。

在北京大学图书馆学系建设过程中，王重民是核心人物，他作为系主任，负责图书馆系的学科建设工作。在这一阶段中，具体工作如何开展？教学计划如何安排？开设哪些课程？学科重点发展方向是什么？这些均是王重民要考虑的问题，为此，他付出了大量时间与精力，并取得显著成果。

1. 宏观的安排

1949年新中国成立以后，王重民配合国务院和教育部的工作指示，积极撰写各项报告，争取图书馆专科早日成系。1954年，他还邀请武汉大学图书馆学专修科主任甘莲笙来京共商办学事宜，双方达成了尽快改专科为本科以利于图书馆专门人才培养的共识[12]。

在建系之初，专修科内专任教师不多，他聘请了刘国钧、邓衍林、陈鸿舜、耿济安、关懿娴等图书馆领域的专家，为北京大学图书馆学系的人才培养提供了智力支持。王重民在建设图书馆学科的过程中，积极主动吸收其他专家的意见，如1950年，他在为图书馆专科设计课程与讲义过程中，向国内图书馆专家刘国钧、李小缘、贺昌群等人征求意见，商量修改他所设计的方案，以求课程设置能够尽善尽美。他参与组织各项会议，促进学术研讨，如主持召开“五四科学讨论会”（1956年春）、制订《1956—1967年哲学社会科学十二年发展远景规划》会议（国务院科学规划委员会召开，1956年6月）、第一届全国图书馆工作会议（1956年6月14日）等。这些交流、沟通、学习对于图书馆学科的建设有重大意义，确定图书馆学的发展方向，是学术前进的指南。

2. 讲授课程

王重民为目录学教学工作编制了大量的讲义，在不同时段开设了不同的课程。1948 年开设“中国目录学”“四库总目研究”“图书参考”等课，与赵万里合开“版本学”课；1949 年开始讲授“目录学概论”“工具书使用法”两门课程；1950 年与王利器合讲“目录与参考”，并开设“图书馆事业史”课；1951 年后，“工具书使用法”课改为“参考书与参考工作”课，与张荣起、陈鸿舜合编教材；1953 年开设“目录与书刊评介”课；1956 年开设“普通目录学”与“历史书籍目录学”两门课程。

在建系的这段时光里，王重民完成了他负责的几门课程的讲义。1951 年草成《中国工具书使用方法》，并随即在此基础上与张荣起等人改编是书为《参考书与参考工作》讲义（1954 年完成）；1952 年又写出《目录学概论》；1954 年起，他开始“普通目录学”课程的准备工作，并在 1956、1957 年写出两版《普通目录学》讲义；1955 年制订“历史书籍目录大纲”，撰成《目录学引论》；1956 年，他还编写了《社会政治书籍目录学》讲义。

需要指出的是，王重民培养人才并不局限于北京大学图书馆学系所招收的学生，他还积极参与公共图书馆工作人员训练班、由北大图书馆学系开设的函授班教学工作。

（二）1957—1975 年的教学工作

1957 年 8 月中，王重民被错化为“右派”，被撤销了系主任的职务。但王重民并没有因此气馁和消极，依然继续为目录学教学贡献力量。在教学上，1958 年，他制订了目录学教研室跃进计划，继续编写《中国目录学史》（1957 年开始）、“版本学”的讲义。1960—1963 年，王重民依然活跃在教学一线。为培养后进力量，在 1963 年招收了中国目录学史专业的研究生，由他亲自担任导师。1964 年后，他经历了病痛折磨和一些政治冲击。到 1969 年，王重民继续从事教学工作，直至含冤自尽。

这一阶段，他的教学重心主要在“中国目录学史”上，还为《书目答问》开设了专题。

二、王重民教学实践的特点

王重民在目录学的教学工作与他培养目录学的人才观是分不开的，在他看来，书目参考工作者要有广博的知识，才能在工作中更好地为读者服务。因此，他悉心准备授课内容，在他的教学实践中有以下特点：

（一）课程内容的广延性

王重民针对不同的课程撰写了很多的讲义，但是据他的学生朱天俊回忆，王重民所讲授的内容并不局限于讲义，而是将讲授的重难点与他的研究心得相结合。王重民曾经指出，从事目录学研究，要通晓学术史、思想史、文化史，力求不断充实各学科知识[13]。而且王重民渊博的学识也使他在授课中可以做到滔滔不绝，因此，王重民的课程内容是丰富而充实的，学生也能汲取到更多的知识。在白化文《王有三（重民）先生百年祭》一文中，记录了他爱人李鼎霞对上王重民课程的印象，“王先生讲课如天马行空，无边无涯，学问往外漾”[14]。

他课程内容的广延性还体现在他为中国目录学史课程所配套编写的讲义《中国图书目录学史料》中，这个讲义的内容可以与《中国目录学史》的相关章节相呼应，或是收录与所讲内容密切相关的阅读史料，如摘引注释刘向《别录》中对《管子》《荀卿新书》两书的叙录；或是征引史料，对《中国目录学史》中的内容做进一步说明，如对《周礼》大宗伯所属史官的介绍就是对于《中国目录学史》中这一对应部分的有力补充；或是提供拓展材料，如选录王国维《简牍检署考》，以加强学生对简牍的了解，起到引导学生深入学习的作用。通过阅读这种性质的参考资料，可以让学生更深入地学习中国目录学史，延展和拓宽学生的知识面。

（二）教学实践的有效性

王重民虽是目录学方面的大家，但他依然重视备课。据杜伟生回忆，王重民的课上“没有一句多余的话，整个黑板上没有一个多余的字。黑板上每一个字的位置似乎都是精心安排的，经过连线，所有授课内容都分门别类地清楚地展现在同学们面前”[15]。王重民能形成如此思路清晰、表述流畅的课堂讲授，除了其本身学识渊博外，也离不开他在课堂之外的精心准备。而板书设置的精巧之处，使笔者不禁推测，王重民是否在课下曾有板书草稿？抑或在课前时，思路已在脑中转过一番，对一堂课中的授课内容有了极为明晰的把握？

此外，王重民还会在每节课结束时对本堂课所讲内容做一回顾，以加深学生对于课程的认识。

课堂上的授课是学生获取知识的主要来源，而课下的答疑解惑也是他课堂教学中必不可少的一环，因此每当学生遇到疑难时，他总是和颜悦色，耐心解答学生在学习中的困惑，不但有针对性地解决学生在目录学研学过程中遇到的问题，也对他们今后的目录学实践产生了重要作用。如金恩晖在回忆师从王重民的往事时，曾提到他当时对未来工作与研究的困惑，王重民结合自身经历，勉励他以后在图书馆工作时继续研究之路，并给他提出具体且有针对性的建议，对他日后的工作与研究产生了深刻的影响[16]。

（三）授课内容的实践性

王重民开设的目录学课程主要是在图书馆学的学科体系之下的，因此具有很强的实践性，除了理论课程之外注重实践性外，实习、实践是其授课中非常重要的一环。他经常组织学生进行实习活动，他曾带领1951级图书馆学系学生到中国科学院近代史研究所整理古籍。通过撰写书评、编制目录等形式的实习，以达到锻炼学生的书目实践能力的目的，以便于学生能更好地适应之后的图书馆书目工作。

在理论课程中，王重民将图书馆书目编制与人民生产研究的需要结合起来，他将目录学的意义归纳为对于科学研究工作的意义、配合国家经济建设的意义、对于图书出版事业和发行事业的作用和在图书馆事业中的作用，强调图书馆参考工作与书目编制的现实作用。在具体的书目编制方法中，针对不同的目录、索引的编制方法，都结合实际案例展开讲解。

三、王重民目录学讲义的特点

纵观王重民在1947年之后撰写的讲义，他逐渐建立起目录学研究的框架，在《普通目录学》中，形成了目录学理论、目录学发展、目录学方法的内容架构。在深入研究的过程中，他对目录学理论、目录学发展有了许多独特的见解，丰富了目录学的研究。

他对目录学史用力尤勤。在研究目录学史的过程中，他将历史唯物主义观点与目录学研究结合起来，注重联系时代背景，将目录学著作和目录学家与他们产生的社会情况、个人学术活动相结合，通过这样的方法，探索揭示中国目录学史发展的基本规律。

笔者通过阅读王重民目录学的不同讲义，总结出这些讲义呈现的一些特点：

（一）目录学研究持续深入

王重民在教学实践过程中，讲义内容不断更新。而这些不同文本之间的差异也可以看出王重民在学术研究过程中的动态变化，以及其中蕴含的王重民目录学思想的演变过程。

在前文已经提及的王重民所写的各种讲义，很多都不止一个版本。如《普通目录学》有1955、1956年以及省市图书馆工作人员进修班讲稿三种版本；《中国目录学史》有两个版本；《中国历史书籍目录学》撰成于1957年，1961年有修订版。这些讲义的差异小到字词的变化，大到整体结构的变化，从中可以反映出王重民目录学思想的逐渐丰富与日臻成熟。

这些变化中最为鲜明的就是王重民关于中国目录学史分期方面的研究，这种变化在谢灼华《王重民先生在中国目录学史研究上的贡献》[17]、张宁《王重民古典目录学成就研究》[4]等文中有提及，现就王重民关于中国目录学史分期的情况做一展开说明。

《普通目录学》则在分期和论述中有了明显的改变。《普通目录学》（初稿讲义）撰成于1956年6月，这一版的第二部分专门介绍了我国目录学的发展情况，其中已经开始划分具体阶段：此一部分分为五章，兹将各章名称与讲述范围列表如下：

表1 《普通目录学》章节表

章名	包含范围
第三章　我国目录学的起源和进展	主要论述刘向以前我国目录学的发展过程
第四章　我国目录学基础的奠基	重点讲述刘向、刘歆的目录学成就
第五章　我国目录学在封建社会时期的发展（公元23—1840年）	公元23—1840年我国的目录学成就
第六章　我国目录学在近代和现代时期的进步	细分为1840—1894年、1894—1919年、1919—1949年三个时期
第七章　建国以来我国目录学的发展情况	即建国后的目录学发展情况

这个时代分期较之前按朝代划分章节的方式有所发展，近代部分分期结合历史大事件，重视向西学学习的程度和方向进行划分，而不是单纯地以历史变局进行分期。《普通目录学》（初稿讲义）所展现的历史分期已体现王重民目录学史思想，但依然还存在些许问题，如第三章的时间范围更为宽阔，缺少具体的细分，这一问题在稍后的版本中做了相应的调整。

《普通目录学》1957年9月版对历史分期做了调整，在这一版中，王重民正式将我国在建国前的目录学划分成四个时期：

第一时期　远古至公元前第一世纪

第二时期　公元第一至第七世纪

第三时期　第七世纪到 1840 年

第四时期　1840—1949 年

这个分期较前一分期最大的不同在于第二、三时期的划分，以唐为断代分为两个时期，比初稿讲义所呈现的分期更为合理。而近代部分的进一步分期与初稿讲义相同。

《中国目录学史》1961—1962 年讲稿中，王重民根据历史发展的社会经济背景，参酌文化、教育、图书、目录的发展情况，将古代目录学发展分为四个阶段，现将分期情况与章节名称的关系列表如下：

表 2 《中国目录学史》章节表

<table>
<tr><th>时期</th><th>断代</th><th>章节名</th></tr>
<tr><td>古代上古时期</td><td>从远古到汉末年</td><td>第一章　我国古代目录学的发生、发展和系统目录的建成</td></tr>
<tr><td>古代中古时期</td><td>东汉至隋</td><td>第二章　古代中古前期我国图书目录事业的进一步发展</td></tr>
<tr><td>古代中古后期</td><td>唐宋</td><td>第三章　古代中古后期我国图书目录事业的发展和繁荣</td></tr>
<tr><td>古代近古时期</td><td>元明清（至 1840 年）</td><td rowspan="3">——</td></tr>
<tr><td colspan="2">近代</td></tr>
<tr><td colspan="2">现代</td></tr>
</table>

稍后，王重民在此版基础上稍作修改，即为 1984 年《中国目录学史论丛》中所呈现的内容。前后两版在分期上大体相同，唯在中古与近古的分期中有细微的差异，即将元代从近古时期前移至中古后期。

总体来看，王重民对中国目录学史的分期的思考，反映了他对中国目录学史整体认识过程，随着研究不断深入，更多结合社会发展的综合因素考虑目录学分期，这种变化与他的目录学史研究强调以社会、经济、文化为背景研究中国目录学史的理念是分不开的。

在分期的调整之外，中国目录学史发展情况的章节安排，王重民也在不断地修改与调整，使之更加系统与科学，当我们仔细对比王重民不同著作之间的差异时，这种体会尤为明显。王重民的目录学思想也在这一次次的变动中逐渐明晰、成熟起来。通过对他讲义的研究过程的研究，我们既可以发现其思想中不变的内核，还可以揭示其思想深入的过程。

（二）目录学史研究的重点突破

王重民对目录学史的撰写方式本身就是一种突破，他将社会发展情况与目录学发展相结合，运用马克思主义唯物史观论述目录学史的研究范式是首创的。他还创造性地以通史的眼光将古代、近代、现代目录学发展纳入目录学史发展框架之中。这些成果在目录学史框架的构建上产生了重要的意义。

陈香萍在《王重民目录学研究刍议》中指出，王重民在目录学史研究中有两个创见，即目录学起源于甲骨文和目录学发展史的五个时期。此外，他对于目录学的概念有自己的认识，认为目录学是图书之学。他辨明了“目录学”与“校雠学”的关系。在古代，目录与校雠的关系密不可分，校雠学可包含目录学的内容，而目录之学不能自立门户。直到近代以后，“目录学”才成为专门词汇。王重民通过对“校雠”一词产生的过程，从刘向、刘歆整理书籍的实践入手，清楚地说明了校书与编目的差距，为目录学的独立发展提供了理论依据。

又王重民在吸取前代目录学家经验，继承目录学思想财富的基础上，敢于质疑，提出一些自己的观点。他很推崇章学诚的学术，但对章学诚提出的《七略》已有互著、别裁的观点，王重民并不认同，从《七略》的编写情况入手，认为这并不是著者主动进行的，是无意识下发生的，不能算作互著、别裁的开始。

（三）讲义编写注重文献征实

王重民在研究中，讲求实事求是。在他对中国目录学史的研究中，注重对史料的搜求与整理，论从史出。《千顷堂书目》在传播过程中，曾有暗示《千顷堂书目》抄自朱氏手抄《古今书目》之流言，这一传言为一些著名藏书家征引流传，而王重民在研究《千顷堂书目》的过程中，据实考据，从《古今书目》真实的著作人入手，论证《千顷堂书目》与《古今书目》的关系。此外他还对黄虞稷《千顷堂书目》《明史艺文志稿》、王鸿绪《明史稿·艺文志》、张廷玉《明史·艺文志》的关系做出说明，还兼论王鸿绪《明史稿·艺文志》与朱彝尊《经籍考》的关系，对淹没在历史洪流中的目录学真相进行了细致的爬梳。他对于目录学著作的考据，用功之勤，亦可从《中国目录学史料》中略窥一二。他征引广博，从书目本身、诸家藏书目录及序跋、人物列传、墓志铭，再到名家文集、地方志，凡是能说明书目相关问题的史料，他都逐一搜罗，然后通过史料钩沉，说明某书是否作伪、价值如何、作者情况、版本怎样，对后学了解这些书籍有着极为重要的帮助与启示。

他对于历史上的目录学著作也都有客观公允的评价，对于每书的价值、缺憾都能秉笔直书，不溢美，不过贬。如对《通志》一书，他既说明其价值，又对其中存在的问题做出了说明：

> 《通志》成书这样草率，所以常常遭到后人琐屑的指责和不满，这样的缺点我们应该承认，不需要为郑樵作辩护。《通志》的思想体例，和郑樵撰《通志》的“部伍”方法，“核实”精神，对于后世学术思想的影响很大，这样的优点我们也应该承认，并且应该继续发扬光大的。[18]141

四、结语

王重民是北京大学图书馆学系的创办人，无论是建系的筹划，教学大纲的安排，教学任务的分配，以及目录学的教学实践，都付出了极大的心力。经由讲义与课程的配合，王重民培养了一批人才。他对书目参考工作有极为深刻的认识，有很多远见卓识。其目录学著述的出版，推动了目录学研究的深化发展，后人可以更好地了解何为目录学、目录学的作用与功能，更深切地体会中国目录学史的发展脉络。

（李超然，天津师范大学历史文化学院2021级历史文献学硕士研究生）

参考文献：

[1] 王锦贵．王重民先生及其学术成就 [J]. 阴山学刊（社会科学版），1994（4）：19-25.

[2] 周文骏，王红元．王重民先生的学术成就——纪念先生诞生100周年 [J]. 图书情报工作，2003（6）：5-10.

[3] 展龙，张宁．试论王重民目录学研究之特点 [J]. 图书馆工作与研究，2007（3）：50-53.

[4] 张宁．王重民古典目录学成就研究 [D]. 河南师范大学，2005.

[5] 陈香萍．王重民目录学研究刍议 [D]. 黑龙江大学，2012.

[6] 李智媛，韦燕．论王重民对我国目录学教育的贡献 [J]. 东南亚纵横，2003（5）：

77-79.

[7] 王锦贵．试论王重民先生的目录学成就[J]. 新世纪图书馆，2003（3）：27-30.

[8] 李世娟．王重民与北京大学图书馆学系的建立[J]. 图书情报工作，2003（5）：13-19，33.

[9] 周佳贵．王重民设立图书馆学专修科的始末[J]. 国家图书馆学刊，2013（4）：83-89.

[10] 彭斐章，彭敏惠．文华图专目录学教育与目录学思想现代化[J]. 图书馆论坛，2009（6）：9-18.

[11] 王平，柯平．坚守与创新：中国目录学教育历史回望与现状透视[J]. 大学图书馆学报，2019，37（6）：107-112，62.

[12] 李墨．王重民年谱[D]. 河北大学硕士学位论文，2008.

[13] 朱天俊．难忘的往事　深切的怀念——纪念王重民教授诞辰一百周年[C]// 王锦贵．王重民先生百年诞辰纪念文集．北京：北京图书馆出版社．2003：10-17.

[14] 白化文．王有三（重民）先生百年祭[J]. 文史知识，2003（9）：90-93.

[15] 杜伟生．忆王重民先生[J]. 国家图书馆学刊，2004（1）：80-81.

[16] 金恩辉．"业无高卑志当坚，男儿有求安得闲"——忆王重民先生的敬业精神[J]. 北京图书馆馆刊，1999（1）：107-111.

[17] 谢灼华．王重民先生在中国目录学史研究上的卓越贡献[M]// 谢灼华．蓝村读书录．石家庄：河北教育出版社，2004：148-154.

[18] 王重民．中国目录学史论丛[M]. 北京：中华书局，1984.

王重民撰《续修四库全书总目提要》与《中国善本书提要》比较研究*

A Comparative Study of the *Xuxiu Siku Quanshu Zongmu Tiyao* and the *Zhongguo Shanbenshu Tiyao* by Wang Zhongmin

王宝森

摘　要：王重民所参与撰写的《续修四库全书总目提要》以及撰写《中国善本书提要》是其不同时期撰写的不同写作模式的古籍提要。从撰写背景、时间、文献存藏来源、体例、著录特点及影响进行比较，可知其所撰的两种古籍提要既有一定的延续性，又有各自的风格特点。总体来说，两种类型的提要是在吸收清代以来古籍提要体例特点基础上，根据撰写时的实际情况做出的变革创新。

关键词：王重民；《续修四库全书总目提要》；《中国善本书提要》；提要

提要之撰写自西汉刘向《别录》、刘歆《七略》始，至宋人晁公武《郡斋读书志》、陈振孙《直斋书录解题》发扬光大，清人《四库全书总目》发展至顶峰，民国以降《续修四库全书总目提要》（以下简称《续修四库提要》）承其遗绪，当代《中国善本书提要》（以下简称《善本书提要》）承其后，可谓传承有序，蔚为大观。《续修四库提要》是日本东方文化事业总委员会下属的北平人文科学研究所组织中国学者对清嘉庆、道光以来新出现书籍所撰写的提要稿，其中收录了王重民撰写的101篇提要稿。这些文稿辗转入藏中国科学院图书馆，1996年

* 本文为国家社科基金一般项目“王重民生平与学术思想研究”（19BTQ054）研究成果之一。

由齐鲁书社出版。《善本书提要》是王重民为揭示国内外三个图书馆的馆藏善本书所撰写 4000 余篇善本书提要稿，经刘修业等人整理，1983 年由上海古籍出版社出版。两种提要都是王先生生前撰写的稿本，前者影印出版，后者排印出版。比较两种王先生不同时期、撰写的不同体例的提要，可以加深对王重民所撰写古籍提要的认识。

一、撰写背景及时间

王重民的《续修四库提要》与《善本书提要》是其不同时期撰写的两种提要，现从写作背景及撰写起止时间两方面来进行分析。

（一）撰写背景

王重民所撰续修四库提要是整个《续修四库提要》编纂计划的一部分，故其写作背景可从《续修四库提要》的整体撰写背景来认识。吴舒静从三个方面作了总结："一是《四库全书》之后的图书增长和学术发展，二是庚款返还事件与日本'对支文化事业'的推动，三是董康、狩野直喜与东方文化事业总委员会的成立"[1]。关于第三点，笔者试再加以进一步论述。1925 年 5 月，"东方文化事业总委员会"由两国政府任命委员。1927 年 10 月，"东方文化事业总委员会"下属的"北平人文科学研究所"着手编纂续修《四库全书》。北平人文研究所拟定的"研究暂行细则"，"依据去年东京会议之议决，定研究事项为续修《四库全书》之提要……暂以续修《四库全书》为主"，但"续修《四库全书》之提要俟著录书目决定后处理之，其细则将来别为规定"[2]216–217。直至 1934 年 2 月 1 日后，图书筹备处"本事物所调查及搜集图书之范围，以编纂续修《四库全书》提要必需者为主"[2]220，规定了提要稿费、审查、誊写、登记等具体事项，《续修四库提要》方进入正轨。

《善本书提要》揭示的三个馆藏提要，虽撰写时段不同，但都处于国内外战争的动荡时期。美国国会馆藏提要撰写前，第二次世界大战全面爆发。1939 年 9 月 3 日，英法对德宣战，身处法国的王重民决定从美国转道回国。王重民至华盛顿后，受美国国会图书馆中文部主任恒慕义邀请，鉴定馆藏善本书。在得到袁同礼馆长的支持后，便留美写作《美国国会图书馆藏善本书录》。

国立北平图书馆藏提要撰写前，是国内抗日战争进入相持阶段，法国在二战中的失利，将危及上海法租界，适国立北平图书馆将部分善本书均寄存于上海法租界。为此，袁同礼求助于驻美大使胡适，胡适派王重民秘密返回上海，王重民“用三周时间开箱择其中尤最者，约二千七百廿余种，又装成一百箱”[3]34。后经胡适与袁同礼设法，由钱存训秘密经美国驻沪领事运出上海，寄存在美国国会图书馆远东部。自此之后，正在美国国会图书馆工作的王重民，开始鉴定这批善本书，并撰写提要。

北京大学图书馆藏善本提要的撰写，是1947年王重民回国后，于北京大学创办了图书馆学专修科，兼任北平图书馆任参考组主任，“他是半天到北大任教，半天到北平图书馆办公”[3]36，有机会在北大图书馆善本室阅读馆中藏书，撰写提要。

（二）起止时间

《续修四库提要》编委会总共进行三次人员增聘，1931年7月开始，只有柯劭忞等寥寥数人，第三次是1938年春增聘，而第二次是“一九三三年底至一九三四年初，又增聘了孙人和等三十多人撰写提要”[4]前言6，知王重民当在此次的增聘人之中，搜集书目、参与撰写提要也应从此时，即不早于1933年底。

吴格据日本东洋文库存藏的《〈续修四库全书总目提要〉编纂资料》所载“交稿记录”，记王重民所写提要的收稿日期，有民国二十三年、二十四年、二十五年、二十六年四个年份，最晚至民国二十六年五月一日，“交稿记录”的册页“封面左上红签铅笔注年月‘26.5’，知王氏此册交稿截止于民国二十六年五月”[5]。此交稿时间可在袁同礼写给王重民的信函中得以验证。袁氏写给王重民涉及退出《续修四库提要》写作事宜的信件共有三封，其有关内容分别是，1937年3月16日，“为东方文化作提要事，傅孟真极表不满，屡屡言之，务设法结束”；3月30日，“渠对代东方作提要甚不满，屡屡言之”；5月22日，“东方文化会之事务从速结束，以免将来作事困难”[6]96。王重民的写作迟至1937年5月，之后“听从袁同礼先生的意见，及时退出”[6]100。故王重民参与《续修四库提要》的写作时间当是1933年底至1937年5月。

《善本书提要》的写作时间较为明确。据上海古籍出版社《中国善本书提要·出版说明》中所述，“本书旧稿写于1939年到1949年之间”[7]出版说明。刘修业在《王重民教授生平及学术活动年表》中亦记述，“重民同志于1939年至1949年写成”[3]46。

二、文献来源

《续修四库提要》和《善本书提要》篇目数量上虽相差悬殊，但从文献馆藏来源上可做一分析比较。《续修四库提要》编纂之现状中，对各编纂者所撰写的提要类型有所记述，王重民负责“编纂李慈铭遗著及禁书提要”[2]225，“李慈铭遗著”即撰写《续修四库提要》中的《隋书札记》《史记札记》，这部分文献多来自李慈铭藏书，而李慈铭“家藏书尽归北平图书馆”[8]。“禁书提要”属王重民编纂的《四库抽毁书提要稿》，如乾隆四库底本《南北史合注》，乃是其原藏故宫博物院的抽毁图书。当然文献馆藏来源不止于此，将王重民所撰《续修四库提要》的篇目与刘修业撰写的“读书记”“访书记”中王重民所撰篇章相比对，依读书记、访书记所记馆藏，可看出文献存藏来源。《王重民法国读书记》[9]247-259中，法国巴黎国家图书馆藏的《捉季布传文》《唐代今字尚书》，《王重民1935—1939英德意诸国访书记》[10]203-212中，记英国剑桥大学图书馆藏的《钦定军次实录》《开国精忠军师干王洪宝制》，大英博物院图书馆的《春秋后国语》，题名即有的巴黎国家图书馆藏手稿本《小序翼》《文字指归》。中国科学院图书馆罗琳总结《续修四库提要》撰写提要依据的图书中，国外文献存藏来源有“英、法国图书馆收藏的敦煌遗书”[5]前言9。依前面比对结果，实则还有英、法图书馆藏的太平天国史料、稿抄本。

相较《续修四库提要》众多馆藏文献来源，《善本书提要》文献存藏来源少，分别是美国国会图书馆藏善本，国立北平图书馆寄存于美国国会图书馆远东部的善本及北京大学图书馆藏善本。

三、体例

《善本书提要》对每种古籍的册函数、行款、版框尺寸，正文内容的藏章印记皆有固定著录，这些是《续修四库提要》所未有的。因此，从两种提要皆有著录的书名、卷数、版本、序跋四方面可进行比较。

（一）书名

王重民撰写的《续修四库提要》与《善本书提要》均著录每书书名，并和卷数相连。前者书名的拟定，或依刻本、抄本之原名，或据书内序跋题记，对新出的敦煌卷子则依书中内容，并结合学术的内容演变，自拟题名。如“《七曜日吉凶推》”条，“《七曜历日》在唐宝应以前已通行，则是书之纂成，或更在宝应以前，惜书题已佚，因可与《七曜历日》互观也，故题为《七曜吉凶推》”[4]108。

《善本书提要》除据原书著录书名外，亦多有自拟题名。依作者写作的地点拟名，“《刺明漫稿》一卷”条，“是集为官宁波时所作，宁波古之明州，故题为《刺明漫稿》也”[7]605。从作者所刻书中辑名，如“《太函副墨》二十二卷《附年谱》一卷”条，“按道昆先刻《副墨》，又刻《太函集》，此从《副墨》与《太函集》中选出，故题为《太函副墨》。”[7]626 辨证前人题名缺失者，恢复原书本名，如“《表忠汇录》六卷卷首一卷”条，“按《存目》著录朝瑞《忠节录》六卷，核其内容，与此书完全相同。盖馆臣误依焦竑序所题者为书题也”[7]132。

（二）卷数

王重民撰写的《续修四库提要》与《善本书提要》均将卷数著录于书名之后，并著录所见书的卷数及存残情况。《续修四库提要》对卷数不明者，以内容来推定，如巴黎国家图书馆藏原稿本《鹑野诗征》，其“原稿稍有残佚，西汉五人，梁一人全缺，为可惜耳。稿已分卷，特未加次第，观其意似欲代为一卷，则全编当共十卷”[4]115。据其他版本考订，如校补敦煌卷子本《帝王略论》，“敦煌本仅存卷一、卷二，而日本东洋文库有镰仓时代抄卷子本，有金泽文库印记，存卷一、二、四共三卷，又可补敦煌本之缺。兹据两本校卷一、卷二之异文，又迻录日抄本卷第四，定著为三卷焉”[4]119。

《善本书提要》除依原书著录卷数，亦有推测考证者，国立北平图书馆藏明嘉靖本《梧冈琴谱》，“是书不标卷数，依其页数起讫计之，正与《千顷堂书目》作十卷者合，故题为十卷”[7]298。

（三）版本

1. 版本类型

《续修四库提要》是清嘉庆、道光之后，学术发展、各类著述书目不断增加情况下编修的，著述内容并非以版本见长，收录的古籍版本刊刻时代也较晚。王重民撰写的《续修四库提要》101 篇，敦煌写本 52 种，其余均为明清以后的刻本、稿抄本及排印本，特点是敦煌写本数量多，并且首次揭示了太平天国时期刊刻的书籍。《善本书提要》著录篇目数量远多于《续修四库提要》，著录“善本 4000 余种，其中包括六朝唐写本、宋刻本 60 余种，金、元刻本 100 余种外，还有少量的清前中期的刻本和抄本，其余绝大部分为各类明刻本、明活字本及明抄本，占全书百分之九十以上”[11]25。

《续修四库提要》的版本鉴定集中于敦煌卷子部分，依据避讳字情况判定版本，如敦煌卷子本《唐代今字尚书》残卷，其中“乙卷‘基’字缺笔，为玄宗时写本，卷内古字不但无几，直等于无。但并为天宝三载卫包未改今文以前之古卷。然则天宝以前，固有今文也”[4]95。其余明清以后的版本几乎不存在鉴定难度，有些翻书即识，如排印本《山阴县志校记》，故著录中对明清以后的书籍几乎没有提到版本鉴定依据。《善本书提要》著录版本，按出版者划分有明司礼监刻本、明内府抄本、明正德间白鹿书院刻本、明末坊刻本、汲古阁刻本、清内府抄本等，按制作方式划分有元刻明印本、元刻明印本、明翻成化间刻本、明抄本、高丽铜活字本、影写朝鲜刻本、明闵氏朱墨印本、明兰雪堂活字本、明三色套印本、清聚珍底本等。故所依据序跋、牌记、避讳、刻工、行款、题名、名物制度、前人鉴定依据等多种方式综合判断，得出准确的版本信息[11]11-20。

2. 善本观

王重民撰写的《续修四库提要》"善本"，形式上看是以时代较早的写本、刻本或稀见稿抄本为主，如收录敦煌写本 52 种，旧抄本《崇祯长编》，巴黎国家图书馆藏原稿本《文字指归》，太平天国十一年刻本《诛妖檄文》，实际更加注重的是版本所承载的内容。如敦煌卷子本《文选注》，虽为残卷，但其"为中唐写本，距李善为最近的是善注原编，故特为著录，以见真面目焉"。敦煌卷子本《相书》，"是书在当时极为通行，故传本颇多，而文句亦稍有异。兹用三本比勘，定从善者"，对三个版本内容比堪情况下，以此为善本。如同《四库全书总目》的善本标准"内容第一，形式第二"[12]。对于普通版本著录，注重其内容完整，不讹不缺。如稗史本《幸存录》六卷，其他版本"或分卷不同，或删削有异，则今唯六卷本较为完善耳"。汇刊本《三垣笔记》，"是书初无刻本，传抄者多寡不同，今有《古学汇刊》排印本，《嘉业堂丛书》刻本，皆据清之后裔所家藏者。嘉业堂本……似刻时有删改，不及排印本善"，选择了版本刊印靠后的排印本，但是内容更全。总之，王重民所撰《续修四库提要》既继承《四库全书总目》对善本的要求，也迎合了学术图书增长下对具体版本、稀见版本的著录，善本观更加精细。

《善本书提要》是馆藏古籍善本的揭示，除宋元本外，更加重视明本，基本继承晚清以来的善本理念，即清末民初学者缪荃孙对善本的总结，其首要者便是"刻于明末以前者为善本，清朝及民国刻本皆非善本"，其余如"抄本不论新旧皆为善本；批校本或有题跋者皆为善本；日本及高丽重刻中国古书，不论新旧，皆为善本"[13]基本有所体现。许葆华《〈中国善本书提要〉研究》一文还指出，王重民"注重图书的学术资料价值"[10]26，此意符合《善本书提要》的著述旨意，但与王重民注重明本的善本观念并非两条路径，而是在注重版刻时代及符合善本标准的情况下，更加注意古籍的学术资料。

（四）序跋

形式上看，王重民所撰《续修四库提要》没有单独著录序跋，而《善本书提要》每著录一书，必备列序跋，对序跋内容有重要参考价值者，则将全文录于提要内容之后。如美国国会图书馆藏袁氏适园抄本《吴郡岁华纪丽》，“因是孤本，录其自序与例言于后”[7]197。

二书均利用所节录的序跋，来厘清卷数、明晰成书过程、内容要旨等。《续修四库提要》中，敦煌卷子本《文选》残卷，以梁萧统自序“远自周室，讫于圣代，都为三十卷”，佐证传世文献对《文选》卷数的记载。太平天国十一年刻本《钦定军次实录》，书前“有刘闳忠、吴文彬等六人序，谓‘辛酉春正，恭随干王……以严辨是非得失，故已沿途悬谕，且悉抄入册中，命作序文，以志巅末。’于此可知是集著作之经过，与夫命名之所本”。《善本书提要》中，北京图书馆藏明嘉靖刻本《太常李楼云乐书》，作者明代李文察籍贯不详，据书前周采序“平和李楼云毕力于乐”[7]48，知文察号云楼，平和人。北京大学图书馆藏明嘉靖刻本《古今韵会举要》，书前张星序言，指明了成书的经过，即“建阳千兵王君谦夫，购得是本，又增以我朝《洪武正韵》《经史海篇》《韵府群玉》并《礼韵》诸书，集为一帙”[7]66。

四、著录特点

王重民所撰写的《续修四库提要》与《善本书提要》是其不同时期采用不同模式的古籍提要，二者有相似亦有不同之处。

（一）共同点

一是二者收录版本的时代跨度大。《续修四库提要》收录从唐代敦煌卷子、明清刻本以至民国排印本，《善本书提要》亦是收录从敦煌写本至明清的古籍版本。二是重视稀见文献，著录馆藏来源。《续修四库提要》收录的敦煌卷子、巴黎国家图书馆藏清人张澍的手稿本皆为稀见文献。对部分文献注明馆藏地，如剑桥大学图书馆藏本太平天国史料文献《太平礼制》。《善本书提要》虽以著录明刻本为主，但重视对稀见稿抄本的收录，如抄本《驻德使馆档案钞不分卷》[7]125-126、原稿本《守泽汇编不分卷》[7]143，同时注明均为国会馆藏。三是重视文献校勘，借以考订版本。《续修四库提要》与《善本书提要》善用校勘考据，对文献的版本时代加以考订。前者主要集中于对敦煌卷子著录时间的考订，如敦煌卷子本《汉书集解》残卷二卷，将其与颜师古注相校，“有溢出于颜注以外者”,并对文中“世”作“廿”,“民”“治”缺笔,定其写于唐高宗之世[4]89–90。后者通过版本校勘,考订版本时间先后。如明万历间刻本《宪章录》,“此本作四十六卷,持与四十七卷本相校”,下书口详记刻工姓名,“又此本字画较纤细,显与四十七卷本非同一板刻,疑此本刊行在后”[7]107。

（二）不同点

《续修四库提要》,是以图书“品种”为单位,且“其提要之评论记事,较之乾隆提要尤须详细”[4]前言7。如收录于《冷庐文薮》的巴黎国家图书馆藏手稿本《阅张介侯先生遗稿记》,其中“《小序翼》四卷卷首一卷”条中所记“宋元明清人著述”[14],在王重民所写《续修四库提要》的巴黎国家图书馆藏手稿本《小序翼》表述为,“有可与相发挥者,如吕祖谦、严粲、范处义、苏辙、黄櫄、李樗、曹粹中、王应麟及顾炎武、陈启源、徐文靖诸人所论,咸加采辑”[4]102–103。宋元明清诸人均具体可考,著录的内容更加准确、精细。《续修四库提要》另一特点是从图书内容出发,不能仅是采录序跋题记,且“所有批评是非、议论得失,必须一一就全部原书中加以检讨”[4]前言7。

《善本书提要》则是以图书“藏本”为单位,篇幅长短不一,形式更为自由。提要重视版本的记述,且标注图书在《四库全书总目》的卷数。以《汉书》为例,著于《四库全书总目》卷四十五,《善本书提要》著录了北平图书馆藏的宋绍兴间刻本、元大德间太平路学刻本、明德藩刻本、明嘉靖间刻本及三种明正统间刻本,七种不同藏本,分别从刻工、版本比勘、刊刻时代、存佚卷数、藏印等角度撰写[7]77–79。各提要“均能备著各书序跋”[15],“多录校刻者或刻书故实,所据底本与各本之同异,刻本之优点,以及刻工姓名、刻书地方及收藏印记等;有时亦兼述著者事迹和图书内容”[7]编辑说明1。

五、影响

王重民所撰《续修四库提要》因该书成稿后未能及时出版,产生的影响不大。齐鲁书社出版的《续修四库全书总目提要·前言》所记,“由于它缘起时复杂的历史背景,故许多当事人始终缄默不语”。1972年,台湾商务印书馆影印出版十三册本《续修四库全书总目提要》,多篇未署王重民先生的姓名[9]249–251。直至1996年,齐鲁书社影印出版《续修四库全书总目提要》(稿本),方完整体现出王重生撰写《续修四库提要》的原貌。刘修业在《著述活动》里提及数篇王重民为日本东方文化总委员会撰写稿件的情况,直到吴舒静的硕士学位论文写作《王重民所撰〈续修四库全书总目提要〉研究》，方有系统研究。近期则有国家图书馆雷强《王重民参与〈续修四库提要〉刍议》[6]95-100 一文。

《善本书提要》整理出版前的国会馆藏部分，于1948年由北京大学出版组铅印出版8册《国会馆藏善本书录》，至2014年，姚伯岳作《北京大学图书馆新发现的三部王重民先生原藏线装书》[16]103-112 一文，方首次予以揭示。国会馆藏提要内容经袁同礼校订后，于1957年出版《美国国会馆藏中国善本书录》。《善本书提要》原稿经整理，于1983年出版后，受到诸多学人追评，傅振伦、谢国桢、杨殿珣为之作序。李国庆[17]、蔡贵华[18]、杨晓春[19]对书内条文的辨正，杜泽逊[20]、白化文[21-22]、马泰来[16] 85-90 的读后发微之文，许葆华[11]的硕士论文研究。作为古籍工作工具书的《古籍宋元刊工姓名索引》[23]《明代刊工姓名全录》[24]，将《善本书提要》作为著录刻工的资料来源之一。

六、结语

王重民所撰《续修四库提要》篇目虽少，但基本可看作是其之前及当时研究工作的小结。《善本书提要》是为揭示国内外三个馆藏善本书所撰写的提要，文献版本类型众多、体量大，是王先生撰写提要的集大成时期。前者是继承《四库全书总目》以来提要的写法，但也稍有改进；后者则是继承清代以来藏书志的著录理念，更加注重古籍藏本的特征。从中我们也可以看出，王重民先生的提要撰写理念乃至目录学思想的演变。

（王宝森，天津师范大学历史文化学院／古籍保护研究院中国史专业博士研究生）

参考文献：

[1] 吴舒静．王重民所撰《续修四库全书总目提要》整理与研究[D]. 山西师范大学，2017：7-9.

[2] 容媛．二十四年十二月至二十五年五月国内学术界消息[J]. 燕京学报，1937（19）：211-228.

[3] 刘修业．王重民教授生平及学术活动年表（附《著述目录》）[J]. 图书馆学研究，1985（5）：28-55，59，117.

[4] 中国科学院图书馆．续修四库全书总目提要：第1册[M]. 济南：齐鲁书社，1996.

[5] 吴格 . 东洋文库藏《续修四库全书总目提要》资料随录 [C]// 张本义 . 白云论坛：第 4 卷 . 北京：北京图书馆出版社，2007：520-521.

[6] 北京大学信息管理系 . 王重民先生百廿诞辰纪念文集（内部出版物）[C]. 北京：北京大学信息管理系，2023：96-100.

[7] 王重民 . 中国善本书提要 [M]. 上海：上海古籍出版社，1983.

[8] 李慈铭 . 越缦堂读史札记全编 [M]. 北京：北京图书馆出版社，2003：序 1.

[9] 刘修业 . 王重民法国读书记 [J]. 文献，1992（3）：247-259.

[10] 刘修业 . 王重民 1935—1939 年英德意诸国访书记 [J]. 文献，1991（4）：203-212.

[11] 许葆华 .《中国善本书提要》研究 [D]. 河北大学，2010.

[12] 司马朝军 .《四库全书总目》的善本观初探 [J]. 图书情报工作，2002（8）：110.

[13] 陈乃乾 . 上海书林梦忆录 [M]// 张静庐 . 中国现代出版史料（甲编）. 上海：中华书局，1954：425-426.

[14] 王重民 . 冷庐文薮 [M]. 上海：上海古籍出版社，1992：811.

[15] 姚伯岳 . 中国图书版本学：新 1 版 [M]. 桂林：广西师范大学出版社，2022：224.

[16] 姚伯岳 . 北京大学图书馆新发现的三部王重民先生原藏线装书 [G]// 沈乃文 . 版本目录学研究：第 5 辑 . 北京：北京大学出版社，2014.

[17] 李国庆 .《中国善本书提要》辨正一则 [J]. 文献，1993（2）：116.

[18] 蔡贵华 .《中国善本书提要》正误一则 [J]. 文献，1996（4）：245.

[19] 杨晓春 .《中国善本书提要》的一则错误 [J]. 图书馆杂志，2005（2）：87.

[20] 杜泽逊 . 读《中国善本书提要》札记 [J]. 图书馆杂志，1999（9）：37-38，6.

[21] 白化文 . 读王重民先生的《中国善本书提要》[J]. 博览群书，2003（12）：30-34.

[22] 白化文 . 王有三先生《中国善本书提要》发微 [J]. 淮海工学院学报（人文社会科学版），2004（3）：20-22，29.

[23] 王肇文 . 古籍宋元刊工姓名索引 [M]. 上海：上海古籍出版社，2012：403.

[24] 李国庆 . 明代刊工姓名全录 [M]. 上海：上海古籍出版社，2014：资料来源表 1.

王重民古籍版本辨伪研究

——以普林斯顿大学葛思德东方图书馆为例 *

A Study on Wang Zhongmin's Identification of the Edition Forgeries of Ancient Books: The Collection of the Gest East Asian Library of Princeton University as an Example

李思文

摘　要：王重民是我国著名的文献学家、版本目录学家、图书馆学家。20世纪40年代他曾于普林斯顿大学葛思德东方图书馆整理流失海外的中国善本书。在战乱频仍、动荡不安的时代背景下，他通过撰写提要等方式整理与研究因种种原因留存海外的珍贵中文文献。回国后，王重民在紧张繁重的工作之余继续加强对中文善本书的整理以及提要撰写工作。在王重民离世后，其夫人刘修业将其生前所撰中文善本书提要遗稿整理出版。学界对于王重民生平与学术的相关研究成果颇丰，但目前关于王重民在普林斯顿大学葛思德东方图书馆进行古籍整理及版本辨伪的相关研究成果较为零散。本文通过全面整理、归纳、分析相关内容，总结了王重民在普林斯顿大学葛思德东方图书馆古籍整理与版本辨伪方面所做的贡献。

关键词：王重民；古籍；版本辨伪；普林斯顿大学

* 本文为国家社科基金一般项目“王重民生平与学术思想研究”（19BTQ054）研究成果之一。

一、王重民普林斯顿大学图书馆工作简述

王重民（1903—1975），字有三，河北高阳人。1924 年，王重民考入当时的北京高等师范学校国文系。1929 年起，王重民至国立北平图书馆（现中国国家图书馆）工作，任索引组组长。1934 年 10 月，国立北平图书馆与法国国家图书馆签订协议，约定双方互换书籍、互派馆员。王重民被选为中方派出的交换馆员之一，于当年赴巴黎工作。

1939 年，王重民与家人前往美国，计划经由美国返回中国，因战争原因回国一事未能如愿。同年 8 月，王重民受到美国国会图书馆的邀请，在多方协调下，王重民决定先行留在美国，对美国国会图书馆远东部所藏中文古籍善本进行鉴定、整理编目以及撰写提要。

王重民凭借其极高的学术素养以及严谨的治学态度，在当时北美相关学术领域引发关注。普林斯顿大学葛思德东方图书馆（以下简称“葛馆”）于 1943 年向王重民发出邀请，初步表达了想要委托其帮助整理馆藏中文古籍的意向。1945 年，时任葛馆馆长的孙念礼（Nancy Lee Swann）向王重民发出正式邀请。王重民迅速回应，并提出了到馆工作的计划。在后续沟通中，两人达成编纂葛馆馆藏中文善本书目录的相关事宜。自 1945 年至 1947 年，王重民先后四次到访普林斯顿大学，到馆编目三次，累计工作时间两个多月[1]。

在有限且不连续的工作时间中，王重民完成四册手稿，共计一千余种中文善本提要的编撰。王重民为葛馆所编撰的书录无论在分类方法还是提要具体包含的内容，均与其为美国国会图书馆编写的中文善本书提要类似，即沿用四部分类法，提要具体内容包含题名、版本、序跋钤印等信息。目前，王重民为葛馆编撰的书录手稿仍保存于普林斯顿大学[1]。屈万里于 1965 年至 1966 年赴普林斯顿大学葛思德东方图书馆，继续为该馆所藏中文善本书撰写提要，对王重民所撰提要进行核校的基础上增补、删定部分内容。1974 年至 1975 年由中国台湾艺文印书馆出版《普林斯顿大学葛思德东方图书馆善本书志》[2]。

王重民撰写的善本书提要是其编目成果的体现形式之一，从中不仅可以窥见王重民深厚的学术功底，更可以通过提要中的相关记载总结其中的版本辨伪相关案例，并在深入分析的基础上进行下一步研究。

二、王重民于葛馆版本辨伪的实绩

下文将就王重民所撰葛馆善本书目中的版本辨伪案例进行分类分析。

虽然目前以王重民所撰提要为基础的葛馆馆藏中文善本书录已面世多年，但这些书录无法完全反映王重民在版本鉴定、辨伪方面的原始面貌。因此，该部分以王重民撰写的葛馆馆藏中文善本书提要手稿为依据，筛选其中的古籍版本辨伪典型案例加以分析。王重民为葛馆撰写的善本书录中涉及版本辨伪案例有 25 例，涉及多种版本作伪手段，详见下表。

表 1　葛馆善本书录版本辨伪一览表

书名卷数	版本	册函数	行款	作伪手段
詹氏性理小辨十四卷	明万历间刻本	十二册二函	半叶十行行二十字	割裂目录，以残充全
存心堂遗集残存三卷	明万历间刻本①	三册一函	半叶十行行二十二字	改动字迹，以残充全
青萝馆诗前集四卷正集残存三卷	明隆庆间刻本②	四册一函	半叶九行行十八字	窜改目录，以残充全
浮溪文粹残存九卷	明正德间刻本③	二册一函	半叶十行行二十二字	割截目录，以残充全
苏隽残存三卷	明万历间刻本④	十二册一函	半叶九行行十八字	改动字迹，以残充全
天隐子遗稿残存十四卷	明启祯间刻本	十二册二函	半叶八行行十八字	割截目录，以残充全
新锲簪缨必用增补秘籍新书正集十三卷别集三卷	明万历间刻本⑤	二十册四函	半叶十一行行二十二字	截取他书以充新书
文选纂注评林十二卷	明万历间刻本⑥	二十四册二函	半叶十一行行二十二字	翻刻他书以充新书

① 此书现著录为明万历三十九年（1611）刻本。

② 此书现著录为明隆庆五年（1571）刻本。

③ 此书现著录为明正德元年（1506）刻本。

④ 此书现著录为明万历四十一年（1613）刻本。

⑤ 此书现著录为明万历四十一年（1613）刻本。

⑥ 此书现著录为明刻本。

续表

书名卷数	版本	册函数	行款	作伪手段
万首唐人绝句残存七十五卷	明翻宋刻本①	二十四册四函	半叶十行行二十字	印章作伪
古赋辩体十卷	明嘉靖间刻本②	六册一函	半叶九行行十七字	印章作伪
精选古今四六会编四卷首一卷	明隆庆间刻本③	四册一函	半叶十行行二十二字	印章作伪
古今诗话纂六卷	明万历间刻本	十册一函	半叶九行行十九字	印章作伪
春秋左传释义评苑二十卷首一卷	明万历间刻本④	四十册四函	半叶十行行十九字	序文、评语作伪
史记评林一百三十卷首一卷	明万历间刻本⑤	一百册十函	半叶十行行十九字	序文、评语作伪，纸张做旧
明辨类函六十四卷	明崇祯间印本⑥	二十四册二函	半叶十行行二十字	序文作伪
群书考索前集六十六卷后集六十五卷	明正德间刻本⑦	五十二册八函	半叶十四行行二十八字	序文、牌记作伪
文选锦字录二十一卷	明万历间刻本⑧	十册二函	半叶八行行十七字	铲去牌记
黄刻二十子残存五十二卷	明万历间刻本	二十八册四函	半叶九行行十八字	更改字迹
锦绣万花谷前集四十卷后集四十卷续集四十卷	明嘉靖间刻本	三十二册二函	半叶十二行行二十一字	翻刻充原刻
福寿全书六卷	明崇祯间刻本	十四册二函	半叶八行行十八字	更改书板，冒充原刻

① 此书现著录为明嘉靖十九年（1540）刻本。
② 此书现著录为明嘉靖二十一年（1542）刻本。
③ 此书现著录为明隆庆二年（1568）刻本。
④ 此书现著录为明万历十八年（1590）刻本。
⑤ 此书现著录为明万历四年（1576）刻本。
⑥ 此书现著录为明崇祯五年（1632）刻本。
⑦ 此书现著录为明正德三年至明正德十三年（1508—1518）刻本。
⑧ 此书现著录为明万历五年（1577）刻本。

续表

书名卷数	版本	册函数	行款	作伪手段
洪武正韵十六卷	明崇祯间刻本[①]	四册一函	半叶八行二十四字，注双行，大字一占小字四	疑为冒充翻刻
墨池编残存五卷	明万历间刻本[②]	十册二函	半叶十行行二十二字	疑为印章作伪
四书集注二十八卷	明正统间刻本	二十四册四函	半叶八行行十四字双行十七字	疑为印章作伪
镜古录八卷	明万历间刻本[③]	十二册二函	半叶九行行二十字	疑为印章作伪
历代臣鉴三十七卷	明宣德内府刻本	十六册二函	半叶十行行二十字	疑为印章作伪

下就表格内容，对王重民在其撰写的葛馆善本书录中涉及版本辨伪的典型案例予以分类分析。

（一）以残充全

1.《青萝馆诗》前集四卷正集残存三卷，明隆庆间刻本

王重民通过查阅《四库全书总目提要》的记载，再与国立北平图书馆的馆藏进行对比，发现以上两处的《青萝馆诗》均只有《正集》六卷，无《前集》四卷。而该馆所藏《青萝馆诗》虽也有残缺，但与《四库总目》和国立北平图书馆馆藏不同的是，有《前集》而缺《正集》后三卷。书贾不知《前集》较《正集》而言更为少见、更有价值，便将其当作普通的残卷。书贾篡改目录以掩饰其缺卷，又将序文中“勒为七卷”中的“七”字改为“十”字，用以暗示此书有《前集》四卷、《正集》六卷，共十卷。虽然书贾用尽心机地掩盖此书的残缺，但其却不知道正因有了完整的《前集》，即使《正集》有缺，却并不影响其整体价值。

2.《浮溪文粹》残存九卷，明正德间刻本

原书共十五卷，该馆馆藏本残存九卷。书贾为更好出售，将该本目录上佚去的后六卷部分割截，使得该书看起来“完整”。王重民在提要中认为，原书

① 此书现著录为明崇祯三年（1630）刻本。

② 此书现著录为明万历八年（1580）刻本。

③ 此书现著录为明万历四十四年（1616）刻本。

虽有残缺，却仍有完整的目录，书贾的这一行为又使得完整的目录有了残缺之处，“为可恨也”。

3.《苏隽》残存三卷，明万历间刻本

此本原应为《老泉集》《东坡集》和《颍滨集》三部分，《总目》题为“三苏隽”。该馆馆藏《苏隽》仅存卷一《老泉集》以及卷二、卷三的《东坡集》。书贾为掩盖残缺，将“三苏隽”的“三”字蚀去中间一横，“三苏”变为“二苏”。同时，王重民还辨出卷内所钤“纪昀印信”，也是伪印。

（二）改换原书以充新书

1.《新锲簪缨必用增补秘籍新书》正集十三卷别集三卷，明万历间刻本

此书有吴道南序言，讲述了《秘笈新书》未能及时刻印的原因等内容。王重民在提要中指出，该篇序文为坊贾托名所作。不仅如此，整部书均从《翰苑新书》中截取而来，书贾为其改换名目，又增加这篇伪造的序文使其看起来更加合情合理，希望以此蒙骗购买者。

2.《文选纂注评林》十二卷，明万历间刻本

虽然此书名为《文选纂注评林》，但王重民在提要中写道，此书无论是书题、行款还是版式，均与张凤翼的《文选纂注》相同。他推测此本是书贾按照张凤翼的《文选纂注》刻版，在顶栏处增加评语，再将书题更改为《文选纂注评林》，按照新书进行售卖（见图 1）。

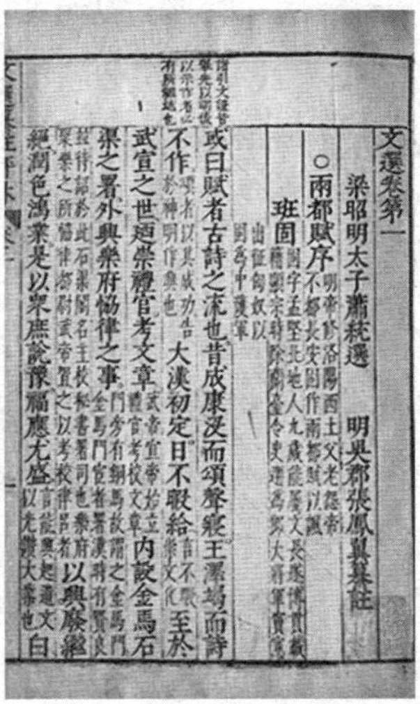

图 1 《文选纂注评林》书影

（来源于中国国家图书馆——中华古籍善本国际联合书目系统）

（三）伪造名家印章题记

1.《万首唐人绝句》残存七十五卷，明翻宋刻本

王重民判断，此本卷内所钤“文同之章”“与可珍赏”“贡性之记”等印章均为作伪。

2.《古赋辩体》十卷，明嘉靖间刻本

王重民所撰提要中称此本卷内“朱印彝尊”“竹垞”等印均为伪印。

3.《精选古今四六会编》四卷首一卷，明隆庆间刻本

此本卷内钤“星衍印”“孙氏伯渊”“负春馆”“翁印方纲”“赵光”多枚印章，但经王重民判断，均为伪印。

4.《古今诗话纂》六卷，明万历间刻本

卷内钤“东郡杨氏海原阁藏”与“瀛海仙班”两枚印章均为伪印。

（四）序跋、牌记作伪

1.《春秋左传释义评苑》二十卷首一卷，明万历间刻本

此本卷端处有申时行撰写的序文，王重民认为该序文口吻与申时行有所差别，怀疑该序文可能存在作伪情况。王氏利用凌稚隆《春秋左传评林测义》作为参考工具，发现两本几乎相同。该本眉端处有评语，评语处多次出现王锡爵的姓名。王重民观察评语后怀疑眉端评语来自穆文熙的《左传评苑》，但因未能经眼，无法下定论。

2.《史记评林》一百三十卷首一卷，明万历年间刻本

此本采取多种作伪手段，王重民一一辨出：作伪者将卷内评语的明朝人仔细改为晋、唐、宋等朝代的人物，如将“杨慎”剜改为“杨时”、“张之象”改作“柳宗元”等；原书有王元贞、茅坤、徐中行三位明人撰写的序文，作伪者为达以明充宋的目的，将三人序文撤去，以掩盖该书的真实年代；除去前面所述两点，王重民还辨出该书纸张颜色存在做旧痕迹。从以上三点可以看出，作伪者无论是从卷内人物的年代、序文的年代甚至是纸张颜色均竭力靠近“宋本”。但王重民发现该书又留存了《丹铅录》这一明朝问世的书名，前文所述诸多作伪手段可谓功亏一篑。虽然该书是利用多种手段竭力贴近“宋本”的版本作伪的产物，但王重民并未对其予以否定，反而称其“字画清朗无残损”“可供披览”，可见王氏对版本作伪持辩证的态度，并未全盘否定“伪本”的价值。

3.《明辨类函》六十四卷，明崇祯间刻本

王重民据《四库全书总目提要》记载“是书《明史·艺文志》、黄虞稷《千顷

堂书目》俱作《詹氏小辨》，而世所传崇祯壬申刊本，实作《明辨类函》，盖后又改名也。”（见王重民手稿）将该本与《詹氏小辨》对比校阅，发现两本为同一版刻，但此本将校阅人由王元贞改为钟惺，又将万历二十四年（1596）王元贞序改为“崇祯壬申孟冬朔日张溥题”。王重民依据自身经验及两本对照推断，大致是此书版片崇祯年间被售出，为易于销售，书贾更改书名，又窜改加入张溥、钟惺二人姓名。而编撰《四库全书总目提要》的馆臣很可能由于没有见过原刻本的《詹氏小辨》，造成著录不准的情况。由此条可以看出，《四库全书总目提要》虽为王重民使用的工具书之一，但他却抱着怀疑的精神，并未完全相信书中所言，在结合自己的判断后得出相应的结论以订补工具书中的漏洞或错误。

（五）其他作伪手段

1.《黄刻二十子》残存五十二卷，明万历间刻本

王重民在撰写此条提要时，因该本为残卷，故以美国国会图书馆所藏全书为参考。在对比时，王重民发现此本题衔部分的“黄之寀”三字有明显剜补痕迹。由此可见，王重民在编撰葛馆善本书录时，将自己早前于他馆所见书目作为“工具书”帮助撰写其他书目提要。

2.《福寿全书》六卷，明崇祯间刻本

王重民在此条提要中记载，该书共分为二十子目，每一子目前都有小序，卷五题：“云间陈眉公辑……织帘居梓。”（见王重民手稿）王氏将该书与郑瑄的《昨非庵日纂》比对，发现两者完全相同。王重民在阅读此本顾锡畴序文时，对“余以甲子之役得陈子”一句颇为疑惑。以书画见长的陈继儒又为何在“甲子之役”中与官员顾锡畴有所交集呢？在发现此本与《昨非庵日纂》完全相同后，王重民判断，应是后者版刻散失后被织帘居收藏。织帘居将原书板书口题名铲去、打乱目次，在子目前小序中将郑瑄改为陈继儒，又将顾序中的“郑子”改为“陈子”。王重民在此条提要最后称：“因以破其案，颇自喜悦”，可见其在分辨出版本作伪，解决心中疑惑后的愉悦心情。

（六）疑为版本作伪

1.《洪武正韵》十六卷，明崇祯间刻本

王重民在所撰提要称该本书衣上有崇祯庚午年广益堂翻刻说明，亦说明所据底本。但王重民翻阅该本后根据经验判断其底本应为司礼监刻本。王氏怀疑此本年代应早于崇祯或是广益堂从他处购买到旧板，印刷装订后在书衣处留下翻刻说明以冒充翻刻本。除以上判断，王重民在提要中还将书中刻工姓

名列出，希望未来可以通过刻工所刻的其他书反证此本具体年代，这也为后人的研究提供了思路。

2.《墨池编》残存五卷，明万历间刻本

此书卷内钤有“子晋”“汲古主人”两枚印章，王重民认为其真实性有待商榷。

3.《历代臣鉴》三十七卷，明宣德内府刻本

此本内钤有多见于明内府刻本的“广运之宝”，但王重民在提要中指出，该枚印章的真实性存疑（见图 2）。

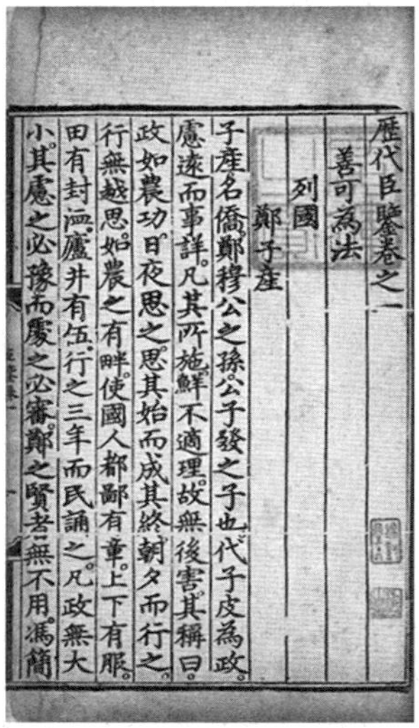
歷代臣鑒卷之一
善可爲法
列國
鄭子產
子產名僑鄭穆公之孫公子發之子也代子皮為政
處遠而事詳凡其所施鮮不適理故無後害其稱曰
政如農功日夜思之思其始而成其終朝夕而行之
行無越思如農之有畔使國人都鄙有章上下有服
田有封洫廬井有伍行之三年而民誦之凡政無大
小其慮之必豫而覆之必審鄭之賢者無不用馮簡

图 2 《历代臣鉴》书影

（来源于“中国国家图书馆——中华古籍善本国际联合书目系统”）

通过对王重民所撰提要中版本作伪案例的总结与分析，可以将其案例中所涉的版本作伪手段大致分为以残充全、改换原书以充新书、伪造名家印章题记、序跋作伪、牌记作伪、其他作伪手段以及王重民怀疑为版本作伪等。其中，以残充全以及伪造名人印章为出现频率较高的版本作伪手段。作伪者多逐利，为使作伪“成果”可以最大程度瞒天过海，常出现一个本子上使用多种作伪手段的情况。

三、王重民于葛馆古籍版本辨伪的影响

距王重民在美整理中文善本古籍并为其撰写提要已有几十年的时间，在

这大半个世纪的岁月里，其成果为中外学者及藏书机构所利用与参考，对学界产生深远且广泛的影响。

（一）对普林斯顿大学东亚图书馆的影响

在王重民赴葛馆为其整理所藏善本书并进行编目、撰写提要前，义理寿（Irvin Van Gillis）作为葛思德东方图书馆中国善本古籍的主要搜集者，同时也担任了葛馆早期的主要书目编纂者与藏书索引的主要编制者。值得注意的是，此时期的著录项目和编目规范是由义理寿制定的。义理寿所作目录的著录项目十分详细，除版本、著者、题名、印章等内容外，还包括编号、葛馆编号、主题、参考文献、索引、装订形式、备注等内容。义理寿编制目录的主要目的是对馆藏书目进行彻底的调查并记录相关信息，明显区别于中国传统目录著录格式。此外，义理寿对于葛馆所藏中文善本古籍的分类以及缩印编号方法也均有明显的个人特色。义理寿的这些工作成果在很大程度上得益于孙念礼的帮助，也正是孙念礼积极争取王重民到馆进行工作。王重民在葛馆的工作于某种程度上来说有开创性的意义：他是第一位到葛馆实地参与编目工作的中国版本专家。在此之后，又有屈万里、昌彼得等中国学者到馆，实地参与馆藏书目整理、核查工作[3]。

另外，王重民撰写的葛馆书录不仅是屈万里书志的基础，亦可称得上是普林斯顿大学图书馆中文善本书目的基础。王重民为撰写的书录对葛馆来说是第一次从版本的角度对其馆藏中文善本书进行整理、编目，填补了葛馆编目史上的空白。中国学者屈万里在王重民书录手稿的复印件上进行批注修改，在此基础上形成《普林斯顿大学葛思德东方图书馆中文善本书志》。该书志的出版不仅使众多研究者意识到葛馆丰富的馆藏，更是在一定程度上提升了普林斯顿大学在海外汉籍研究领域的地位。

王氏到馆工作以实际行动对中文古籍进行整理编目工作。其中，版本辨伪工作在一定程度上帮助当时的葛馆鉴别出伪本，有助于该馆对中文善本古籍的收藏，客观上更是推动了美国汉籍版本辨伪研究的发展。而王重民工作期间撰写的书录提要不仅记录下该馆所藏汉籍的版本情况，也留存下这段宝贵的工作经历。同时，后续学者对王重民书录的增补、续写而成的其他书录，在很大程度上为其他学者架起了可以跨越时间与空间距离的桥梁，使他们充分了解并研究藏于美国的中国古籍。

（二）对后来研究者的影响

由于王重民海外访书时需要在有限的时间内，尽可能地多翻阅所在地馆藏的中文善本古籍,能够目验每本书的时间十分有限。因此,难免有些版本作伪现象未及深究。此外,王重民撰写书志提要的目的是揭示未经著录的馆藏,不以考察研究版本辨伪情况为第一目的,故而有些古籍虽然存在版本作伪现象,王氏也未予以专门解释。

屈万里于1965—1966年在普林斯顿大学工作期间,在核校王重民手稿的基础上继续整理其馆藏中文善本古籍并撰写提要。屈万里在王重民手稿上用蓝色笔迹进行核校与增补。这些内容有的是对字或词的修改,有的是针对某个名字或其认为需要额外说明的地方加以注解,还有一部分是对于王重民遗漏的内容加以订正补遗。王重民所撰葛馆书录中对于葛馆馆藏十册一木匣的《集千家注批点补遗杜工部诗集》记载为"目录题:'须溪先生刘会孟评点,临川先生黄鹤补注',卷一题:'须溪刘会孟评点'。卷内有:'文登于氏小谟觞馆藏本''于氏小谟觞馆'等印记。"(见王重民手稿)王重民在此条提要中仅就该本目录、卷一所题内容以及卷内钤印等情况予以说明,并判断该本为明初刻本。屈万里重新翻阅该书后批注:"卷前有'重刊杜诗序',后幅为人割去。疑序末有年月,书贾欲以此本充元刊,遂割除耳。"(据屈万里于王重民手稿复印本旁批注整理)屈万里指出此本卷前序文末尾处被书贾割去,试图以此抹去此本重刊的时间,以此冒充元本。在由我国台湾地区的艺文印书馆出版的《普林斯顿大学葛思德东方图书馆中文善本书志》中,屈万里称其采用两本互勘的方法,将该本与明万历间《集千家注杜工部诗集》进行比对,发现此本被毁去的序文与明万历间刻本的重刊序文同为一篇[4]409。因此,该书被最终确定为明万历间刻本。同为王重民所撰葛馆书录中的条目,葛馆馆藏的六册一函《新笺决科古今源流至论》一条王重民著录为:"宋林撰。无校刻人姓氏。黑口,宋讳空一格,似明翻宋本。"(见王重民手稿)此条著录中,王重民简要说明书名、卷数等情况,并指出疑为明代翻印的宋本。屈万里在王重民著录旁批注:"此本仅存后集十卷,书贾欲以充全本,于是将目录末及每卷首尾'后集'字样悉数剜除。盖版心'至谕后'(后,又作後)等字则未经剜改,极易辨也。此本当刻于明代早期疑是翻刻元圆沙书院本。"[4]322 屈万里的批注不仅辨出此书存在以残充全的作伪现象,亦点明卷内剜补之处。此内容同时也被收录于屈氏的《普林斯顿大学葛思德东方图书馆中文善本书志》。

除屈万里外,沈津也对王重民为葛馆编撰的提要在某些书目的年代方面作了一些订补。葛馆馆藏《墨池编》残存五卷,十册二函。王重民在其提要中认为该书“卷内有‘子晋’‘汲古主人’两印记，疑伪。又有‘翰林院印’满汉文大方印及四库馆纂修官所拟抄写格式，为《四库全书》底本。考之《总目》，鲍氏知不足斋旧藏本也。”（见王重民手稿）王氏认为明万历间刻本《墨池编》卷内所钤毛氏两枚印章有作伪嫌疑，另著录其卷内有“翰林院印”大方印，但未就该大方印予以评论。沈津经过仔细对比后从印色、印文线条以及印记尺寸三方面指出，这一“翰林院”大方印的印色较真印更为暗红。除印色有差异外，印文也有所不同，真印线条与伪印比较更为精细[5]。印记的尺寸方面，沈津利用同馆所藏明嘉靖间刻本《袖珍小儿方》卷内的“翰林院印”印记加以比较，发现伪印长宽不等而真印长宽相同，且真印尺寸略小于伪印[6]。此外，沈津还就王重民对葛馆藏四册一函的《昌黎文式》四卷的判定加以订正。王重民在其提要中将该本著录为明抄本。沈津则认为该本存在版本作伪情况，实为清抄本，遂从字体、纸张和虫洞三点予以说明。字体方面，沈津认为该本的字体与明代人所书字体存在明显差异，应为清人书写。纸张方面也存在染色以冒充自然老化的痕迹。另外，该本中的虫蛀痕迹经沈津观察为针锥凿成，亦为人工做旧痕迹。对于书中钤印，王重民撰写的提要中记录“卷内有‘淳耀珍藏’‘陶庵’‘金氏家藏’等印记”（见王重民手稿），沈津称这三枚印记亦是作伪证据，“颇为拙劣”。沈氏还认为该本题识与黄淳耀生卒年也不相符[7]。除以上几点，该书书口断裂处过于整齐，此处是否属于自然老化依旧存疑。

虽然王重民的版本辨伪工作存在部分遗漏之处，但在屈万里、沈津以及其他为王重民补遗学者的不懈努力之下，王重民古籍版本辨伪的成果渐趋完善。

总体来说，王重民的海外访书经历、对中文善本书的编目以及提要撰写工作为后续学者的研究奠定了坚实的基础。而后来人对王重民的研究成果不论是补遗还是利用，均是对王重民所做研究的继承与发展。

四、结语

在简要回顾王重民在普林斯顿大学葛思德东方图书馆的古籍编目实践以及书录提要撰写的基础上，笔者系统整理了王重民为葛馆撰写的善本书提要中涉及的版本辨伪案例。王重民为其经眼古籍撰写的提要，不仅起到了简要记录书名、卷数、版本等信息的作用，其中也包含了十分丰富的学术信息。相当数量的版本辨伪案例便是这些信息中的一种。通过筛选、分析这些版本辨伪案例，不仅可以了解所涉图书馆馆藏中文善本古籍的版本作伪情况，更可以进一步分析、总结王重民古籍版本辨伪的特点。随着后续研究的不断推进，越来越多的学者参与到古籍整理与书录撰写的工作中，他们不仅推动古籍编目、书录撰写等进展，还在研究中对王重民的版本辨伪工作中的遗漏之处加以订补。王重民以其扎实的学术功底、严谨的治学态度，为保护中国古籍做出了巨大的贡献。

古籍版本辨伪是古籍编目不可或缺的一部分。王重民留下的相关书录亦是其古籍编目工作的成果之一。通过筛选、考辨、深入发掘相关案例中可以为现今古籍保护事业提供有力支撑的信息，并加以妥善利用，为我国的古籍保护事业添砖加瓦。

（李思文，天津社会科学院出版社编辑）

参考文献：

[1]凌一鸣，姚伯岳．拨开历史迷雾——王重民与普林斯顿大学东亚图书馆渊源始末[J].国家图书馆学刊，2021，30（1）：107-113.

[2]美国普林斯顿大学，东亚图书馆．普林斯顿大学图书馆藏中文善本书目：上[M].北京：国家图书馆出版社，2017：1-10.

[3]凌一鸣，裴佳瑶，李思文．普林斯顿大学东亚图书馆藏中文古籍的早期收藏与编目[J].图书馆论坛，2022，42（1）：137-145.

[4]屈万里．普林斯顿大学葛思德东方图书馆中文善本书志[M].台北：艺文印书馆，1975.

[5]沈津．书林物语[M].上海：上海辞书出版社，2011：52.

[6]沈津．中国珍稀古籍善本书录[M].桂林：广西师范大学出版社，2006：236.

[7]沈津．书城挹翠录[M].上海：上海社会科学院出版社，1996：170-172.

王重民《清代两个大辑佚书家评传》考略*

A Study of Wang Zhongmin's *Qingdai Liangge Da Jiyishu Jia Pingzhuan*

殷雅琪　周余姣

摘　要：王重民先生是我国著名的版本目录学家、古文献学家和图书馆学家，其在辑佚学方面也颇有建树。王重民曾先后发表9篇文章探讨辑佚工作和辑佚学家，以《清代两个大辑佚书家评传》一文最为精深。章宗源和马国翰为清代两位辑佚大家，在辑佚学界一直流传有“马窃章”之说，王重民对此进行了讨论，并加以辩驳。文章通过查阅王重民先生与王献唐的往来手札，还原了王重民《清代两个大辑佚书家评传》一文的形成经过，并以《清代两个大辑佚书家评传》为例探讨王重民的辑佚研究成绩。辑佚工作可使散佚文献散而重聚，王重民先生的辑佚研究思路和方法也给后人以深刻启迪。

关键词：王重民；辑佚；章宗源；马国翰

清代是我国古代文献辑佚发展的鼎盛时期，这一时期官私藏书兴盛，除官方修订外，众多学者和大藏书家在其个人藏书的基础上进行了不同程度的辑佚和研究。辑佚是指将散落在现存图书文献中的散佚、亡佚文献的残篇散句等摘录并按一定的方法原则加工编辑成册的文献整理活动[1]。目前学界对清代辑佚学已有不少研究，大致可以分为对清代辑佚活动的综合性研究以及针对清代辑佚学家的个案研究[2]。个案研究主要集中于黄奭、马国翰、王谟、张澍、章宗源等人，其中有关章宗源和马国翰二人的争论一直为学界所热议。章

* 本文为国家社科基金一般项目“王重民生平与学术思想研究”（19BTQ054）研究成果之一。

宗源，字逢之，为章学诚同族，浙江会稽人。其毕生工作以辑佚书为主，孙星衍曾为其作传[3]277-278。马国翰，字词溪，号竹吾，山东历城人，为清代藏书家、辑佚家。其辑佚的代表著作为《玉函山房辑佚书》。在《玉函山房辑佚书》刊行后，部分学者对这样一本辑佚巨著居然出自马国翰这一默默无闻之人表示怀疑，于是渐渐有了“马窃章书”的传言，朱学勤、胡元玉、皮锡瑞、沈乾一等学者纷纷就此进行论证。而后也有学者认为马国翰才是真正有才学的辑佚大家，蒋式瑆为此作《书马竹吾玉函山房辑佚书后》《玉函山房手稿存目后记》等三篇文章[3]285，其父蒋庆第亦撰文为马国翰辩诬正名。对于“马窃章书”的争论最后统一于王重民所作《清代两个大辑佚书家评传》，众多证据表明《玉函山房辑佚书》确为马国翰所辑，学界此后普遍认可马国翰为“清代辑佚第一家”。

一、《清代两个大辑佚书家评传》的撰写背景与经过

（一）马氏是否窃书之争

1.“章、马”身份之谜

章宗源为乾隆、嘉庆年间一位以辑佚书著称的大家，《清史稿》在《章学诚传》后附有仅一两行的小传，孙星衍曾作《章宗源传》，收入《五松园文稿》。他“少聪颖，不喜为时文，对策博赡，以宛平籍中式乾隆五十一年丙午科举人”[3]278。自中举之后他即开始从事辑佚工作，师从清代著名学者、史志目录学家邵晋涵，撰有《隋书经籍志考证》。除这一著作外，其辑佚之书，后人相传多为马国翰所掠。马国翰为清嘉庆、道光年间一位辑佚成绩显著的大藏书家，道光十一年（1831）中式举人，辑佚工作大致在其第一次引退后和道光二十四年（1844）升任陇州知州后，辑有《玉函山房辑佚书》。由于马国翰“一向做外官，没有机会与朝士大夫们来往，孤军特起，为当时学者，所不注意，后人又不详察，适有邵二云的弟子章实斋的本家孙渊如、朱少白、武虚谷等人的朋友章逢之其人者，毕生辑佚，稿子未曾刊布出来”[3]306。因此对于《玉函山房辑佚书》的作者究竟是章是马，学界各执所见，曾争论数十年没有定论。

2.“窃书”争论众说纷纭

当时众多学者坚持“马书来自于章”的说法。朱学勤在《增订汇刻书目》第十四册中认为《玉函山房辑佚书》是乾隆年间山阴章宗源编辑，后至道光年间被马国翰“改序授雕，据为己有”。胡元玉于光绪十一年在《汉魏六朝为〈说文〉之学者几家考》一文中认为，“若今世不传及经任大椿、章学源（注：章宗源）诸人所

搜辑者，前人既未言其精于《说文》，今又不睹原书体例”[3]285，自注“章氏所辑，即今《玉函山房辑佚书》是也。马国翰购得其稿，因易以己名刊布之耳。”皮锡瑞亦持“马掠章书”之观点，在《经学历史》中记“章宗源《玉函山房丛书》”[4]。另有将章宗源和章学诚混为一人，沈乾一在《丛书书目汇编》[5]第二册云：“玉函山房所辑佚书，起汉迄唐，为章氏学诚编次未定本，马氏改序授雕，今归山东皇华馆印行。”傅云龙《续汇刻书目》亦云：“《玉函山房辑佚》为马君购章学诚本。”这些观点使得马国翰被污蔑为“窃书之人”，当时也有部分学者对此存疑，蒋式瑆在《书马竹吾玉函山房辑佚书后》等文中指出：一、二人辑佚书内容多寡不同，立说各异；二、《玉函山房辑佚书》所据诸家辑本成书时间在章宗源卒后；三、若有原书或辑本尚存者，则指其家所藏。他从这三点对“马窃章书”进行了辩驳，其父蒋庆第亦在《复陈画卿书》中从时间的角度进行考证，驳斥以上谬说。

3. 达成一致

针对上述争论，王重民在《清代两个大辑佚书家评传》中整理出章宗源和马国翰的生平事迹和著述目录，并对朱学勤、胡元玉、皮锡瑞、沈乾一等人的论说进行一一反驳，在肯定蒋式瑆的论证之后，补充了更多证据，为马国翰正名。在此后的学者多支持王重民的观点，沙嘉孙[6]、黄镇伟[7]、杜泽逊[8]、李梅训[9]、梁玲华和冯海霞[10]、章宏伟[11]等学者均对马国翰是否窃取章宗源辑佚成果进行考证和论述，叶树声和张立敏从马氏是否有机会获得章氏辑佚成果和马书本身的内容来论证“马国翰窃章宗源辑佚成果”之说不成立[12]、赵晨[13]在其博士论文中从《玉函山房辑佚书》之引书的角度亦证实其出自马氏之手。此外，1935 年邢蓝田从李氏访得马国翰手札并作《鹅庄访书记》，2000 年在章丘李氏家中发现刻有马国翰著作的木雕刻板，这些手札、刻板的重现于世[14]，亦为《玉函山房辑佚书》的作者确为马国翰增添实证。王重民评价《玉函山房辑佚书》虽“较为晚出，可是搜罗的完备，卷帙的繁富，是以前任何人所不及的！”因此推马国翰为清代辑佚“第一家”[3]299。

（二）撰写经过

王重民撰写《清代两个大辑佚书家评传》的经过大致可分为三个阶段，一为发现问题的构思阶段；二为收集查阅资料的撰写阶段；三为印行和后续的资料补充阶段。

1. 初步构想

《清代两个大辑佚书家评传》的构思阶段大致可从 1931 年年初算起。王重民当时被任命为国立北平图书馆编纂委员兼索引组组长，在这期间他对清代学者的辑佚成果十分关注，先后辑校《越漫（缦）堂读史札记》《越鳗（缦）堂文集》和《孙渊如外集》等[15]。根据《清代两个大辑佚书家评传》的序中"民国二十一年一月三十一日重民记"，即可推测在此时他已对相关文献有一定量的阅读积累并发现"马窃章书"这一论述存在疑点，他曾言："弟观马竹吾功在辑佚，而《清史》不为立传，虽学力不足，尚愿强为表章。"[16]389

2. 考证史料与撰写文章

随后王重民开始大量搜集刊本资料、考证史实，进入查阅资料并撰写的阶段。在这个过程中，时任山东省立图书馆馆长的王献唐对其收集马国翰著作贡献颇多，二人往来通信频繁，其内容主要集中于：求购资料和往来赠书、探讨马国翰著作的相关问题。

王献唐于1929年出任山东省立图书馆馆长[17]，关于马国翰辑佚书，除山东省立图书馆本身馆藏外，他也曾购得马国翰玉函山房藏书以及马氏辑佚本数卷，对马国翰生平事迹所知甚多。1831年6月28日王重民致王献唐函中说："重民拟为马国翰作评传，欲考其身世与著述，想先生于竹吾事迹，所知定能特详，如肯教示，甚幸！"[16]374 一来表明欲作《马国翰评传》的想法，二来请求王献唐代为查询山东省立图书馆馆藏的马氏著述。随后7月28日王重民再次去函，请王献唐帮忙购买《玉函山房续刻》，并说"《玉函山房续刻》，八元不算贵，近来清儒考据书，价多特昂，即祈速为买下（书价即请于代售书内扣下），顺便寄来为祷。"[16]377 王献唐《顾黄书寮日记》1931年12月11日载："致有三一函，送代抄《玉函山房诗集》第五卷去。"[16]381 随后12月18日王重民即收到《玉函山房诗集》第五卷，他回函感慨："利津李氏书，若晚散出数年，恐为先生一网打入省立图书馆矣！"[16]389 从侧面也可以看出王献唐在收集马国翰著述方面颇为关注，其丰富的收藏对王重民撰写《马国翰评传》贡献甚大，他也在信中表明"承先生帮助，资料自可较为完备"。《顾黄书寮日记》1931年12月20日载："接有三函……并告以新得《玉函山房文集》全本，可借阅也。"[16]389 于是王重民得以借阅《玉函山房文集》正、续两编，使得其研究资料更加丰富，"竹吾先生事迹，想能钩出不少，辑佚经过，《续集》想能有较详之记载矣"[16]393。

他们二人还在信中就马国翰著作的版本和著录情况展开深入讨论。1931年11月13日王重民去函求问马国翰著作《玉函山房诗集》是否"编年"的版本问题："马竹吾《玉函山房诗集》，北平发现两部，俱是编年四卷本，止于道光甲午。贵馆所藏五卷本不知是否编年？疑《诗集》或有两种刻本也。贵馆所藏如系编年本，请设法赐抄末一卷，该价若干，即于寄售书价扣留。如系另一种本子，敢祈邮下一阅，未审可否？”[16]381 王献唐在其日记中也记录了此事，《顾黄书寮日记》1931 年 11 月 15 日载：“接王重民函，询《玉函山房诗集》事，即覆，并抄《夏小正诗序》去。”[16]381 12 月 9 日王重民再次去函，讨论马氏《泉品》的相关情况：“马氏《泉品》，不见他书著录，唯李佐贤《续泉汇》载之。前蒙示知贵馆所得版刻为卷二至卷九，而李氏著录者有卷一且编次颇有不同，故《通志》疑李氏所见者为另一刊本。但《续泉汇》首集不著此书为‘刊本’，抑系‘抄本’？且卷八已载至明钱，卷九为无考及外国钱，则九卷本当为完帙，理或然也。该书或至今仍藏利津李氏，可否设法一访。如系抄本，可补卷一之缺，可校后八卷之误，甚有裨助，不知如何？弟所见《文集》只四卷，似在陕西刻本，当时马氏财力尚未充足，必不及收买古钱，其收买古钱与著为《泉品》，必在老年，故此四卷本《文集》无《泉品序》，亦未有言及《泉品》者。”[16]384

3. 继续深入研究

印行和后续的资料补充阶段大致可从 1932 年 1 月初算起，《清代两个大辑佚书家评传》发表于《辅仁学志》第 3 卷第 1 期，该期于 1932 年 1 月出版但并未立即印行。半年后，6 月 10 日在致王献唐函中提到“《马竹吾评传》，弟已草讫，惜不能将稿本邮呈请教，已在《辅仁学志》付印矣！”[16]426 当时全文虽已成稿，但王重民仍未停止对文章所涉之处的考证，“承示两点，生年曾考出，月日未详；知其父不知其子，所补益良多，敬谢！印出后，当再请益也！”[16]426 在该函中王重民还提到“闻朱逖先近购得马氏《泉谱》，亦系残本，拟不日一借观，再为奉告！”[16]426 可见其全文虽已写完，但他仍持续关注马国翰著作的刊行和流向，继续收集资料以完善其文。在此期间，王重民又多次从王献唐处借书还书，6 月 27 日去函：“前承惠假《玉函山房文集》《续集》共四本，又活字本《辑佚书》一册，谨并挂号奉还。先生高谊，无任铭感！”[16]435 7 月 4 日收到王献唐所赠书蒋氏《玉函山房辑佚书后》一册和《鲁谚》一册，“手教及惠书（《辑佚书》《鲁谚》）均拜领，敬谢！”[16]438 并再次求借《玉函山房藏书簿录》，并言：“《玉函山房藏书簿录》，体裁与众不同，的有创见，如得全部，得知其所藏，则其所辑佚书，可知何者为因袭前业，何者为马氏创辑，的是有用之书。曾忆马氏作秀才时（手稿不在手），即手抄孙镗《二十一家易注》，则所辑易部，当有多据孙氏者，未审《簿录》有是书否？”[16]438 直至 8 月 8 日，在《辅仁学志》发表的文章才有将要印出的消息，王重民再致函："拙作《两大辑佚书家评传》，印出后即将抽印本邮呈请教。"[16]442

王献唐深于马国翰研究，在他的帮助下，王重民撰写《马国翰评传》的资料不断丰富，在信函中王重民曾多次表达对其的称赞和感谢，他说："先生博学，又富于经验，尚祈时赐教言。"[16]377"弟前收辑马竹吾史料，多承教导。"[16]426"马竹吾一传，先生帮助颇多，至为铭感，尚有何遗误，深望不吝教诲！"[16]442

二、王重民《清代两个大辑佚书家评传》述评

（一）《清代两个大辑佚书家评传》内容概述

王重民《清代两个大辑佚书家评传》主体内容分两部分，一为章宗源评传，一为马国翰评传。

章宗源评传的内容总共分为四部分。第一部分是对章宗源本人的介绍以及对章宗源和章学诚二人关系的考证，并列出章宗源家族的世系表。章学诚为章宗源的曾祖辈，二人均出自会稽望族章氏。第二部分王重民以孙星衍所作《章宗源评传》为依据，分别对章宗源身世的四大问题进行考证。一是章宗源中式时籍贯应为宛平籍，而非孙氏所写"以大兴籍中式"。二是章宗源中举后家境困苦，在亳州北关淳化街文昌巷合天衢家教书，做"家馆先生"。三是其返回京师的时间应为嘉庆二年。四是考证章宗源晚年误入歧途，惑于广慧寺妖僧明心和尚，并因此丢官丧命。第三部分主要是对章宗源毕生辑佚工作的考证。章宗源辑佚之学师从于邵晋涵，曾于乾隆末年从事辑佚书的工作十年左右。这一部分还对"先生所辑佚书，后人多传为马国翰所掠"这一传言进行研究。首先从正反两个角度考证学界所谓"掠书"的证据中"家实斋"三字实为误传，更有学者将章宗源和章学诚二人混淆，认为《玉函山房辑佚书》作者应为章学诚。"实斋"为章学诚之字，或为误传来源，但"家实斋"三字马氏全书中未曾提及，"出自章学诚"之说就更为荒谬，确为建立在谣言基础上的谣言。其次对章宗源所辑佚书的流传和刊刻时间进行考证，章宗源之书分散各处，"半毁于火，半赖叶云素先生代藏"[3]286，王重民友人黄忠良通过走访亦证实章书藏于湖北叶家。在1931年7月28日王重民致王献唐的信函中说"黄仲良先生从湖北返平，询知章宗源原稿，光绪间尚在湖北，又可多一佐证矣。"[16]377章宗源寄给章学诚《隋书经籍志考证》和藏于孙星衍处的著作得以流传，从流传和成书时间来看章书均与马氏《玉函山房辑佚书》不符。第四部分总结章宗源可考的著述

并分别摘录其序跋。

马国翰评传包含三部分内容。第一部分是对马国翰生平事迹的略述,并依据其著作中可考的时间和事件列出生平大事年表。他自幼家贫,好学爱书,后中进士,任陕西洛川、石泉、泾阳知县和陇州知州,曾“结鸥社于大明湖”。第二部分是对马国翰的辑佚工作进行考证。一是对马国翰辑佚工作的时间线索进行考证,马国翰“辑佚书最努力的时期,是在第一次引退后,和在陇州知州任上”[3]299。其正式开始虽时间较晚,兴趣却早已培养起来。道光九年(1829)开始辑佚经部,道光十八年(1838)左右,子部的辑佚工作已开始,至道光二十九年(1849),经、子两部均已刊刻并公布于世。《续历城县志》所说马国翰的辑佚工作始于引退居家之后,是为不妥。二是对《玉函山房辑佚书》之定本、全本进行考证。根据马国翰生平经历和他辑书的经过,“直到先生死的时候,全书尚未有定本”[3]301。后经过匡源整理,方才有“定本”,但此时书目仍不全。后人王献唐、管廷芬、章丘李氏等均藏录有匡氏本中未录之书目。三是考证对“马窃章书”确为谣言进行再次论证,录蒋氏关于《考古史》《物理论》的驳辩原文,并指出其论述不严谨之处。一是蒋氏在其文中说“马书以辑佚为名,而云著录者,殆谓其家藏也。”[3]304 而在马国翰《玉函山房藏书薄录序》中未曾言明著录之书为其家藏。二是推测《古史考》和《物理论》二书,马氏应存有辑本。在这一部分还附有蒋式瑆《书玉函山房辑佚书后》(《书马竹吾玉函山房辑佚书后》)原文。第三部分是王重民对马国翰生平撰著的整理和详细考证,除《玉函山房辑佚书》外还有《目耕帖》等辑佚副产品,以及《红藕花轩泉品》《玉函山房文集》《玉函山房诗集》等。

(二)王重民的研究思路

《清代两个大辑佚书家评传》一文能够充分体现王重民对辑佚学家进行个案研究的思路走向:从人物家世宗族出发,先研究其人其生平,再梳理其辑佚事业的发展时间脉络,考证存疑之处,最后总结学者著述则是水到渠成。

1. 查身份——寻根探源以求真

欲知章、马二人身份,理应先从其父辈家族入手考证。“《玉函山房辑佚书》的作者究竟为谁”这一问题一直存在许多疑点,其中之一就是因章宗源曾将部分手稿和辑佚书寄与章学诚,故有“马国翰辑佚书,是偷自章学诚”的谣言,而人云亦云之后竟出现将“章宗源误为张学源”“以张学源为章学诚”的说法。章宗源和章学诚同出会稽望族章氏,二人虽处于同一时代,却属于章氏家族的不同支系，在辈分上来看相隔五辈，“从他们的远祖俩山府君排辈行，先生在二十二世，学诚在第十七世”[3]277。厘清人物世代关系之后，如将章宗源和章学诚混为一人的谣言就可不攻自破。王重民在其文中亦批判这种“用耳不用眼的人，随声附和，最是危险”[3]285。马国翰祖上是章丘人，从其曾祖一辈迁居历下，到他这一代已四世。其父马名锦曾于山西汾州府任职，马国翰虽不出生于名门望族，但其毕生奉献于辑佚书文，寻访孤本残卷，收购散佚文献，成《玉函山房辑佚书》这一伟大事业，其功绩更为可叹。

2. 定功绩——梳理脉络以求实

章宗源和马国翰二人均毕生投身于辑佚书之工作，而有所不同的是一为遗憾，一有所成。

章宗源的辑佚事业始于中式举人之后，大约在他三十五岁时。在父兄先后离世后，他接过家庭重担，乾隆末年在亳州何天衢家教书，在此处得见邵晋涵并入其门下。章宗源对辑佚的研究正是师从邵晋涵，“盖邵氏实深于辑佚之道者，而先生从二云学，独专力于比”[3]284。一直到乾隆末年，期间章宗源从事辑佚工作大约有十年之久。回到京师后不久，他因深信妖僧误入迷途，得罪和珅，被劾褫职，抑郁忧愤而终，“使半生心血所成的十余笈辑佚书和千古绝作《隋书经籍志考证》未能理董成帙，流布人间”[3]283。章宗源的著作除寄给章学诚，还曾部分卖给孙家，部分毁于大火，部分又被叶云素所代藏。而正是因他的书散落各处，一直未能集齐，才有了后来“马国翰购得其书并据为已有”的传言。

马国翰对于辑佚而言，始于兴趣，终有所成。他辑佚书的过程大致可分为初始的兴趣萌生期、辑佚书最为努力的集中期和晚年整理刊刻时期。马国翰壮年时，“好事吟咏”，虽不专做辑佚书的工作，却已对此产生兴趣，在嘉庆二十年（1815）时曾辑扬雄《训纂篇》。他集中辑佚书且产出丰富的时期是在他第一次引退后，根据他著作中的自序，他对经部的辑佚工作据记录大约在道光九年（1829）“馆鲍山黄石兴隆寺”时即已开始，对子部的辑佚约在道光十八年（1838）左右进行，此后他一直未曾停止辑佚书的工作。道光二十五年（1845）马国翰升任陇州知州，随后刊刻出辑佚书的经、子两部，此时他的《目耕帖》也已成三十余卷。直到咸丰七年（1857）马国翰离世，他的辑佚工作仍在进行，部分未能辑成，部分未曾刊刻，因而全书最终并无定本。章氏之书下落不明，而马氏之书又无定本，再加上马国翰先馆于冶山、鲍山，后任职于石泉陇州，多是远离朝士大夫的边远之地，和当时中原学者少有往来，这才使得谣言四起，给诬陷他为窃贼之人以可乘之机。

3. 得结论——澄清诬陷证清名

《清代两个大辑佚书家评传》作文初衷是为马国翰立传并为其正名，因而在文中王重民秉持"凡不指明娘家的证据，尝不肯轻于信从"[3]284 的做学问态度对"马氏《玉函山房辑佚书》为窃自章宗源的疑问"进行专门论述。

在《章宗源评传》中，分别对朱修伯、皮锡瑞、胡元玉和沈乾一所言"马掠章美"之观念证据进行辩驳。"家实斋"为子虚乌有，章宗源和章学诚的人名尚不明确而其所据则更不可靠。当时的学者大多人云亦云，王重民认为他们"有线索而不追求，只凭耳食，疑以滋疑，宜乎异说迭出了。"[3]286 对于蒋氏父子为马国翰所作的辩护，王重民亦予以肯定，二人之文"力避众说，较有卓识"，但也指出其文中尚不完满之处。在《马国翰评传》中，王重民对蒋氏文中不完满和存疑之处进行考证和再次论述，并附录原文，以便参核。王重民《清代两个大辑佚书家评传》发表后，学界对章马二人的争论基本达成一致，后代对二人的研究也基本沿用王重民"马国翰是有真才实学的辑佚书家，《玉函山房辑佚书》为其鸿篇巨制"的观点。

三、王重民辑佚学研究的影响——引领个案研究风潮

1931 至 1932 年间，王重民格外关注清代学者的辑佚事业，曾拟编辑《辑佚书目》一书，在致王献唐函中称"重民年来从事于《辑佚书目》之纂集，欲为缉佚书一大事业，结一笔总账"[16]377。而该书写定后因想后续再为补充，未出版既已遗失[18]，是为学界一大遗憾。如今可见王重民已发表的研究辑佚学的论文仅有 9 篇，除《清代两个大辑佚书家评传》外，还有《补〈晋书·艺文志〉书后》《读〈汉书·艺文志〉拾遗》《孙渊如外集序》《补〈晋书·艺文志〉》《张澍辑佚书》《〈苍颉篇〉辑佚本述评》《〈七志〉与〈七录〉》《〈永乐大典〉的编纂及价值》，其中《张澍辑佚书》亦系对辑佚学家的个案研究。

在王重民之前，学界对辑佚学的研究主要是对辑佚工作进行记录或讨论辑佚方法、散佚之书的版本及流传等，这些研究多是从自身工作的角度出发进行经验总结。梁启超曾发表《清代学者整理旧学之总成绩（二）·辑佚书》[19]，其"泛化研究"[20]是对历代辑佚学的源流和历代辑佚活动的发展进行的系统归纳和整理。而后刘咸炘[21]也对辑佚活动中出现的问题进行深入的探讨。王重民对辑佚学研究不仅有对自身辑佚工作的记录，更重要的是他的关注视角

从辑佚学转向研究辑佚学家。每位辑佚学家都是独立的个体，其家世背景、交往范围、生平经历、兴趣偏好等都将对其辑佚活动轨迹产生重大影响，因而对辑佚学家的研究同样具有重要意义。同时，不同辑佚学家的所思所想和所作所为亦能展现一定时代背景和学术环境对其的塑造，从个性中找到共性所在。王重民所采用的对辑佚学家进行个案研究的方法对后世影响巨大，被誉为“对辑佚做个案研究的第一人”[20]。此后陆续出现众多采用个案研究方法的学者，他们或多或少都受到王重民研究的影响，如对严可均进行研究的洪焕椿[22]、徐德明[23-24][25]等，对张澍进行研究的赵俪生[26]，对王谟进行研究的褚赣生[27]，对黄奭进行研究的曹书杰[28]等等。

四、结语

《清代两个大辑佚书家评传》是王重民对辑佚学家进行个案研究最为典型的文章，从他和王献唐二人的书信往来可见其遍阅群书，对所研究问题“求真、求实”的态度。在这篇文章中他对马国翰和章宗源两位清代大辑佚学家进行了系统的研究，从宗族家世入手，梳理出二人生平经历和从事辑佚工作的始末并列出著述目录。他重点对在学界流传的“马窃章”之说进行驳斥，对疑点和细节考证翔实，论据充分，令人信服。王重民还分别对章宗源辑佚的11种著作、马国翰辑佚的19种著作做了提要（并列有目无书的11种辑佚书的题名），抄写各书序跋，并加按语说明，基本奠定其后王重民撰写善本书提要的体例。这篇文章作为王重民辑佚研究的代表之作，启人深思，影响至今。

（殷雅琪，天津师范大学管理学院2022级图书馆学硕士研究生；周余姣，天津师范大学古籍保护研究院副教授）

参考文献：

[1] 曹书杰．中国古籍辑佚学论稿：第一版[M]. 长春：东北师范大学出版社，1998：7.

[2] 胡喜云，王磊．清代辑佚学研究综述[J]. 图书与情报，2009（1）：136-140.

[3] 王重民．中国目录学史论丛[M]. 中华书局，1984.

[4] 皮锡瑞．经学历史[M]. 北京：朝华出版社，2019：1201.

[5] 沈乾一．丛书书目汇编[M]. 台北：文海出版社，1970.

[6] 沙嘉孙．马国翰和《玉函山房辑佚书》[J]. 山东图书馆季刊，1983（2）：67-70.

[7] 黄镇伟．玉函山房、汉学堂辑佚书考略 [J]. 古籍整理研究学刊，1998（3）：14-17，34.

[8] 杜泽逊．马国翰与《玉函山房藏书簿录》[J]. 文献，2002（2）：225-231.

[9] 李梅训．马国翰著述考论 [J]. 齐鲁文化研究，2003（1）：209-217.

[10] 梁玲华，冯海霞．马国翰和《玉函山房辑佚书》[J]. 泰山乡镇企业职工大学学报，2003（1）：12-13.

[11] 章宏伟．马国翰与《玉函山房辑佚书》[J]. 济南大学学报（社会科学版），2009，19（4）：21-25.

[12] 叶树声，张立敏．马国翰窃章宗源辑佚成果辩 [J]. 河北图苑，1994（4）：24-26.

[13] 赵晨．马国翰研究 [D]. 山东大学，2015.

[14] 宁荫棠，李芳．百年珍藏今见天日——章丘发现大宗清代木刻雕版 [J]. 走向世界，2000（4）：50-51.

[15] 刘修业．王重民教授生平及学术活动年表（附《著述目录》）[J]. 图书馆学研究，1985（5）：28-55，59，117.

[16] 张书学，李勇慧．王献唐往来书信集 [M]. 凤凰出版社，2021.

[17] 李勇慧．王献唐先生年谱 [J]. 山东图书馆季刊，1994（2）：82-89.

[18] 王重民．冷庐文薮 [M]. 上海：上海古籍出版社，1992：888-889.

[19] 梁启超．中国近三百年学术史 [M]. 北京：团结出版社，2006：287-296.

[20] 曹书杰．中国辑佚学研究百年 [J]. 东南学术，2001（5）：98-107.

[21] 刘咸炘．刘咸炘论目录学 [M]. 上海：上海科学技术文献出版社，2008：141-145.

[22] 洪焕椿．乌城严可均著书辑书考略 [C]// 浙江文献丛考．杭州：浙江人民出版社，1983：236-240.

[23] 徐德明．辑佚学应成为一门独立的学科 [J]. 古籍整理研究学刊，1986（2）：53-54.

[24] 徐德明．严可均辑佚方法再探 [J]. 古籍整理研究学刊，1989（1）：40-43，47.

[25] 徐德明．严可均著述考 [J]. 华东师范大学学报（哲学社会科学版），1995（5）：94-96.

[26] 赵俪生．张澍的生平及其著述 [C]// 寄陇居论文集．济南：齐鲁书社，1981：291-300.

[27] 褚赣生．王谟及其文献辑佚活动评述 [J]. 文献，1987（2）：246-257.

[28] 曹书杰．黄奭及其辑佚活动始末考 [J]. 东北师大学报，1992（5）：59-62.

古籍书签修复初探

A Preliminary Exploration of Repairing Damaged Silk Bookmarks in Ancient Books

王 岚

摘 要：古籍书签是记录一册或一套书的书名、卷次名、作者斋名等重要信息的书籍标识，常见材质有纸质和丝织品等。破损古籍书签随书体病害呈现缺损、污渍、粘连等不同程度的损伤，在修复中需进行揭纸、修补、托纸、压平等一系列操作。相对于纸质书签而言，绢质书签属于丝织品，材料更薄软、老化后趋于糟朽，边缘有丝线脱出，揭签中容易拉抻变形，修复难度大。修复绢质书签时，采用薄皮纸代替绢在破损处进行接补，解决脱丝问题，起到加固作用，处理方法易于操作，并有效还原书签原貌。

关键词：古籍书签；题签；古籍修复；揭纸

古籍书签也称“题签”，常见贴于古籍书衣、函套或木质书盒上，多为纸质或丝织品的长条形。《古籍修复技术规范与质量要求》（GB/T 21712—2008）中描述：“一般贴在书衣或书套正面左上方，用以题写书名的签条。”

“签”原写作“籤”，《辞源》释“籤”曰：“标签，于竹片上书符号。凡标题皆谓之籤。同‘签’。”[1] 南朝宋刘义庆《世说新语·文学》：“殷中军读《小品》，下二百籤，皆是精微，世之幽滞。”徐震堮校笺：“籤，谓书签，有疑难处，加籤以志之。”文中的书签指的就是写有文字符号且具有某种标识作用的竹片。书法题签最早可追溯到简牍时期，书简编排成册后会留两片空白的简，在其背面书写题名，卷起时简背向外形成标题[2]。古人在书签处亲笔书写书名，或其他便于读书人传阅的信息。自纸质文献产生以后，文献以卷轴和手卷形式呈现，题签亦随之变化，出现了一种“牙签”。《唐六典》谓集贤院四库书用牙签，以红、绿、碧、白分经、史、子、集。王靖宪引唐韩愈《送诸葛觉往随州读书》诗称：“邺侯家多书，插架三万轴，一一悬牙签，新如手未触。”皆言签之材质，为象牙所制，但普通书签，未必皆用牙，必有用木或纸或帛者。此种书签，既为便于检寻而设，则其上当记其书名及卷数，推测而知者也[3]。唐朝末期，册页装书籍随雕版印刷术的出现而产生，它由印刷出来的多张单叶装订成册而成。受书籍装帧形式的影响，此一时期的书签主要是贴在封皮或函套上，被称为“面签”“书签”或“浮签”[4]。此种书签随书籍装帧发展变化而来，沿用到后来出现的包背装、线装，并广泛普及为如今最常见的传统古籍文献书签。

书签具有表意的作用，主要功能是通过文字信息向读者传达书籍内容，便于文献检索。书签的完整性对古籍版本考证和鉴定工作有一定帮助；一些精美的书签也有为文献“装点门面”的作用，增加古籍装帧的艺术性表达和审美价值。

对书签的历史溯源，已有许多相关研究，而对于书签的病害类别、破损分析和修复方法等讨论则相对较少。书签修复属于古籍修复工作范畴，书签尺寸较小，修复档案记录中往往一带而过。因书签位于书体最外部，直接与空气接触，要比书籍内页承受更多日晒、氧化、虫蛀等病害侵袭，有些书签破损程度比内页纸张破损更严重。因此，对书签的破损分析和修复方法及相关注意事项也应引起关注，修复者还须明确书签修复是修复工作中体现古籍完整性的重要组成部分。

一、书签形制与破损类型

早期简册与卷子装帧的时代已距今久远，文献存量较少，与之对应的竹片和牙签等题签今天已很少能见到。现存大量待修古籍文献中，常见装帧形式以明清时期的线装、册页装、经折装居多，修复工作中所遇到的书签多来自此类藏品。

（一）常见书签形制

1. 书签类型

题名书签：为长条形，题名手写或印制，一些书签绘制或印有精美纹样、栏线，书名写在书签中间靠上位置，下方题写书籍的卷次名、作者斋名等。有些书签特请名家题写，以使书籍更为美观雅致且增值。线装书题名书签通常贴在书衣左侧。在一些册页或函套、夹板上，题名书签会贴在函套或夹板正面中间靠上的位置。

标序签：是贴在书签右侧标明书或某几册在整部书中次序的签条[5]。记录书籍卷次名、卷次号等信息。多为长方形，横向粘贴在书衣中间靠右位置。如清咸丰抄本《太常寺则例》书衣上的标序签，标明此书包括“卷三十太庙时享阅视版预备”“卷三十一太庙时享笾豆牲牢陈设”，见图 1。

加贴签条：此类签条为后人添加，多以点浆糊方式浮贴在书衣上，内容有名人书迹、藏书感言等，许多加贴签条与书籍本身并无关联，但作为古籍历史信息的一部分，修复中应妥善处理。如清光绪十三年刻本《水经注》书皮右侧有后人加贴签条。签条记：“是书年久，纸已脆裂，观者幸加护惜，切勿折角”，签条字迹体现了藏家对书籍的爱惜之情，见图 2。

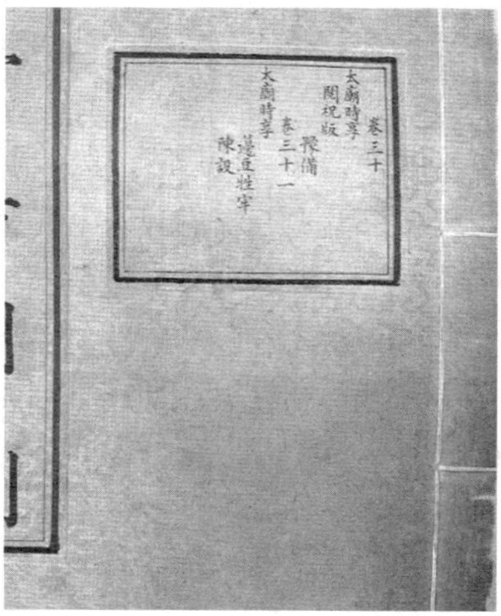

图 1 《太常寺则例》书衣上的标序签

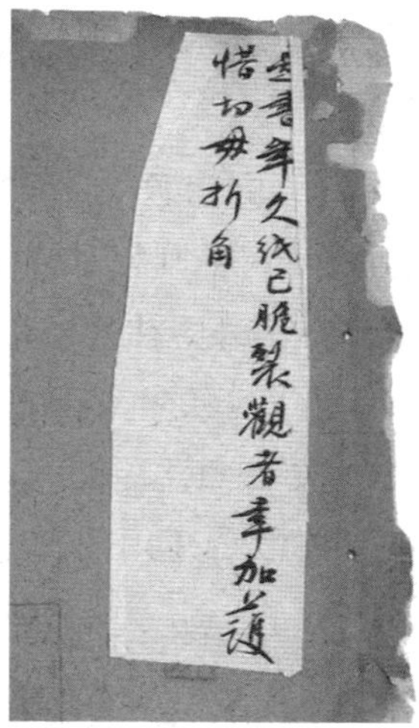

图 2 破损书衣上的加贴签条

2. 书签材质

（1）纸质书签：古籍纸质书签较为常见，用纸选材广泛，皮纸、竹纸、草纸等各类纸张书签均有所见。一些书签为单层纸，较薄；也有在书签后面加托一张褙纸，用以增加纸张强度。

（2）丝织品书签：丝织品书签包括绫子、绢或锦等材质，丝织品的图案与花纹增加了书签外观的艺术性，常见于皇家内府刻书和一些珍贵善本中。如清胡虔《柿叶轩笔记》记：“文澜阁《四库全书》，书皆抄本……其面签皆用绢，经以绿，史以赤，子以碧，集以浅绛。”[6] 丝织品材料昂贵，纹样精美，可凸显文献尊贵之价值。

丝织品比纸张更薄软，做书签时需托一张褙纸才能题字或印刷。也有将丝织品书签与纸质书签粘贴一起使用——丝织品书签在下面，尺寸略宽出上层书签，仅露出丝织品花纹边缘，起到为书签镶衬装潢的作用。

（二）书签破损类型

书签是书籍的一部分，破损程度与书籍整体病害情况相关联，在一些残损极为严重的书衣上，书签亦可能陷入“皮之不存，毛将焉附”的境地。记录修复档案时，应对书签材料和破损情况予以客观描述。总体来说，常见书签破损主要以缺损和粘连两种居多。

1. 缺损

由书衣破损导致书签残缺不全的现象非常普遍，包括虫蛀鼠啮、人为撕毁等多种因素。一些缺损面积较大的书签甚至只留下边缘一角，提示后人此书原本有签。书签缺损致使部分题名信息遗失，会给文献鉴定工作带来一定阻碍。

2. 粘连

古籍书签的粘接方式常见以点浆为主，即在书签背面分散几处点稠浆糊，贴在书衣左上位置，点浆粘接面积小，修复时方便揭下。但也有部分书签会在背面涂满浆糊与书衣粘接，粘连面积大且牢固，不易揭开，增加修复工作难度。

二、纸质书签修复举隅

（一）书签信息及破损情况

1. 书签信息

以民国五年（1916）铅印本《憩庐诗草》书签为例。书签长 18.3cm，宽 8.1cm，印有双线栏框，文字墨色。书签纸张为单张，无托纸，厚度 0.04mm。

2. 破损情况

书签纸张陈旧老化，右侧边缘和下半部缺损，部分文字笔画缺失。书签为全涂浆糊粘接，与书衣黏合牢固。

（二）修复方法

1. 材料准备

选用白色竹皮混料纸作为托纸，纸张厚度 0.05mm。

2. 揭书签

采取湿揭法，先喷水润潮，喷水前检查字迹是否跑墨，掉色的字迹不建议湿揭。

揭书签工具使用竹启子、针锥、镊子，从书签边缘处挑起，慢慢揭开，要确保书签揭下后形态完好。因书签尺寸窄小，揭签时通过喷水、撤水的过程能够除去表面浮土，起到清洁除尘作用，一般情况下无需再单独清洗，避免过度浸泡使书签纸张纤维扩涨变形。

《憩庐诗草》纸张薄软，揭下后强度变差，破损边缘卷翘严重，见图 3。

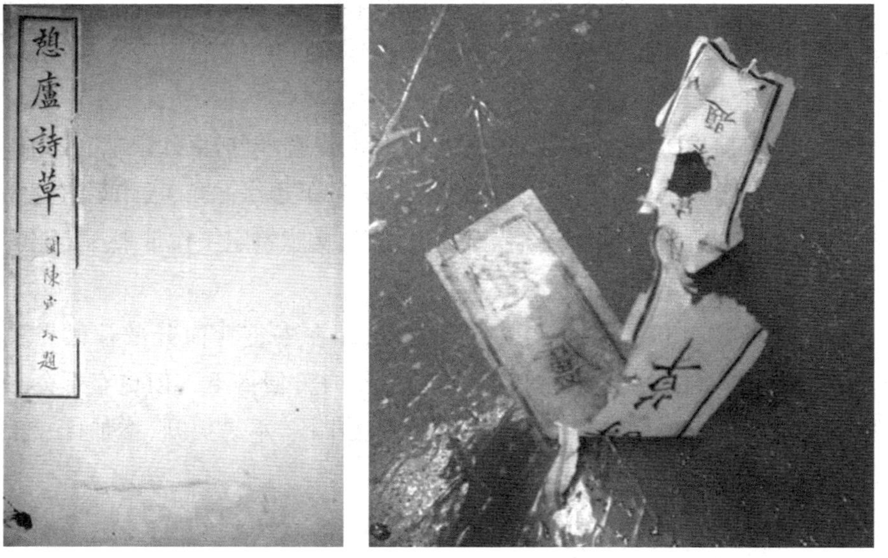

图 3 《憩庐诗草》破损书签和书签揭下状态

3. 托书签

由于书签尺寸小，如将每一处破损都进行修补，会出现补纸搭口过多以及搭口重叠现象，不易操作也不甚美观。修复中可适当减少修补干预，展平后仅在背面托上一张整纸即可。

在桌上铺一张透明塑料布，书签背面朝上放置在塑料布上，喷水，用针锥和镊子将书签展平。毛笔蘸稀浆糊均匀刷满，覆上一张皮纸，皮纸尺寸大于书签尺寸，将书签全部覆盖。用棕刷排实，翻至正面，书签在下，揭开塑料布，盖上一张撤水纸继续排实。书签托纸选择皮纸为佳，皮纸纤维长、韧性好，作为托纸可缓解书签纸张老化和纸张糟朽问题。

4. 压平

书签修复后，夹入撤水纸内，置于压书板下，晾干压平后取出，剪掉或裁掉四边多余托纸，贴回古籍书衣原位，见图4。

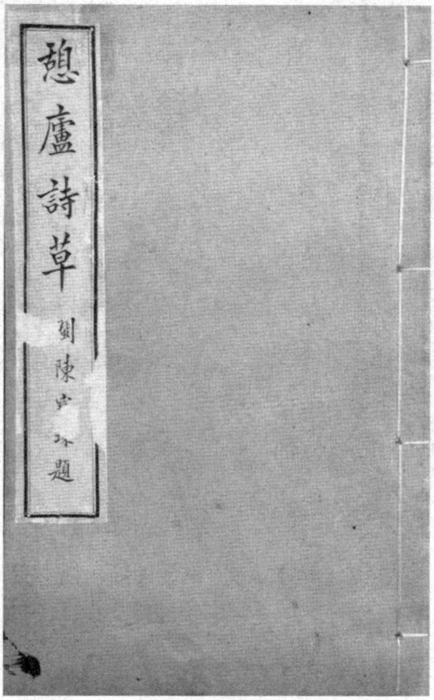

图4 《憩庐诗草》书签修复后

三、绢质书签修复举隅

（一）书签信息及破损情况

1. 书签信息

以清咸丰内府抄本《太常寺则例》的书签为例。书签绢质，长24.2cm，宽5.5cm，双线栏框，文字墨色。

2. 破损情况

书签颜色原为明黄色，老化后变为黄褐色，有污渍。书签背面托纸老化变色，黏合剂失效，呈现多处开裂。绢质书签边缘磨损严重，缺失处有丝线脱出。由于丝织品的耐久性比纸张差，长期暴露在空气中，氧化后丝线强度变低，呈现糟朽，绢丝稀疏，甚至一碰即断。用手指稍拉抻书签会连带文字一起变形，绢材一旦变形很难恢复原状，见图5。

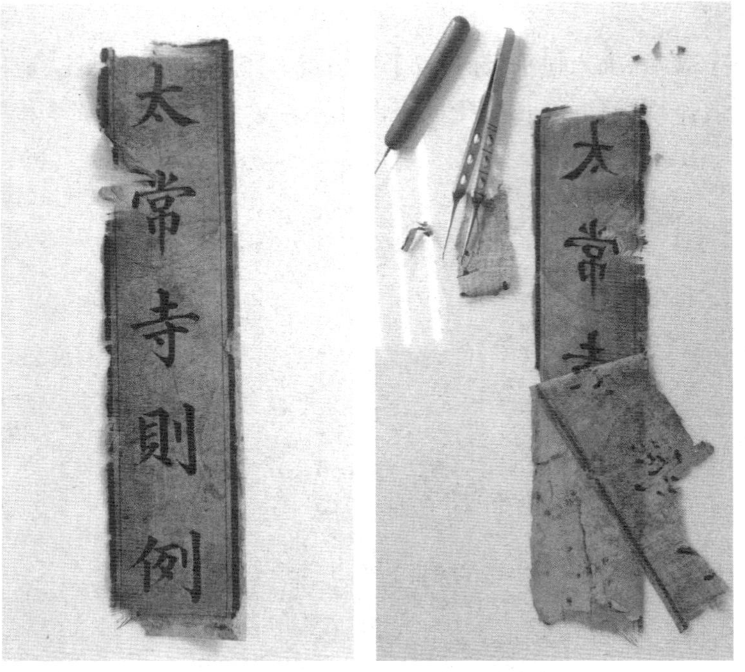

图 5 《太常寺则例》书签破损和揭书签

（二）修复方法

1. 材料准备

选用黄色构皮纸作为补纸，厚度 0.04mm；淡黄色薄构皮纸作为托纸，厚度 0.05mm。

2. 揭书签

采取湿揭法。书签喷水润潮，揭下并去除原托纸，保持书签形态完整。

3. 修补书签

书签破损处丝线断裂严重，直接在书签上刷浆糊托纸，会拉抻丝线令书签变形。应先补全缺损处，再用托纸加固。

根据近似材料修补的原则，理论上应该以绢为补料。但是，在以往的修复实践中，由于材料不足，往往多以皮纸染色后补绢。而对于一般古籍修复人员来说，日常工作多以纸本文献修复为主，很少接触绢质藏品。绢本修复最常应用于书画修复领域，处理上具有一定难度。古籍修复工作者如对绢的材质和处理方法不甚了解，接补绢材操作不易把控，也不利于藏品保护。因此，条件不足的情况下，建议选用同色系皮纸代替绢对书签进行接补。

补齐缺损部位，撕去补纸多余搭口，留补纸搭口为 2mm。

4. 托书签

构皮纸厚度 0.04mm，非常薄软，接补后，需要再加补一层增加补纸强度。第二层补纸与第一层补纸完全黏合，在搭口处稍宽出，盖住第一层补纸搭口，使搭口形成阶梯状，进一步加固书签边缘的强度。

5. 压平

书签修复后，背面朝上放置，刷稀浆糊，覆盖一张薄构皮纸，皮纸尺寸大于书签。用棕刷排实，夹在撤潮纸内，放压书板下压平。

压平后取出，剪掉或裁掉书签多余边缘，修复完毕，见图 6。

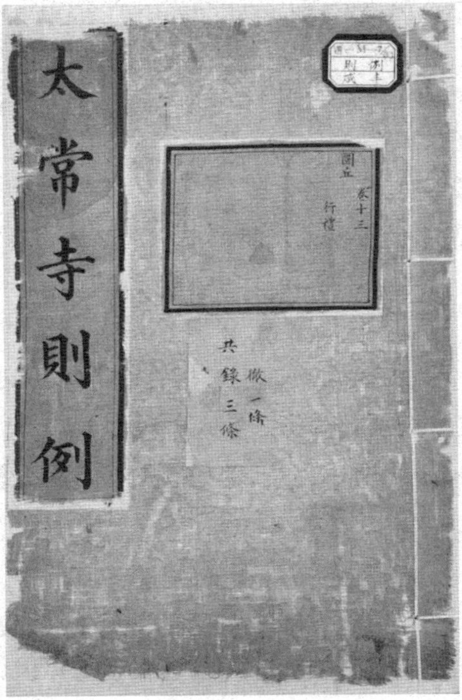

图 6 《太常寺则例》书签修复后

四、书签修复工作思考

（一）揭签处理

1. 纸质书签分为背面有托纸和无托纸两种，托纸老化、酸化较严重者应及时去除换新。

2. 如遇粘连面积较大,黏合剂牢固,确实难以完整揭下书签,也可不揭保持原状,仅修补书衣即可,避免对书签造成二次伤害。

3. 如遇书签中间断裂缺损面积较大,应先量好书签尺寸再行揭纸,以免修复后的书签与原尺寸不一致。

4. 丝织品书签揭去托纸后,丝线因老化会呈现稀疏、糟朽。修复时需轻拿轻放,切勿大力拉扯令书签变形。展平书签后,可以使用针锥将缺损处向外脱出的丝线按经纬方向拨正,再进行修补,以免修复后搭在补纸边缘的丝线凌乱不堪,有碍美观。

(二)书签归位

1. 修复中遇到后人贴在书衣上的浮贴签条,可根据情况选择修复后贴回原位或夹进书中,书衣上的签条作为古籍历史信息的一部分须与原书同放一处。

2. 遵循古籍修复最小干预原则,无书签的古籍不另加新书签。也不可在原书衣上随意添加外物。

(三)修复档案记录

1. 古籍修复档案中关于书签修复记录通常比较简单,常见仅记录书签材质,一些档案中对破损书签只写一个“损”字,缺乏具体病害描述,书签材料检测多是省略不做。

2. 对于一册书或一套书来说,其书签具有唯一性,一些材质特殊、栏线、字迹精美雅致的书签更彰显古籍的历史价值和艺术特点。遇到这类书签,应翔实记录外观形态、破损情况和修复过程,为后续完善修复档案及回溯修复工作提供参考。

五、余论

古籍书签是记录书名信息、检索古籍文献的重要标识。书签的纹样、书法、印刷等也体现出不同时代的审美特征,书签修复对古籍装帧完整性和版本鉴定工作有重要意义。

书签的修复主要以修补缺损和托纸加固为主。选用相近材料修补原件是行业共识,关于绢质文献修复实践的内容在田婷婷《明内府刻本〈资治通鉴纲目〉瓷青色绢质书衣的修复》[7] 以及字节跳动古籍保护专项基金资助国家图书馆 70 册 / 件馆藏珍贵纸质文物保护修复工作中修复《永乐大典》“湖”字册均有提及,绢质书衣采用以绢补绢的方法,更能体现修旧如旧的理念。但此两类古籍均为珍稀善本，就一般单位古籍修复人员而言，日常工作中与绢绫材质文献接触相对较少，而破损绢材的糟朽问题比纸质破损更严重，在修复材料缺乏、修复经验不足的情况下，处理上会遇到诸多难点。暂用皮纸代替绢进行接补的方法保守易行，修复结果符合修复原则，适用于大部分普通古籍的修复，可以此为基础在实践中作进一步探索。完善书签的修复研究，可为复原传统古籍的装帧之美锦上添花。

（王岚，首都图书馆馆员）

参考文献：

[1] 广东、广西、湖南、河南辞源修订组 . 辞源（修订本）[M]. 北京：商务印书馆，1998：2381.

[2] 孙张，吴燕 . 论书法题签在书籍封面设计中的应用 [J]. 创意设计源，2018（3）：21-25.

[3] 王靖宪 . 说题签 [J]. 收藏家，1996（3）：46.

[4] 王甜甜 . 书签考 [J]. 图书馆研究，2020，50（4）：122-128.

[5] 万群 . 古籍修复知识辞典 [M]. 天津：天津古籍出版社，2022：23.

[6] 胡虔 . 柿叶轩笔记一卷 [M]// 续修四库全书：第 1158 册 . 上海：上海古籍出版社，2002：46.

[7] 田婷婷 . 明内府刻本《资治通鉴纲目》瓷青色绢质书衣的修复 [J]. 古籍保护研究，2023（2）：161-174.

严重褶皱古籍整体平整的修复方法

——以《钱氏宗谱》修复为例

A Holistic Straightening Method of Repairing Severely Folded Ancient Books: The Restoration of the *Qianshi Zongpu* as an Example

袁 坤

摘 要:传统的古籍修复虽有一套完备的修复方法,但遇到个别特殊状况的古籍有时实施起来修复效果不甚理想。浙江省博物馆《钱氏宗谱》是一册待修复馆藏家谱,整体褶皱变形严重,前后书叶破损,开本大、尺寸厚、页数多,病害种类复杂。该册古籍因新馆展览所需亟待修复,任务重时间紧。经过咨询相关业内修复专家,外加探索实践,最终找到一种修复方法,有效地将大开本褶皱严重的古籍完成了整体平整的工作。

关键字:古籍修复;褶皱;整体平整;宗谱

2023年浙江省博物馆新馆即将落成开馆,为新馆建设服务的配套展览一并在紧锣密鼓地筹备。2022年底相关展览部门在甄选展览所需藏品时提调了几种家谱,发现这些家谱十分契合展览内容,但是部分家谱破损严重,希望完成修复后展出。修复人员接到修复任务后第一时间查看这批家谱的破损情况,初步评估后认为大部分经过维护后可以满足展出需求,唯独对于一部《钱氏宗谱》略感复杂。因为新馆展览待修复的任务众多,仅书画系列需要重新装裱加维护的就有几十件之多,大部分都属于级别高、尺寸大、病害多的裱件。此件家谱也是开本大,页数多,破损严重,病害复杂。受修复场地狭小与修复人员短缺的限制，修复人员在接到修复任务后对时间进度进行综合评估，预计能分配给这件家谱修复的时间可能不到30个工作日。传统的将褶皱、破损古籍分拆，一页一页修复的方法难以实现既达到良好的展陈效果，同时也保证古籍修复后能得到长期有效的保护。如何在有限时间内将该册褶皱严重、破损厉害的古籍保质保量地修复好成了摆在修复人员面前的一道难题。

一、文物信息与保存现状

《钱氏宗谱》为清道光三年（1823）亲九堂本活字本，始迁祖钱江，字汉生，号淮祖，南宋淳熙间自诸暨县迁居杭州府城吴山。宗谱中载序、世系图、世纪传等。谱初修于南宋，此为八修本[1]。宗谱共辑四部编成字号“孝”“悌”“忠”“信”，五房“孝”字号，七房“悌”字号，八房“忠”字号，下钱“信”字号，此部宗谱为“孝”字号为五房收藏。

该册家谱整体通高45.5厘米，通宽29.8厘米，厚度为6厘米左右，白棉纸，书叶纸张厚度约为0.07毫米，修复前经过初步书叶清点完整筒子叶约有330叶，另有前后破损严重的预估有二十余叶左右。此书历经传世二百年，前后破损严重，残缺较多，整册书叶褶皱、变形严重，有较为明显的水渍和脏污，具体现状可见表1。

表1 《钱氏宗谱》文献现状列表

文献位置	文献现状	产生原因
书叶	全书前后缺失部分书叶，有的仅存不到半叶并且残破严重；书口处大多数断裂，部分断裂一半；书叶通篇受潮，水渍严重，局部书叶红色栏线有氤氲现象；书叶脏污十分严重，尤其跟书脑交界处有较多灰尘残留物；书口、书背处、书角处卷折、磨损严重；整册书叶褶皱不平十分严重，书根处呈波浪形；较多数书叶有撕裂现象存在。	书叶书角卷折、磨损、撕裂，书口断裂属于翻阅使用中不当导致；书叶内容缺失，灰尘严重，受潮水渍严重，褶皱不平，栏线晕染当属保管不当导致。
书皮	前书皮破损严重，缺失下半部分，整体磨损、褪色较为厉害；后书皮缺失不见；签条破损严重。	保存不当、自然磨损、受潮污染。

续表

文献位置	文献现状	产生原因
护叶	前后护叶缺失；扉叶牌记断裂成两段，缺失大半部分，有磨损、褪色。	保存不当、自然磨损。
书册	全书褶皱、变形较为严重，四周有参差不齐。	保存不当、自然磨损、装订随意。
装帧	八眼线装，有两个较粗纸捻，装订线部分断裂、脱落。	保存不当、自然磨损、装订随意。

对该册古籍进行破损、病害问题梳理，参照《古籍特藏破损定级标准》（WH/T 22—2006）[2] 来对照，初步可定为三级破损，具体表现主要为“书叶褶皱、变形超过 80%”，“书叶受潮影响水渍近乎 100%”，“书叶书口断裂超过 60%”，“书叶缺失破损约 10%”，此外再加上书叶脏污较为厉害，有较多处书角卷折，书叶撕裂现象。全书整体状况不容乐观，亟需修复，见图 1。

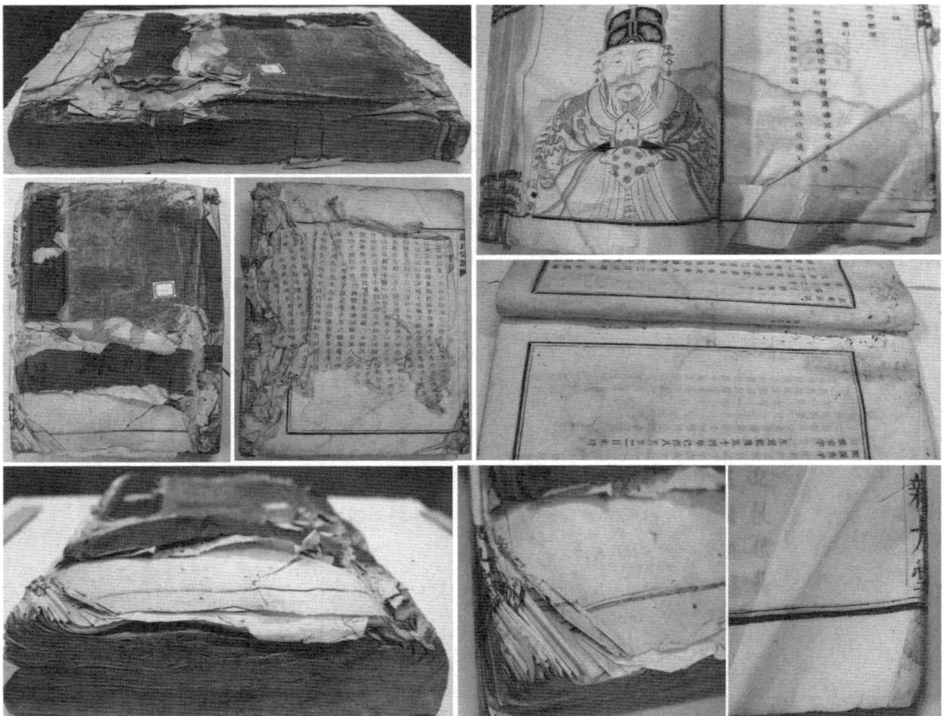

图 1 《钱氏宗谱》修复前

二、修复方案制定

根据修复时间和修复任务进行综合考量，经过对这件《钱氏宗谱》的病害情况进行调查，在咨询相关业内专家的看法后，修复人员最终确立本册古籍的修复整体思路，即“前后破损分拆修复，中间褶皱整体平整维护”的方法。之所以采取该方法的考虑主要有两点，一是修复时间较为紧张，分拆每叶修复时间恐不足；二是纸张较薄，尺寸较大，褶皱较为严重，分拆每叶平整之后纸张因为经过充分伸缩，恐后期修复完后装订时四周边缘难以齐平形成犬牙交错的边缘。褶皱严重的部位进行整体平整之后，可依原书叶摆放位置和装订位置进行装订，能最大限度保持原书的装订尺寸。该方案实施中最核心的部分在于如何进行整体书叶褶皱的平整工作，其平整度直接关乎修复的展陈效果。

修复人员确立了总体修复技术路线之后，进行了相应的准备工作，主要分为材料的准备和工具的准备。根据书叶的厚薄度和色泽选择合适的补纸作为修复前后破损严重的书叶的补纸，针对书皮的“灰绿色”、扉叶牌记特殊的“枣红色”以及签条“棕黄色”分别进行纸张的染配，力求染制后的纸张能跟原纸颜色相统一以方便进行补配。工具的准备主要在于需要新定制压书板，原书叶展开后尺寸大约长为60厘米，宽为46厘米，超出目前压书板跟压书机的尺寸，需要单独定制压书板以便对前后破损书叶修复后进行压平处理。

三、修复过程实施

根据前期制定的修复路线，修复过程的实施主要分为三大部分，即“前后破损书叶、签条、书皮、扉页等破损部位修复”，“全册褶皱部位整体平整修复”，“撕裂、脏污、卷折、错位等局部书叶维护修复”，最后将各部分修复后进行压平装订。

（一）进行书叶拍照、分拆、整理、测量、归类工作

修复之前先对书叶封面正面、背面，书叶四周以及装订线位置和部分破损特殊位置进行影像资料记录，为后续修复开展和整理工作做好铺垫。对书叶进行整体拍照记录后进行依次拆书，去除掉部分装订线和纸捻后，先将封面、签条和扉页牌记拆下单独存放，再依次将古籍前面十几叶破损和后面十余叶破损的部分拆下，对每张书叶背面用铅笔标好页码，以防错乱。对书叶的厚度、长宽，封面和扉页的厚度分别进行测量并做好记录，中间书叶整体完整的可先不

去除纸捻而单独存放。

（二）前后部分破损修复

1. 封面、签条、牌记部位修复：这三处破损部位颜色各异，纸张厚薄度也不尽相同，需要在修复前先对补纸进行染色处理。这三处的纸张质地略厚于书叶，且底色均较重，修复人员选择汪六吉棉连纸用国画颜料先分别染成比书叶略淡一点的纸张，然后分别进行清洗、修复，之后晾至半干后压平即可，见图 2。

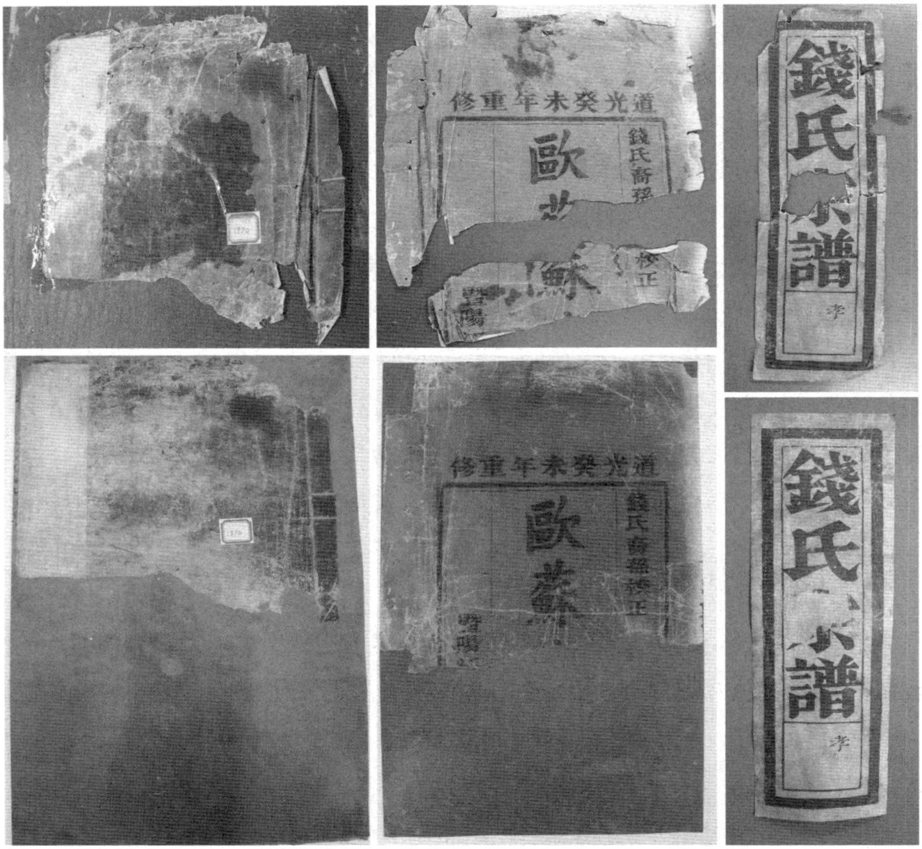

图 2　书皮、扉页、签条修复前后

2. 前后破损部位修复：前后破损书叶经过拆书清点编号共有 21 叶，破损位置大小不一，前面十余叶保存略好一些，后面十余叶大部分只剩下书叶左右几竖行位置。拆书过程中发现部分书叶仅剩书脑部分残边，中间书叶包括板框在内的内容均丢失不见。针对这些书脑处位置残余的“边角料”，留少量部分作为随书纸张标本资料外，部分纸张进行清洗压平后重新利用作为补纸用以修复前后局部书口以及其他部位小的缺损处,大的缺损部位选择帘纹宽窄、厚度一致的纸张进行修补。针对部分书叶缺失严重的,修复拼对时选择合适的纸张,画出原书叶板框位置,留出原书叶位置大小垫在待修复书叶下面作为“书样”进行校对拼接修复。按照传统古籍书叶的修复方法修复完成后晾至半干垫纸压平,见图3。

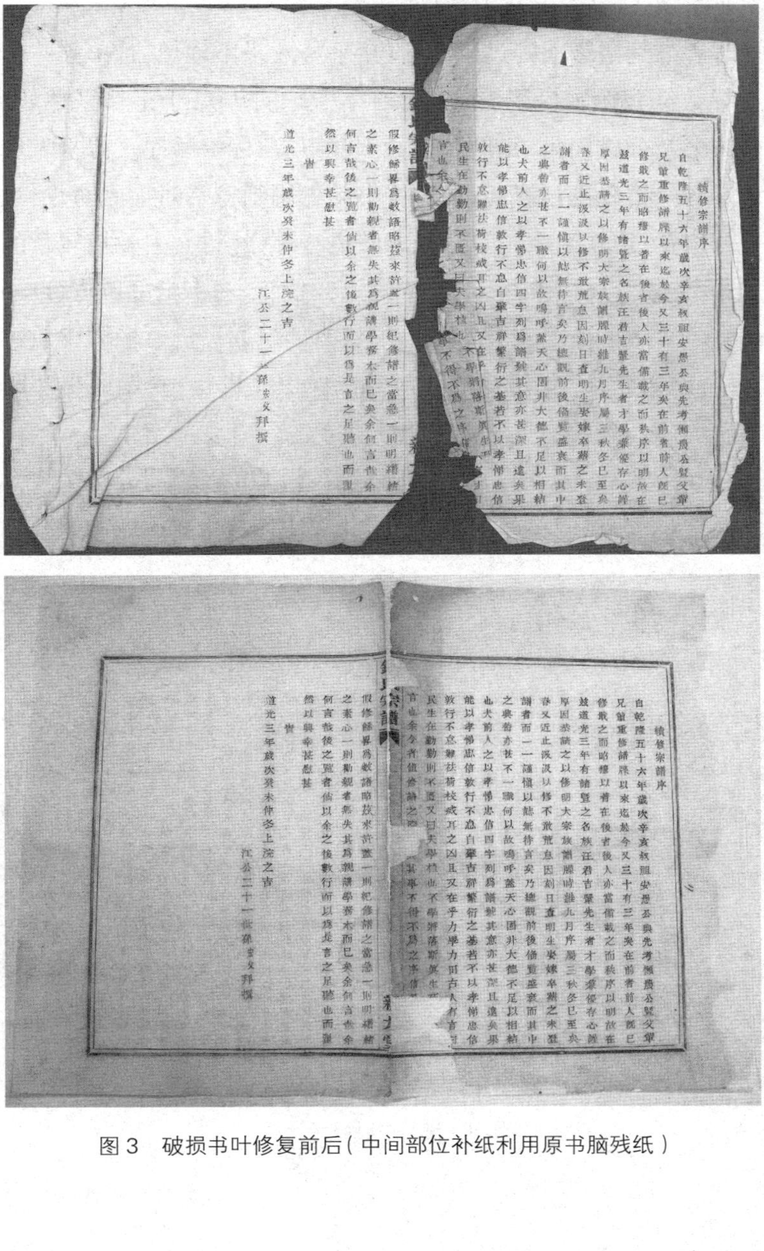

图3　破损书叶修复前后(中间部位补纸利用原书脑残纸)

（三）中间褶皱书叶整体平整

该册家谱每叶有较重水渍，书叶书根处位置明显褶皱严重，推测该书可能是之前保管不善，受潮受水浸湿后，本身书籍较厚，可能再加上叠压等因素的存在，使得书根处形成波浪形褶皱，这些褶皱延伸到书叶中间。书口跟书脑的四角大多数卷起、弯折，磨损较为厉害。书叶书口处有多叶完全断开，亦有部分处于似断非断状态，书脑处灰尘残留物较多。

修复时考虑到褶皱书叶过于厚，直接平整效果不理想，且单独一个环节过于费时会导致纸张遇水后干燥伸缩不一，不太好控制，于是在平整处理前，先将中间褶皱书叶分成四份，每份约七八十叶不等，标好顺序。修复人员选择褶皱情况稍好的一叠先进行修复尝试，将书叶先用纸捻临时加固防止移位，之后固定好书脑位置，用软毛刷先对每张书叶进行逐张清扫，去除掉较重的灰尘颗粒和部分残留污渍，见图 4。之后再固定书叶位置，对书脑部位进行逐叶清扫。书叶清扫干净后用羊毫笔先对所有折角卷曲部位逐页进行轻微少量水分点划一下，之后隔纸进行压平，每叠书叶四角依次重复进行，先保证书叶四个角褶皱部位整体平整。

图 4　进行书叶脏污清理

此时，可准备长度略长于书长、宽度略宽于书口到纸捻位置的单宣若干张，对每张宣纸进行喷潮刷平叠放，全部刷完以后将每张宣纸掀开悬挂发散水分，等到每张宣纸放在干的纸上没有水透过去即可将其放置书叶中叠放。具体操作方法为：固定好书脑，将书叶全部掀起，每放下一页书叶可按照位置放置一张发散完水分的宣纸，之后盖上一张书叶再叠放一张宣纸，放置好后可用手或者毛刷轻轻抚平书叶，遇到褶皱严重的书叶一般一叶一隔，如果遇到中间部分褶皱不严重的书叶也可以两三叶一隔。每隔放好宣纸后必须轻轻将所隔书叶的褶皱捋平，如此反复直到将褶皱书叶全部隔开完毕。之后将书叶整体翻面再捋平，将书叶垫厚纸用重物压制，可不考虑用压平机或者用时压力调小一些，防止压得过死，使宣纸上的水分不能慢慢转移到书叶上去。压制时间视修复室温湿度而定，在半天到一天左右，压得过久书叶里面水分存留过多反而容易生出霉斑。首次压平完成后，将书叶打开看看宣纸上的水分是否均匀渗透到书叶上面，将每张隔纸拿掉，趁着书叶略潮的情况下再次将褶皱部分捋平，换垫纸后重新将书叶放置重物进行压平两到三天，期间可考虑查看勤换隔纸，防止书叶过湿产生霉斑。

一般而言，褶皱不是十分严重的，进行一次“隔纸”操作基本上能恢复平整，对于褶皱部位十分严重的可能需要重复操作方能使效果比较理想。整个操作过程中需要注意两点：一是需要严格控制水分，不能过湿；二是要保持合适的速度，操作时动作不能太慢，防止一半的水分已经渗入书叶，而另一半还没操作完，就会造成书叶难以捋平，后面压平也就不甚理想。整份书叶压平之后即可对该份书叶进行其他问题的维护工作，中间书叶除了整体褶皱问题存在，还主要有撕裂、部分残缺等问题。对于完全撕裂的书叶，可在书叶背面撕裂处贴上约 1 厘米不到一点的薄溜口纸进行加固，也可选择本色超薄的典具纸进行正面略窄一点加固，垫纸压平后几乎透明看不见。对于局部小的破损处修复处理同修复断裂同样方法，选择好补纸后剪成破损形状略大一丝进行加固处理。书口开裂的书叶如果没有大的破损原则上不再进行溜口处理，保持原貌平整即可，见图 5。

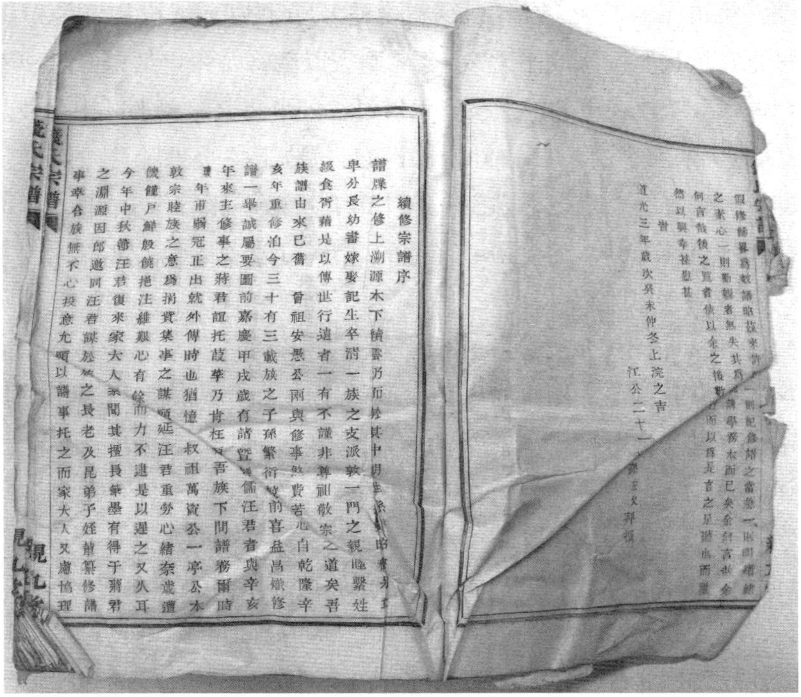

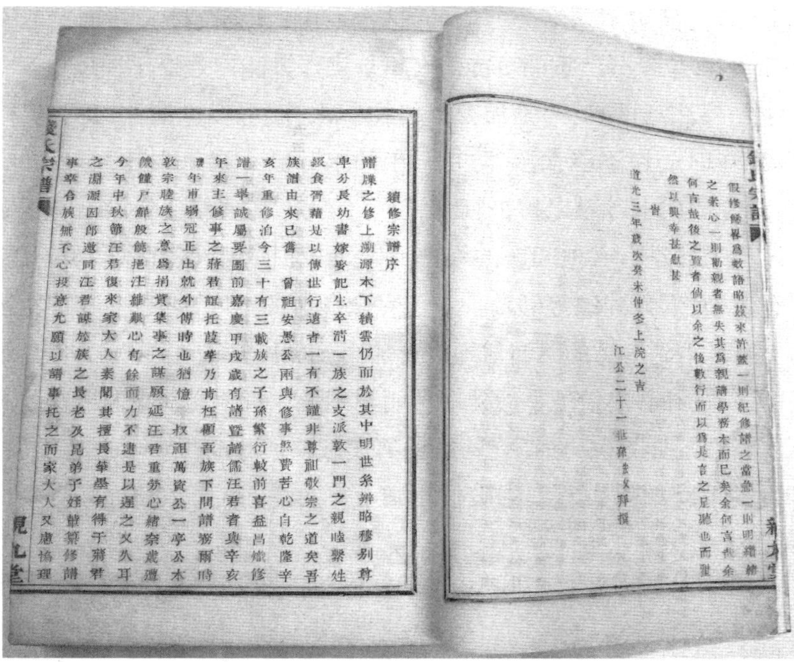

图 5　褶皱书叶整体平整前后

对于每份褶皱书叶重复进行整体平整法操作，这样做的好处在于，一是最大限度保留了书叶原始的位置尺寸，使得书叶修复后其叠放位置不发生位移，既节约了修复时间，同时又能保证修复的平整度和整齐度；二是经过"隔纸"平整后每张隔纸均能将书叶原来存在的水渍情况吸收一部分，不用对书叶进行清洗，即可以减淡书叶原有水渍情况，如果想去除水渍更加彻底一些可换纸进行重复操作。事实证明，经过如此操作后书叶水渍情况有明显改善，见图 6。

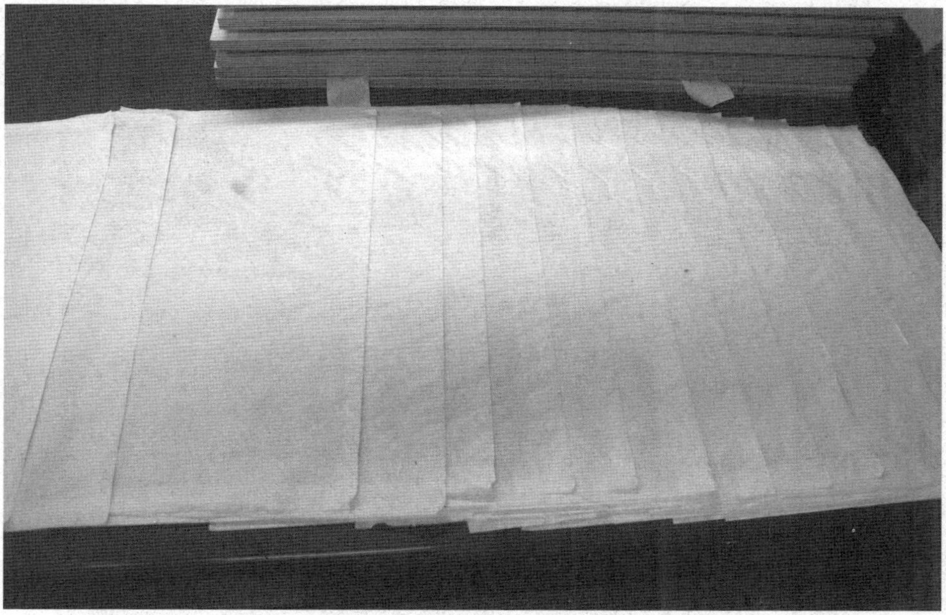

图 6　吸水纸带走部分书叶水渍

（四）装订成册

中间褶皱书叶全部平整完毕以后，按照原书顺序放置好后放入压平机进行压平。对于前后破损残缺的书叶进行折页、裁切修剪后压平。对于修复后的封面和扉页，按照原书尺寸略大一点进行裁切，签条修复后裁切好后按照原书位置回贴压平。之后加配护叶和后封面，先将书芯按照原来书叶书根和书脑印记摆放好位置，加护叶后按照原书孔位置下纸捻和打眼订线。该册古籍开本较大，为八眼线装，不同于一般古籍纸捻与装订线打孔的位置，原装纸捻在装订线略平行再靠外一点，修复完成后到了装订环节时依照原书打孔时才发现纸捻位置与装订线位置比传统位置有所偏移。经过查阅修复之前分拆书叶的照片，才更加确认了这一与众不同的装订位置。修复人员推测上一位装订师傅这样打孔定位，应该是考虑该件家谱开本较大，天头和地头以及书脑位置均留有较宽位置，中间纸捻略向装订线外是为了保证书脑处装订更加稳固。再者也是为了装订线位置不至于做得太宽影响整体钉线比例和美观程度。经过测量，天头位置高度7厘米，地头位置高度4.5厘米，书脑部位宽度为3.5厘米，原书装订线宽度为2厘米左右，见图7。按照原书眼位置进行装订，封面采取单扣皮方式，最终整册家谱整体平整，经过修复后书叶厚度测量，厚度在4.3厘米左右，比修复前褶皱状态下情况下薄1.7厘米左右，宽窄程度保持与修复前一致，见图8。

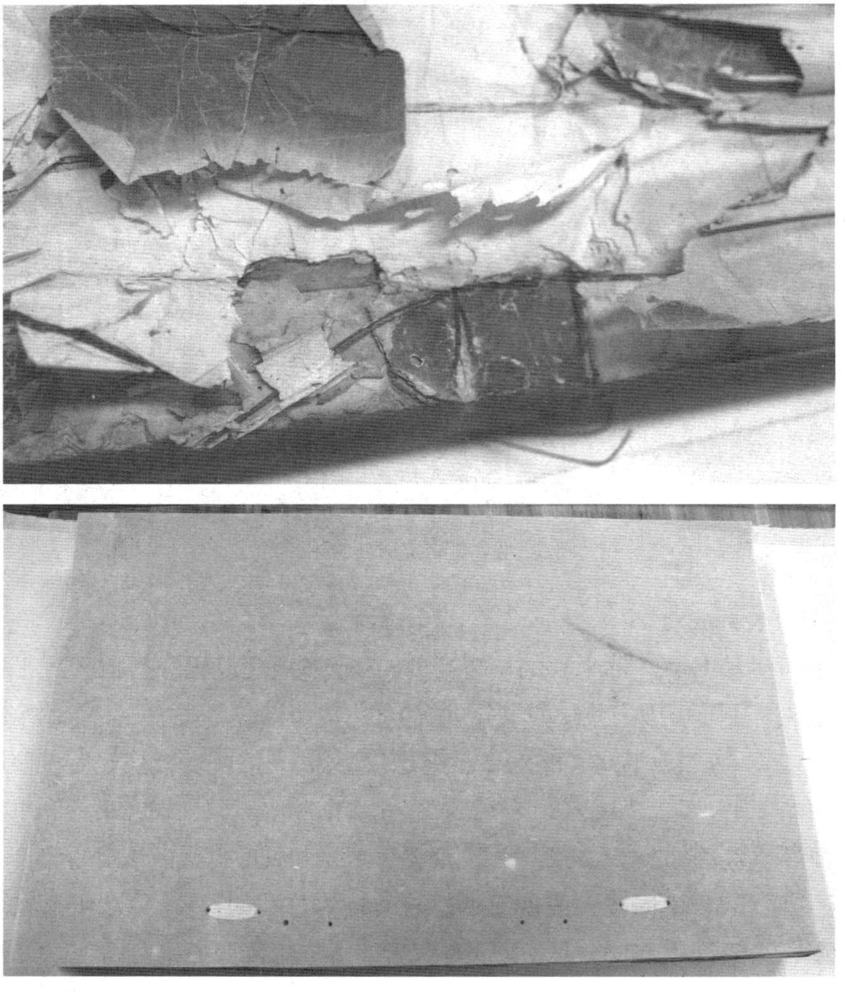

图7　纸捻与丝线装订位置

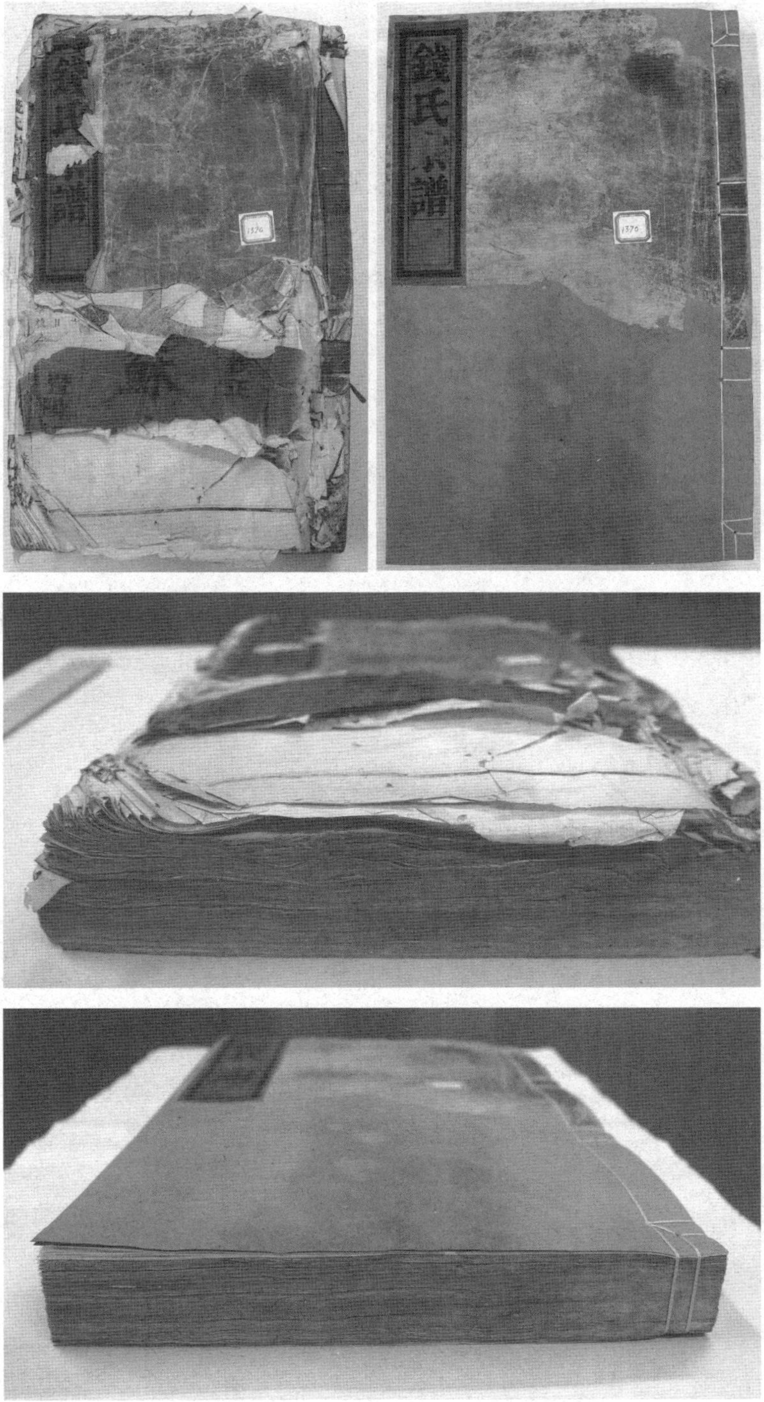

图 8 《钱氏宗谱》修复正面、侧面前后

四、小结

该册家谱开本较大,保存情况较差,病害情况较为复杂。通过对病害问题进行分类,针对不同的病害问题采取不同的修复措施,总体采取“局部修复+整体维护”的修复思路,面对展览应急性修复任务,解决需要修复的主要矛盾,同时要有利于修复后的古籍保管。对于书口的部分断裂和存在的部分水渍,在不影响展览陈列的情况下暂时搁置次要矛盾,对古籍后续保管研究影响降到最低。本次修复针对较为严重的书叶褶皱情况尝试采用整体平整的方法,最终取得了良好的修复效果。

(袁坤,浙江省博物馆馆员)

参考文献:

[1] 蒋宗锡 . 钱氏宗谱[EB/OL].[2023-11-16].http://www.51chapu.com/jp/35962/.

[2] 中华人民共和国文化部 . 古籍特藏破损定级标准:WH/T 22—2006[S]. 北京:北京图书馆出版社,2007.

古籍絮化书叶的修复实践及拓展思考

——明抄本《法书要录》修复纪实

The Practice and Reflection on the Restoration of the Flocking Sheets of Ancient Books: Based on the Restoration of the Ming Manuscript *Fashu Yaolu*

崔志宾

摘　要:絮化,是古籍较为复杂破损问题之一种。当前业界普遍采用托裱加固的技术手段处理该问题,但在加固材料、加固程度等方面尚无规范性指导。本文通过记述一部有典型絮化问题的明抄本《法书要录》的修复过程,明确修复絮化古籍时所秉持的修复原则及使用的修复材料、修复后质量评估等内容,并针对加固方式、加固材料选择、加固程度等问题展开思考,以期为古籍修复标准化研究提供助力。

关键词:絮化书叶;加固材料;修复方法

书叶絮化,是古籍破损情况之一种,文化行业标准《古籍特藏破损定级标准》(WH/T 22-2006)定义为:"絮化,书芯四周因过度磨损或其他原因导致呈棉絮状。"过往修复经验表明,絮化情况基本出现于皮纸或含皮料纸中。当古籍书叶呈现絮化状态时,往往还伴随出现有纸张粘连、变形、缺损、霉渍等问题,纸张物理强度明显降低。

引起书叶絮化的成因有多种。一方面有外部因素,即人为保管不当加速了书叶老化与劣变,其中包括显见的翻阅磨损、受潮或水浸后生霉、受力挤压后粘连及变形等原因。另一方面也有纸张内部因素:由于皮料纤维长,有些皮纸纯净度高,其他类型浆料或杂质少,纤维结合度有限,在自然老化过程中即会产生纸张表面稀疏现象;有些是在造纸过程中对于木质素的脱除不够充分,残余的木质素加速了纤维结构破裂速度,致使纤维表面纵裂、老化,因而纸张有絮状表现。

一、当前古籍絮化类书叶处理方法

对于古籍絮化书叶的处理方法,国家图书馆以往采用的主要方式为絮化部位的针对性加固,即以小麦淀粉浆糊为黏合剂,在絮化部位托单张纸。可参考的案例有朱振彬在《古籍探索与实践》一书中提到的《余姚杨氏宗谱》修复、清宫"天禄琳琅"专藏明刻本《六家文选》的修复[1],笔者发表于《文津学志》第九辑《元刻本〈唐律疏议〉残叶修复记要》等。浙江图书馆汪帆在其书《书路修行——纸质文献修复》中记录有絮化问题古籍《唐诗拾遗》的修复案例,修补絮化书叶过程中所采用的方法也是局部加固[2]。

二、《法书要录》概况及书叶絮化问题

(一)版本概况及装帧参数

《法书要录》现藏于国家图书馆,原著者是唐代书法、绘画理论家张彦远。版本为明代抄本,原十卷。半叶九行行二十余字不等,蓝板框、蓝书口,四周双边,书根有字(模糊不清)。整册衬纸。有残留护叶,书衣缺失(仅在一册书根部位发现1厘米左右古色纸,疑似原书衣的残留)。单捻、四眼线装。高26厘米,宽18厘米。

此书曾为近代著名水利学家、作家、藏书家冯雄所藏。各卷次首叶右下方均有钤印,印章有"天然图画楼收藏典籍记"朱文隶书印、"南通冯氏景岫楼藏书"朱文篆书印及"冯雄印信"朱文篆印。

藏书送修前编目信息为一函四册。但由于原书衣均已不存,原线装形态基本解体,放置次序颠倒,内容方面也已残缺不全,明显之处为卷一、二、五已佚,卷三后半段佚失(见图1)。经内容核对及参考未彻底分散的书册装帧卷次规律(原装帧卷六、七一册,卷八、九一册,卷十一册),又考虑到卷三缺失后半段,因此经专家准许后决定将卷三与卷四分别装帧,四册调整为五册。

图 1 《法书要录》送修时整体外观

（二）纸张检测信息

经检测，该书叶纸张为构皮与竹的混料纸，构皮占比 80%。以三点测量法（下同）测定，平均厚度约 0.067 毫米。衬纸有薄、厚两种，薄纸脆韧，平均厚度约 0.062 毫米。厚纸松软，平均厚度约 0.081 毫米。但二者均为构皮与三椏皮的混料纸。

（三）书叶絮化情况

该套藏书主要破损问题即为书叶及衬纸的纸张絮化。观察推测是局部经过水浸而未及时处理所致。

书中絮化的表现大致有两类：一类为严重絮化，伴随纸张缺损。卷三、卷四、卷十后半部分有此情况。其中卷三絮化问题最为突出，表现为书叶与衬纸书脑处严重絮化，纸张有扭结成团现象，并伴随霉渍（黑霉）、缺损，絮化导致书脑部位文字有缺失；卷十絮化与缺损位置为书口，字迹缺失较多。另一类保有纸张完整度，仅因絮化导致该部位纸张变薄，除书口处因鼠啮缺损外，絮化部位文字基本完好。该书六至九卷为此种情况（见图 2—7）。

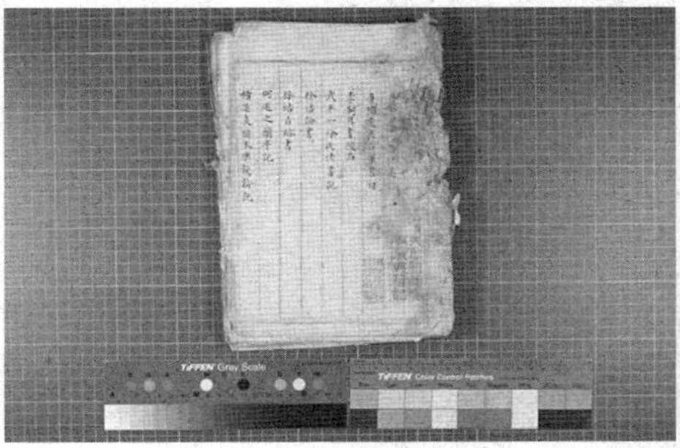

图 2 卷三书脑处严重絮化、黑霉，侵蚀字迹

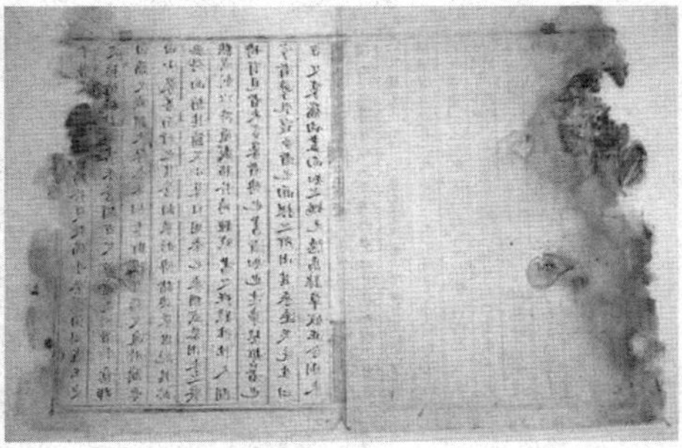

图 3 卷三展开后书叶与衬纸絮化与缺损情况

图 4　卷十后半部书口处严重絮化、侵蚀字迹

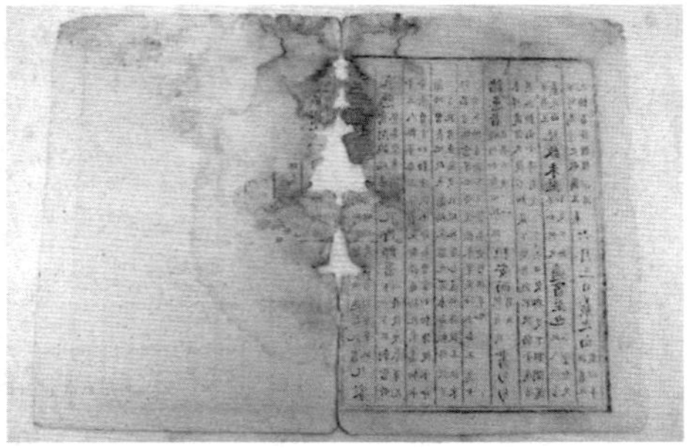

图 5　卷十展开后书叶与衬纸絮化与缺损情况

图 6　卷八至九书口缺损及轻度絮化情况

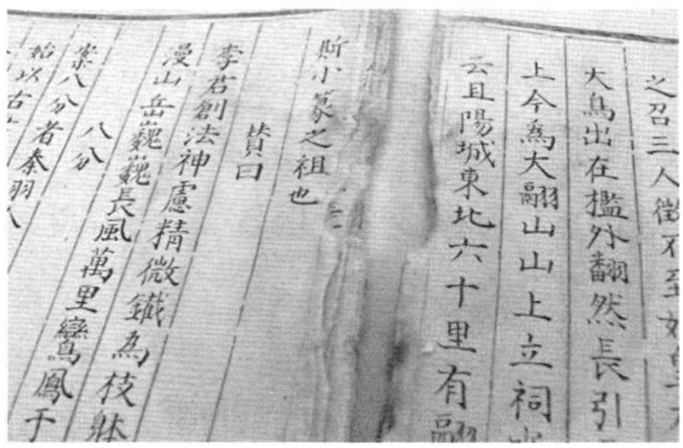

图 7　卷八至九黄渍部位轻度絮化

三、絮化书叶修补材料与方法

（一）修补材料

1. 加固用纸：浙江产薄型马尼拉麻纸（定量 5—6 克 / 平方米），纸张平均厚度约为 0.028 毫米（见图 8）。

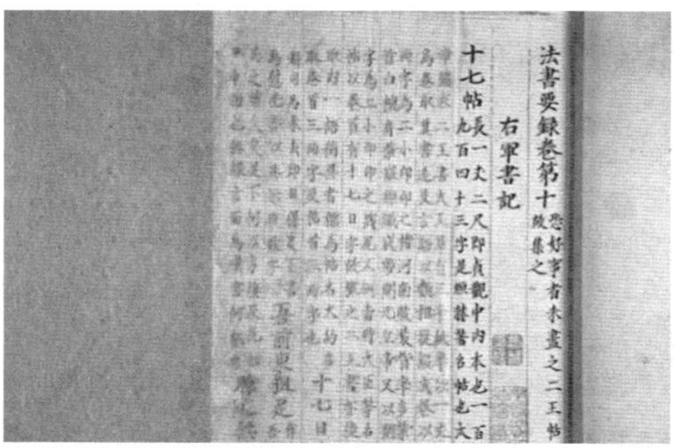

图 8　染色薄型马尼拉麻纸

针对絮化问题纸张，选择合适的加固用纸是修复工作的核心。在整旧如旧、最少干预的修复原则前提下，加固后的书叶原则上应尽可能少的发生厚度改变。这就对加固用纸提出了比较高的要求，需要其不仅可以起到增强原纸强度的作用，纸张厚度方面需尽量薄。薄型马尼拉麻纸不仅轻、薄、透明度高、表面哑光，又有一定纤维长度与韧性，因此在现有特薄型纸中选择该纸作为加固用纸。

2. 补破用纸：修补书叶的补纸选用泾县 90 年代产棉连，择选偏薄部位，选用纸张平均厚度约 0.063 毫米（见图 9）；两种衬纸中，薄纸补纸选用桑皮与三桠皮混料，平均厚度约 0.05 毫米；厚纸补纸选用棉连。

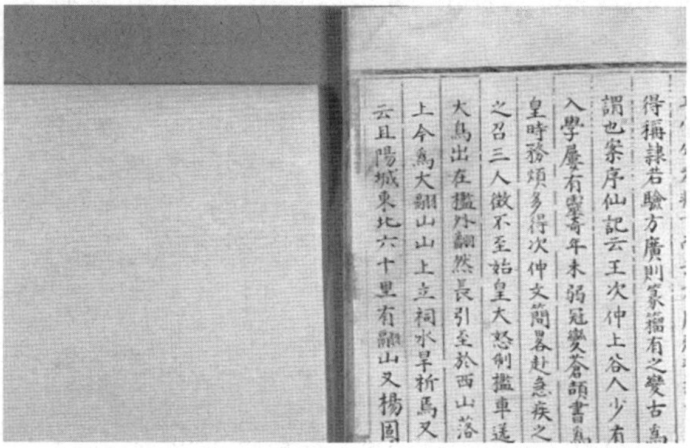

图 9　染色棉连，与书叶适配度良好

在古籍修复工作中，对于材料的选择多数时候是秉持“质料一同”的理念，即尽量使用与原件相同或相似质地、特征的纸张、染色剂等。但是中国古代手工纸种类庞杂，工艺多元，且纯人工，地域环境、材料产地、技术手法等等因素都会影响成纸样貌。时隔数百年，现代成纸与古纸往往存在十分明显的区别。原书叶纸张经检测为长、短纤维配比的混料纸，当下已找不到完全相同配比的手工纸，根据其质地、密度、厚度、帘纹等要素，只有青檀皮搭配沙田稻草的棉连纸比较符合上述要素。因皮料含量不及原古纸，棉连纸强度稍低，也恰好符合了古纸经自然老化后强度降低的特性。衬纸的补纸选择也根据其原纸特征，选择了两种与原纸外观、质地特性近似的补纸。

3. 染色材料：为使修复过后整体视觉和谐，又分别对补纸进行了染色做旧。马尼拉麻纸使用板栗壳染色，棉连纸以传统国画颜料赭石、藤黄、花青与少量明胶液调和染色。

4. 黏合剂：小麦淀粉浆糊。

（二）修补方法

1. 絮化并缺损部位修补方法

对于纸张已经卷曲或扭曲变形以及絮状成团的情况，需在干燥条件下先尽量将其展平。因严重絮化部分已经影响到纸张的完整性，这一步骤重点要注意字迹部分不可有变形甚至位移。带有霉渍的纸面在展平后轻轻刮除表面霉菌粉渍。之后涂抹薄浆，这一步骤一方面是为后续贴合加固纸，更重要的是对纸张的位置固定。所以上浆过程中继续关注字迹情况，对于之前变形、缺损部位再次核准其原位置，可参照完整部位的边框、栏线及字迹行间距等等，确保在托裱加固纸前位置准确。另外，用笔必须轻、慢，避免将脆弱的纸片带起造成二次损毁（见图 10）。

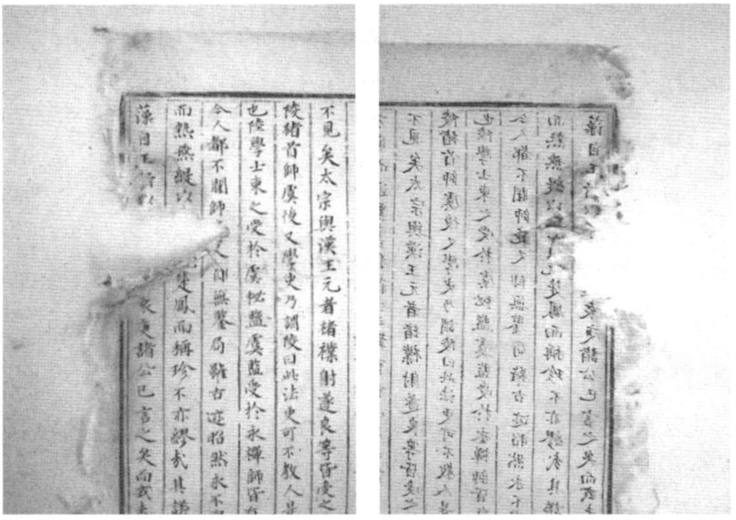

图 10　絮化部位书叶的展平与字迹拼对

以大于絮化部位面积的马尼拉麻薄纸覆盖加固后，因纸面还存在缺损，需要在此基础上继续以补纸修残补缺。为避免两种纸叠加增加厚度，又因马尼拉麻纸在前会遮挡补纸，因此趁加固后纸张表面平整湿润时将空隙部位的马尼拉麻纸撕除，再补以补纸材料。这样修复完后补纸与原书叶自然衔接，絮化部位也得到了良好加固，纸面厚度相对一致。该书衬纸絮化处理方法同理。

2. 轻度絮化部位修补方法

由于纸张完整度较好，仅因絮化导致纸张变薄。此类情况以稀浆均匀涂抹于纸张变薄区域，再覆以马尼拉麻纸紧密贴合（见图 11）。浆水薄、下笔轻，涂抹过程不使纸面字迹发生扭曲变形。加固过后方可再对周围缺损部位进行修补。该书衬纸絮化处理方法同理。

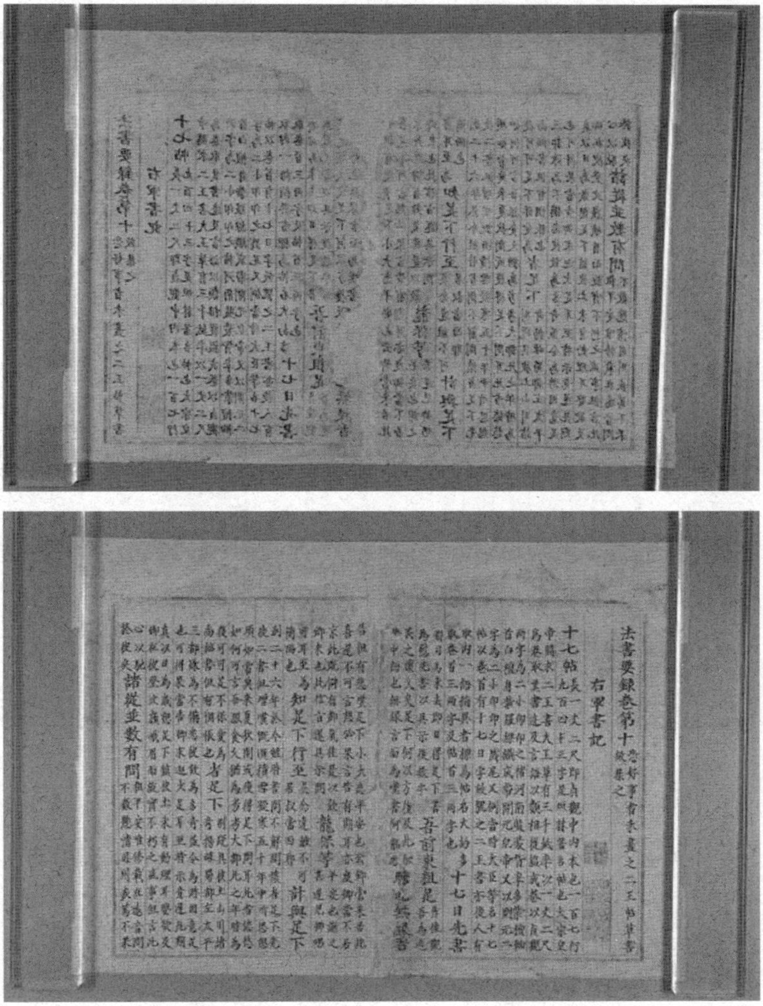

图 11　加固并补缺后的书叶背面、正面，天头及黄渍部位絮化，均以马尼拉麻纸托裱加固，压平干燥后可见加固用纸遮挡程度低，对原纸色泽、透明度等影响小

四、修复后质量评估

第一，经加固、补缺、压平后的书叶，将书叶从局部卷曲状态变成为完全平整，原留存下来的字迹信息在此次修复周期中未发生损佚。对于已随纸张缺损

佚失的字迹，纸面修补完整，缺失字迹做留白处理。

第二，原书尺寸未发生改变，原书旧有色泽未发生改变。因补缺用纸也根据原纸颜色进行染色，整体修复后视觉效果和谐（见图 12）。

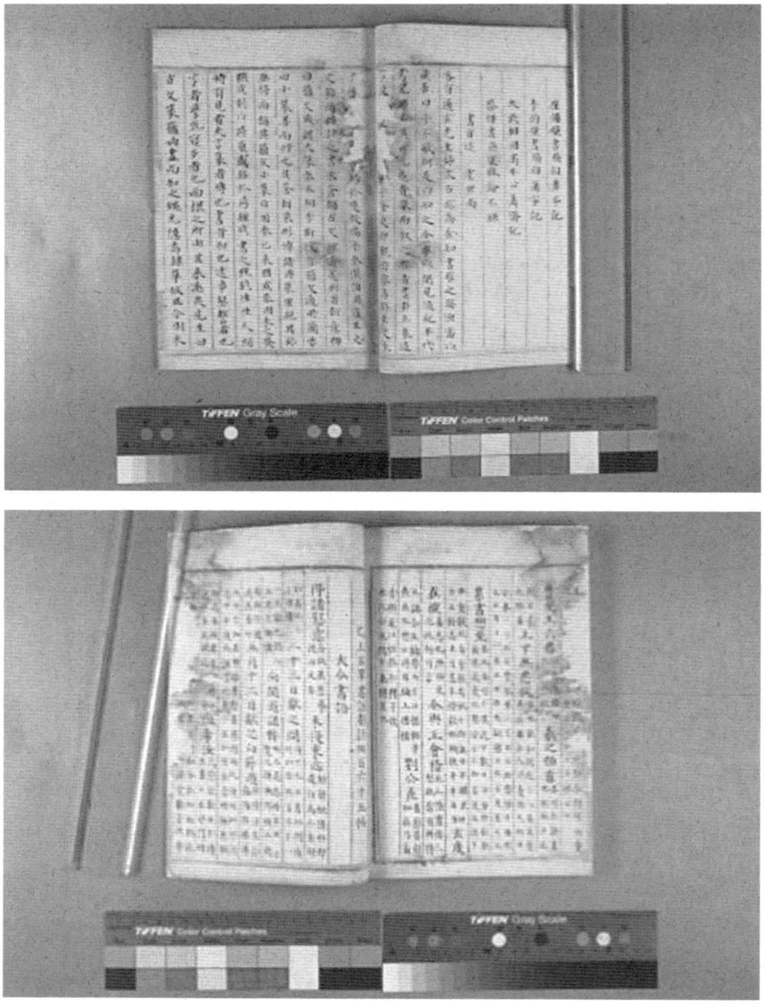

图 12　修复后内叶效果

第三，书叶压平、锤平后测量，经加固位置的书叶厚度与完整部位书叶厚度相差数值在 0.015 毫米上下，补缺部位厚度与原书基本一致，触摸差异不明显。恢复成册后书册上下、左右厚度均匀，总体平整度较好（见图 13）。

图 13　修复后整体外观

第四，浆水控制均匀，压平后书叶柔软度与原书一致，未出现局部硬挺等不良情况。

五、拓展与思考

（一）“托裱”加固方式是否违背当下修复原则

尽管当下古籍修复工作始终秉持“整旧如旧”“最少干预”等原则，尤其“最少干预”中明确指出能不补就不补，能不托裱就不要托裱，但是在实际工作中还应具体问题具体分析。从古籍修复历史经验中来看，反对托裱实际上主要是反对通卷托裱，因为书叶整体经托裱后会增加厚度，且多一层纸必然干扰原古纸信息，明显违背修复原则。但是，如果书叶自身劣化到需要“抢救”的情况，例如有些书叶已严重酸化、絮化到失去基本物理强度，当下如不施加必要措施将会加速其消亡。在目前公藏单位所掌握的技术手段中，对严重劣化的纸张进行托纸加固是可以延长书体自身寿命的良好方式，且可保证材料与操作过程均具有可逆性。需要强调的是，托纸加固应针对性使用，即仅处理出现严重问题的纸张区域，而非不假思索通体托裱。

（二）是否可以使用新型材料和技术加固

在图书与档案系统中，常涉及纸张酸化严重、纸张糟朽，有时还是双面文字的文献。近年，随着纸质文物保护事业的发展，纸张加固的材料与方法呈现多样化趋势，除传统“托裱法”加固方式外，国内外也出现了多种纸张加固技术，其中包括覆膜加固、丝网加固、高分子保护剂加固等。覆膜加固指在纸张双面覆加一层透明的塑料或树脂薄膜，通过加热或溶剂作用，将纸张封存于薄膜内。这种保护方法使纸张强度完全依托于外部薄膜，且可逆性差。丝网加固最初由法国国家图书馆发明使用，是将经过加工处理的透明蚕丝编织成柔软的丝网，其表面喷涂有树脂类胶黏剂，覆盖在需要加固的纸面，经热压与纸张黏合起到加固作用。其优点是蚕丝透明度好、重量轻，缺点是耐久性差。近年来，丝网加固方法在国内又有新的进展，国内相关专家发明了棉纤维丝网加固材料，使得加固材料耐久性提升且具有可逆性[3]。高分子保护剂加固是指将纤维素类如羧甲基纤维素、纳米纤维素[4]等溶水试剂涂布于需加固的纸张表面，形成保护薄膜及提高纤维强度。保护剂通常无色透明，加固纸张同时不影响内容信息，但缺点也是可逆性差，溶剂本身的稳定与耐久性也存在差异。

因为材料的安全性、可逆性等要素还存在诸多疑问，所以尽管有以上科技手段的出现，当下公藏单位的纸质文献绝大多数仍然采用传统材料与传统技术方法。但是相信图书保护是不断向着更加科学有效的方向前进的，不可一味摒弃新事物，修复人员也应对新科技新材料时刻保持关注，共同探索。

（三）加固用纸的选择是否唯一

前文已述，当下所选择的托裱加固方法的特征为托裱部位纸张至少为两层叠加。在“最少干预”修复原则的前提下，在修复中添加的纸张应当尽可能避免过分增加原纸厚度，从而保证修复完成后的书册厚度整体不发生明显改变。因此，选择合适的加固纸张是修复工作的重点。

此次笔者选择使用薄型马尼拉麻纸加固絮化书叶，取得了良好的预期修复效果。经笔者调查，该纸由文献修复组采购，时间未超过 15 年。在此之前，90 年代采购有薄型桑皮纸，但其厚度明显高于前者。而在薄型桑皮纸之前，我组所使用的薄型纸（主要为溜书口）以上海棉、河南棉（前者为机制皮纸，后者为手工皮纸）为主，以今日标准来看，那些纸张多数较粗糙、厚度也相对高，已不适用于当下古籍修复工作，遂已弃用。但仅就一种薄型纸，可反映出今日古籍修复工作在材料方面所取得的进步。薄型纸的生产在印刷、生活中的使用历史并不短，例如，近代用于誊写版油印的毛笔蜡纸、铁笔蜡纸的原纸材料即为薄楮纸[5]；日本在 20 世纪 60 年代生产有“典具纸”，主要以构皮抄造，最薄可抄至 1.6g/㎡，在书画修复、临摹拓写、产品包装方面都有所使用。但薄型尤其特薄型纸在中国古籍修复领域中的使用历史并不长，目前对该类纸的专项研究也较少，当下也未有权威机构针对纸本文献专用加固用纸设立标准。当前已知有山西地区生产的特薄型手工皮纸（定量＜4g/㎡）用以修复，其使用效果是否超过其他薄型纸还有待考验。所以时至今日薄型纸在古籍修复中的实际应用总体仍处于探索阶段。

（四）加固程度是否有规范要求

由于修复人员水平不同，托裱质量往往参差不齐，修复时使用浆糊的浓度及纸面残留量也会存在差异，也就是说加固的程度不容易得到精准控制。另外，加固用纸的选择依靠的是修复人员在现有纸库中自行选择，多种薄型纸中关于成分、定量、纹理特性等等对于书叶的作用影响也以主观判断为主，修复后以符合现行修复质量标准[6]为准，而对于具体加固程度尚未有严格规范。

六、结语

絮化的古籍书叶，在古籍诸多破损问题中当属修复技术难度较高的一类。处理方法有多样，但在安全性、可逆性等要素还未得到长期认证的情况下，当下公藏单位采用的仍是局部托纸加固的修复技法，因其不论在延长古籍寿命还是在过程可逆方面都具备合理有效的可行性。此次修复絮化问题的明抄本《法书要录》使用的即局部加固方法，慎重选择修补材料，谨慎把握修补程度，最终取得良好效果。一部书的修复完成绝非技术的终点，修复过程涉及的诸如材料、准则等问题仍需继续探索，方能够在古籍修复事业科学化、精准化道路上不断向前。

（崔志宾，国家图书馆副研究馆员）

参考文献：

[1] 朱振彬．古籍修复探索与实践[M]．桂林：广西师范大学出版社，2022：199-206.

[2] 汪帆，李爱红．书路修行——纸质文献修复[M]．杭州：西泠印社出版社，2019：188.

[3] 刘姣姣，李玉虎，单晓娟，等．档案与古籍善本酸化糟朽纸质纯棉丝网常温加固脱酸新技术[G]// 中国档案学会．创新：档案与文化强国建设——2014 年全国档案工作者年会优秀论文集．北京：中国文史出版社，2014：292-313.

[4] 易晓辉，闫智培，张铭，等．两种纳米纤维素对老化文献纸张的加固性能研究［J］. 纤维素科学与技术，2017（3）：8-13.

[5] 万启盛．中国近代印刷工业史［M］. 上海：上海人民出版社，2012：29-30.

[6] 杜伟生，张平．古籍修复技术规范与质量要求（GB/T 21712—2008）［S］. 北京：中国标准出版社，2008.

知往鉴今　以启未来

——古籍修复档案管理与利用现状

On the Current Status of the Management and Utilization of Ancient Book Restoration Archives

霍艳芳　薛艳春　杨林玫

摘　要：古籍修复档案作为修复过程的原始记录，具有极大的凭证价值和参考价值，对于古籍本体、古籍收藏单位以及古籍修复事业的发展至关重要，近几年也越来越受到业界关注。基于调研发现，各馆在形成和管理修复档案过程中各有特色，但也存有建设步伐缓慢、记录不完整和不规范、管理和保管不科学、数字化平台各自孤立、利用程度低等问题。从加大对古籍保护工作的支持力度、建设技术过硬的修复队伍、制定完善的法规标准和制度、加强全国性数字化平台的共建共享、深化对修复档案的开发和利用程度等方面进行改进，如此才能最终推动新时代古籍修复事业的高质量创新性发展。

关键词：古籍修复；修复档案；档案管理；档案利用

自《威尼斯宪章》发布以后，国际上越来越重视对文物修复过程的全面记录。《可移动文物修复管理办法》指出："可移动文物修复包括价值评估、现状调查、病害检测、方案编制、保护修复实施、效果评估、档案建立、预防性保护等活动。"中国古籍修复领域也通过《古籍修复技术规范与质量要求》（GB/T 21712—2008）、《古籍保护修复档案记录规范》（WH2016—04）等，逐步确立了古籍修复档案标准化、规范化的记录机制，并在管理和利用上进行了数字化探索和实践。

作为我国较早提出建立古籍修复档案的学者，国家图书馆李际宁认为修复档案的内容是保留古籍整理和研究的重要信息[1]。国家图书馆研究馆员、国家级非物质文化遗产项目古籍修复技艺代表性传承人杜伟生也曾指出："在古籍修复工作中，建立修复档案是非常重要的。"[2]关于"修复档案"的定义，学界目前尚未形成统一确定的表述。王阿陶、许卫红认为："古籍修复档案是指古籍修复人员在对古籍进行修复的过程中所形成的，对古籍修复情况进行全方位记录的，且具有保存价值的文字、表格、图片、音视频、实物等各种形式和载体的历史记录。"[3]笔者认可这一定义，认为古籍修复档案包括待修复古籍的基本情况和破损情况、修复前检测、制定修复方案、记录所用材料和修复手法、修复后的验收情况等内容。现有研究成果多集中在对修复档案重要性的阐释与修复档案在修复案例中的应用，关于修复档案规范化形成与管理的相关论述少且分散，而且缺乏广泛的调研，难以发掘更多切合实践部门需求的深层次问题，不利于从整体上把握国内修复档案形成与管理概况。为深入了解现阶段我国古籍修复档案的管理和利用现状，笔者调研部分省、自治区、直辖市图书馆和高校图书馆，发现囿于各种因素限制，某些部门或人员轻视甚至忽略古籍修复过程中修复档案的形成以及后期管理工作，缺乏对其进行充分的利用。

一、古籍修复档案的作用不容忽视

修复作为古籍抢救性保护工作的重要手段，使得大批珍贵古籍重新焕发生机。中国的古籍修复工作已有上千年的历史，近年来，古籍修复技艺列入国家非物质文化遗产，使之得到进一步传承和发展，但遗憾的是修复技法相关记录流传下来的少之又少。一方面是因为古籍修复工作专业性与实践性较强，多以实践经验为主，通过以师带徒、口耳相传的形式流传，修复技法难以以文字形式详尽记录下来。另一方面，一些修复师记录意识淡薄也是造成以前修复经验难以流传下来的重要原因。而在实际修复过程中，产生了大量的修复档案原始记录，对古籍本体、修复单位乃至修复技艺的传承都具有重要意义，亦为古籍整理人员鉴定版本提供直接证据。

第一，有利于保护古籍本体。古籍修复档案是修复师在修复过程中所形成的对古籍修复前、修复中和修复后的相关信息记录，相当于古籍的"病历本"，通过它可以充分了解古籍本体的基本信息。现阶段,信息与技术的发展使得古籍修复工作迈向一个新阶段,但是仍然存在一些“疑难杂症”未找到妥善“救治”方法的情况。随着社会发展和科技进步,修复师发现更好的修复材料和方法,使得历史遗留的难题得以解决,在古籍开启新的修复周期时,通过查阅修复档案掌握古籍的历次修复者、修复过程等情况,在此基础上制订出更为科学的修复方案。基于此,可以把修复师比作古籍医生,做好修复档案犹如医生写好病历,告诉后面的医生该病人的前期治疗方案和用药情况。

第二,有利于古籍收藏单位科学开展保护工作。修复档案具有极大的凭证作用和参考作用,一方面,修复师将待修复古籍在修复前后的状态、修复方法和过程、修复中产生的数据等原始信息记录下来,并进行完整、系统的归档,或将纸质版保留在自己手中,或将其交由组长(主管)管理,是对自己负责的一种行为,既便于修复前后对照修复效果,又便于统计年度工作量或参与岗位晋升。另一方面,修复档案的存在为科学管理古籍修复工作提供依据,在修复完成后或者年终总结时经由相关负责人整理汇总,统计了解年修复情况,从而作为下一年度工作计划的开展基准。

第三,有利于传承古籍修复技艺。修复是一种对和谐性和技巧性要求较高的手工艺工作,单纯靠以往言传身教的方式进行传承存在一定局限,如果不注重知识积累,就难以实现从“经验”到“科学”的过渡。建立修复档案能够提升古籍修复的学术含量和科技水平,推动古籍保护工作更加科学化、规范化。随着社会发展和科技进步,修复工作亦会采用一些新材料和新技术,修复档案的内容更为详细,在形式上不仅涵盖文字,还可以通过照片、视频等将一些具有先进性和创新性的修复技艺完整记录下来,供后人学习研究。通过修复档案将经验留存,后人可以和前人跨越时空进行对话。从这个意义上说,修复档案算是当下的修复师积极承担社会责任的一种回溯性行为,明确告诉后来的修复师前面采取什么材料和方法,减少再次修复时材料和方法测试的工作量,合理者继续沿用,不合理者予以调整。

第四,为准确判断版本提供可靠依据。如果将古籍连同修复档案一起提供给古籍整理人员,他们鉴定版本时就可以知道哪些地方是历史本来面貌,哪些地方经过修复师修补,如此才能得出正确的结论。长期以来,关于古籍“断栏缺字”破损现象是否需要“划栏补字”存在争议,虽然现在学界普遍认为这是不可取的做法,但是业界的修复理念并没有完全统一,有的认为对于非公藏的古籍不能在书页上补字，但是可以在衬纸上补栏；有的则认为“划栏补字”的传统不该摈弃，只有如此“才能达到真正意义上的修复完整”[4]。对于经过“划栏补字”修复后的古籍，修复档案的留存能避免日后鉴定版本时的错误判断。

二、古籍修复档案管理和利用现状

（一）调研方法和结果

2023 年 3 月至 9 月，为了解我国古籍修复档案的管理和利用现状，笔者通过网络调研和朋友介绍，找到包括国家图书馆、各省（自治区、直辖市）图书馆以及部分高校图书馆在内的 37 所图书馆联系方式，由于电话是空号或未接通等原因，最终通过电话访谈、微信以及邮件交流等方式获得 18 所图书馆的有效数据信息。甘肃省图书馆、云南省图书馆、北京大学图书馆等 16 所图书馆在修复过程中会形成修复档案，青海省图书馆尚未开展修复工作，河北省图书馆近几年由于缺少古籍修复师，修复工作开展受阻。调研结果如表 1 所示。

表 1　各图书馆古籍修复档案形成情况

图书馆名称	是否形成修复档案	形成时间	形成主体	载体形式	管理主体或形式
国家图书馆	是	2003 年	修复责任人	卡片、笔记本登记、电子文档等，并建立“古籍修复档案管理系统”	专人管理；个人保存；组里集中保存；重要修复档案会上交交由档案室存档
首都图书馆	是		修复责任人	电子；纸质	修复师自己保存；单位柜子
山东省图书馆	是		修复责任人	电子；纸质	修复师自己保存；单位柜子
广东省立中山图书馆	是	2007 至 2008 年左右	修复责任人	电子；纸质	个人保存；集中保存
云南省图书馆	是	2004 年	修复责任人	电子；纸质	最终由专人汇总管理
宁夏回族自治区图书馆	是	2023 年	修复责任人	电子	修复师专用电脑存档

续表

图书馆名称	是否形成修复档案	形成时间	形成主体	载体形式	管理主体或形式
青海省图书馆	否				
陕西省图书馆	是	2005年左右就有较为规范的工作记录	修复责任人	纸质	专人管理
河北省图书馆	否				
甘肃省图书馆	是	2007年	修复责任人	电子；纸质	电子版拷贝到硬盘由专人保管；纸质版留在工作场所
辽宁省图书馆	是	20世纪90年代	修复责任人	电子；卡片、纸质记录	纸质档案交由修复组长管理
吉林省图书馆	是	2009年	修复责任人	电子；纸质	修复责任人；修复组长
湖北省图书馆	是	2005年以后	修复责任人	电子；纸质	修复责任人；单位档案室
上海图书馆	是	从2009年开始做照片电子档案	修复责任人或专职人员	纸质	统一保存管理
山东大学图书馆	是		修复责任人	电子；纸质	修复师自己保存；修复室橱柜
北京大学图书馆	是	2013年前后	修复责任人	电子；纸质	修复主管保管
复旦大学图书馆	是	2014年之前就已经有古籍修复档案，2014年起开始形成比较规范的记录模板	修复责任人	纸质；电子	工作流程完成后即归档入库

续表

图书馆名称	是否形成修复档案	形成时间	形成主体	载体形式	管理主体或形式
南京大学图书馆	是	从古籍修复工作开始起就已经形成修复档案	修复责任人	电子；纸质。也有古籍修复数字化平台	专人负责汇总放到专门的数字化平台

而通过阅读和考究相关文献发现，四川省图书馆最晚在2007年就已经制定《四川省图书馆古籍修复档案》[5]；山西省图书馆同样在2007年建立了较为详细的《山西省图书馆古籍修复档案》（纸质及电子版），记录古籍修复的整个过程，所记录的内容包括待修复古籍的版本、装帧形式、破损情况、采取的修复措施与方法、修复人员、修复时间以及最终修复效果等[6]；浙江图书馆[7]和江西省图书馆[8]最晚在2010年、广西师范大学图书馆[9]最晚在2012年、苏州大学图书馆[10]最晚在2013年建立起比较完备的修复档案；四川大学图书馆[11]在古籍修复过程中亦形成修复档案。

（二）调查结果分析

在国家图书馆的带动下，尽管各馆开展古籍修复活动的频繁程度不同，但陆续形成了本单位的修复档案。由于修复流程基本一致，以及馆际间的交流学习日益频繁，使得各馆在修复档案的内容设置上大同小异，一般都涵盖了古籍的管理信息、目录信息、修复信息等。然而，各馆对修复档案的形成、管理、利用等存在一定的差异。

第一，古籍修复档案的形式和繁简状况有所区别。古籍修复档案的载体形式多样，有卡片、记录本、图片、录像、数据库等，各馆情况不一。如上表所示，大部分已建立修复档案的存藏单位的古籍修复档案载体类型为“纸质＋电子”模式，少部分为“系统”模式。当然，同一单位，面对不同的古籍，其修复档案的繁简程度和形式也会有所不同，这是由古籍的珍贵程度、存藏数量和破损程度决定的。珍贵、稀有的古籍，其修复不同于日常修复，需要满足一定资金、人员、场地等条件，一般都按修复项目来实施和管理，有的需要全程录像，文字图片的记录也尽可能翔实，修复档案的形式自然多样。日常修复工作中，不同破损类型的古籍，其档案的繁简程度也不尽相同，如五级破损中，只需要换皮订线的古籍，其修复信息记录就较为简要了。

第二，古籍修复档案的形成时间、形成者略有差异。辽宁省图书馆建立古籍修复档案起步较早，在 1992 年就已经开始尝试建立“馆藏古籍修复档案”，从最初的卡片式发展到 2002 年的电子版[12]。在国家图书馆的带动下，其他图书馆多在 2004 至 2012 年之间陆续建立古籍修复档案。就修复档案的形成者而言，大部分图书馆由修复责任人直接形成修复档案，上海图书馆则是由专人负责形成，修复师有时也会参与修复档案的形成。修复责任人直接形成修复档案的好处是修复师亲自参与的活动，对于一些细节记录得更为真实和全面，但是修复档案会侵占修复工作的时间和干扰修复师的注意力。基于此，由专职人员专门记录修复档案，有利于对之进行深度加工甚至直接结集出版。

第三，各馆古籍修复档案的管理模式各有特点。主要管理模式有“集中＋单独”保存、“集中＋单独＋档案室”保存等，而具体的管理操作不尽相同。国家图书馆的电子版修复档案，修复师会单独保存，组里也会集中存储，其中重要的修复档案会上交馆档案室存档，移交档案会进行刻盘或打印成纸质版保存。甘肃省图书馆也是先形成电子版古籍修复档案，再打印纸质版，电子版拷贝到硬盘按照年度命名，交由专人负责管理，纸质版则留在工作场所供修复师后期翻阅。山东省图书馆之前有打印好的纸质版表格，不需要拍照，仅填写简单信息，后来采用电子版的，年终统计绩效要求每人交一两份修复档案作为代表性工作成果。复旦大学图书馆在修复的过程中便直接形成纸质版修复记录，由于修复古籍数量较少，为保证工作效率，一般一到两年后将关键信息输入电脑，形成电子版以方便检索。

第四，各馆对修复档案的利用程度存有差异。古籍修复档案对于修复单位工作的开展以及发展至关重要，各馆对古籍修复档案的利用主要有四方面：其一，修复师通过翻阅修复档案了解以往破损古籍的修复情况，方便开展工作。其二，统计工作量，作为制定下一步工作计划的依据。其三，充分利用修复档案，实现成果转化。国家图书馆、天津图书馆以及山东省图书馆依靠修复档案或者对其进行深度加工，以著作、论文等形式留存。其四，部分图书馆利用修复档案为举办相关展览提供辅助。大多数单位对修复档案的利用停留在前面两个层面，仅有个别图书馆对其进行深度开发和加工。

三、古籍修复档案管理和利用存在的问题

由于针对“古籍修复档案记录与管理规范”，目前尚未有正式发布施行的相关标准以供参考，各图书馆在修复档案的形成管理与利用过程各有特色，但也不乏存在一些共性问题。

（一）古籍修复档案建设步伐缓慢

古籍修复档案建设步伐缓慢主要体现在两方面。一方面，我国古籍修复档案的形成晚于国外。国外图书馆对修复档案尤为重视，甚至将之保存几十年，像英、法等国家的修复档案已有上百年的历史[13]。我国古籍修复工作虽有上千年的历史，但古籍修复档案的建立起步较晚且发展缓慢，整体仍处于初步发展阶段。辽宁省图书馆作为国内较早形成修复档案的图书馆，在1992年建立的卡片式修复档案，记录了被修书籍的情况、出库时间、经手人和修复人的情况，后来又逐渐形成书本式修复档案，为科学管理古籍修复工作奠定基础。即便如此，跟国外的差距亦较为明显。

另一方面，现阶段我国各馆古籍修复档案的建设情况差异较大。古籍修复档案的规范化、科学化建设和管理并非一件一蹴而就的事情，各馆古籍修复档案形成管理工作开展得好坏与该馆古籍修复工作的发展程度有着密切的相关，需要综合考量资金、场地、人员等各个因素。在一些图书馆或因场地、资金、修复师等限制尚未开展修复工作时，天津图书馆、南京大学图书馆等已经建成古籍修复数字化系统。国家图书馆作为国家总书库、国家古籍保护中心，单独设置拍摄室，并配备专业翻拍台及高清数码相机，还为每位修复师配置小型数码相机，以便随时拍摄修复过程中的关键步骤[14]。有的图书馆虽形成修复档案时间久，但规范度不足。

（二）修复档案记录不完整和不规范

待修古籍数量大，形成修复档案耗费时间较长，再加上修复师少等原因，形成修复档案对修复师而言更多的是一种任务和负担，有的修复师对于破损程度较轻或者只需要换书皮、订线的古籍甚至不会形成修复档案，这也往往导致形成的修复档案数量与实际修复古籍数量不一致。

随着信息技术的发展，古籍修复从之前的经验修复向现阶段的规范修复转变，越来越多的新技术和新设备运用于古籍修复工作中，比如纸张白度仪、纸张耐折度仪、能谱仪、太赫兹分析检测仪、纸张厚度测定仪、纸张表面pH测

量仪、傅里叶变换红外光谱仪、纸张撕裂度测定仪等，这些新技术和新设备产生的数据可以为后续修复方案的制定与修复工作的开展提供精准的依据。但部分单位由于资金缺乏等原因尚未配备相关检测设备，而有些配有相关设备的单位，或因修复师知识技能欠缺，或因操作繁琐等原因，设备使用频率低，甚至长期处于闲置状态，如此就造成修复档案完整度和规范度有所欠缺。

由于目前尚未有统一的标准就形成修复档案的载体、写印色料、专业术语等做出说明，加之个人用语习惯，修复师在形成修复档案的过程中可能会存在言语表达模糊、用词混乱的现象。写印色料不耐久、描述不准确等也是影响修复档案识别和后续使用的重要因素。

（三）修复档案管理和保管不科学

对档案进行分类，不仅要便于区分不同档案，还要能够保持档案之间的联系，便于日后的保管和检索利用，修复档案的整理分类或命名也需要有一套固定模式，被赋予唯一对应的值。然而，现实中各单位在对修复档案进行整理时分类方法并不统一。国家图书馆以藏品号、藏品名、分卷号作为关键词对修复档案进行命名，还会添加所属修复项目或存藏科组，以及修复责任人姓名等，不仅便于区分，还使修复档案具有一定的关联性。对于纸质版修复档案，部分单位按照年度进行整理分类，有时会几年形成一本；有的则为方便检索，按照批次管理修复档案。分类或命名不统一的缺陷在人员变动时就会凸显出来，使得新人需要接受培训才能了解前期工作，亦影响了各单位之间的交流。

适宜的保管环境是确保档案安全重要因素，古籍修复档案从最初单一的文字记录发展到图片、音频、视频等多载体并存，使得对其进行有效保护日趋复杂化。现阶段，各馆大多只负责形成，不注重保管，修复档案存放于个人手中或者随便置于文件柜中，对于用作备份的光盘、硬盘也没有安全的存放环境。为了修复档案的长久保存，相关人员要重视学习档案保护的相关理论知识并积累经验，尽力为不同载体形式提供最为适宜的存放环境。

在管理利用过程中，修复档案容易因自然、人为或者档案自身等因素使实体或内容遭受损害，备份是确保档案安全的一项重要措施。大部分图书馆对修复档案进行备份，且多为异质备份。国家图书馆会将修复档案集中备份两份，每年还会将重点项目涉及的档案上传馆档案室备份，同时打印提交纸质档案。陕西省图书馆将原件交由主管，根据自身情况选择是否保留备份。北京大学图书馆电子版修复档案，另有光盘备份。但是也有图书馆只形成纸质版，不再额外备份，如此就不利于修复档案的长久留存。

（四）修复档案数字化平台各自孤立

我国图书馆系统古籍修复档案的形成模式基本经历了纸质记录和电子记录两个阶段，建设数字化系统是接下来的一项重要工作。现阶段，古籍修复档案数字化平台的建设整体上处于初步发展阶段，笔者调研的单位中仅有国家图书馆、浙江图书馆、天津图书馆等少数图书馆拥有自己独立的数字化系统。

国家图书馆已经建成包含用户操作界面系统、修复档案处理系统、管理系统和数据库系统四个部分的“古籍修复档案管理系统”，具有内容简明、保密性强、使用方便、检索效率高的优点，可随时调取，为日后的修复工作留下宝贵的参考资料和研究信息[15]。浙江图书馆建立的古籍修复数据库，实行权限管理，仅分管领导、修复师或部分专家才能访问。天津图书馆参照国家图书馆，将古籍修复过程与版本鉴定、纸张纤维研究分析以及文献修复与装帧结合，建成“天津图书馆珍贵古籍整理、保护与研究项目管理系统”，包含修复档案系统、音视频档案系统以及用户管理系统三部分，其中修复档案系统分成六个相对独立的功能模块，“档案基本信息模块”“修复档案信息模块”两部分参考依照国家图书馆“古籍修复档案管理系统”模式进行设计[16]。清华大学图书馆针对西文和现代文献修复开发了专业系统，能实现安全管理、维护、更新和跟踪，还可以多人协同操作，并且可以进行数据调用、统计，最终自动生成修复报告。

对于各单位来说，修复档案数字化管理系统实现了自动化和高效检索。但是各系统基本独自为营，虽然考虑到保密的需要，但不利于馆际之间交流学习，同时也影响今后古籍修复档案管理数字化平台建设时数据的兼容与衔接。

（五）修复档案利用程度低

通过利用古籍修复档案可以发挥其自身价值，实现对古今交流桥梁的搭建，修复技艺的传承，还可以更好地检验、监督修复档案的形成与管理工作。而当前各单位在利用上普遍存在利用主体单一和利用方式单调的问题。

由于古籍修复档案的形成者多为修复责任人，其利用者也主要是修复师本人或者修复单位，主要用于后期翻阅查看以及工作统计汇总，部分图书馆利用修复档案发表论文著作或举办展览。比如国家图书馆对三件早期雕版印刷佛经的修复与保护过程进行文字转述，写成《国家图书馆三件早期雕版印刷佛经修复与保护》；万群在编著《天津图书馆藏敦煌遗书残片的保护修复》时将修复过程中所形成的修复档案作为资料补充；山东省古籍保护中心对宋刻本《文选》修复项目进行记录、整理与总结，编成《蝶变记——山东省图书馆宋刻本〈文选〉保护与修复研究报告》；浙江图书馆古籍修复中心举办古籍修复档案展，展示古籍修复成果；由国家图书馆联合全国各省级古籍保护中心共同举办的“妙手补书书可春——全国古籍修复技艺竞赛暨成果展”，在展出修复竞赛作品和珍贵古籍修复成果的同时，也展出了古籍修复工具设备、修复用纸等实物；由国家图书馆主办的“妙手传天禄　丹心鉴古今——国家图书馆藏清宫‘天禄琳琅’修复项目成果展”，不仅通过修复前后照片对比展示修复成果，而且还配合展出修复过程中制作、选配的材料和工具等。

古籍修复档案作为修复工作中直接形成的原始记录，仅古籍收藏单位内部查阅或者结集出版、举办展览等不足以使其凭证价值和参考价值得以最大的发挥，需要发掘和拓展更多的利用和宣传渠道，使古籍修复这项传统工作为更多人所知。

四、古籍修复档案管理和利用优化措施

为更好地推动古籍修复事业的发展，需要在中央统领下，协同古籍各有关部门单位，从人力物力、政策法规、系统平台等多方面着手建设修复档案。

（一）政策和经费保障，提高职业认同感

2007年国务院办公厅印发《关于进一步加强古籍保护工作的意见》为古籍保护工作提供有力支持，而2022年中共中央办公厅、国务院办公厅印发《关于推进新时代古籍工作的意见》为其发展带来新的机遇。修复档案的形成作为古籍保护与修复工作标准化、规范化与科学化的重要表现，同古籍工作的顺利开展密切相关。修复人才短缺与资金供给不足是造就修复档案形成与管理不规范的两个重要原因，是各级部门应该首先予以关注和解决的问题。

《关于推进新时代古籍工作的意见》中将凸显古籍工作在传承和弘扬中华优秀传统文化中的地位作为新时代古籍工作主要目标之一，既大大提升了社会对古籍修复师这一职业的认同感，也赋予古籍工作者强烈的责任感和使命感。各单位应该结合自身实际情况完善用人机制，保障古籍修复师工作待遇，维护其权益。由于待修复的古籍大多破损严重，修复师存有被细菌、霉菌等有害微生物感染的风险，各单位可以通过定期组织健康体检、发放福利待遇等方

式,提升其职业幸福感。

不管是现代古籍修复档案系统的开发和购置、修复配纸时纸张性能监测数据需要用到的科学监测设备,还有人员培养、单位间合作等,都需要经费支持。有关单位要统筹规划,有效采取措施落实相关工作,为各修复单位配备必要且充足的人力与财力,推动古籍修复事业向前发展。

(二)多管齐下,建设精良修复队伍

我国古籍修复师群体的规模逐渐变大,但如何建设一支质量高的修复队伍仍是目前甚至很长一段时间所需解决的问题,相关部门可采取一定措施培养一批修复精英。

第一,注意吸纳和培养具有物理、化学等专业背景的复合型人才。修复档案的建立看似准入门槛低,但修复前的内容研究、科学检测、纸张选配,修复中的实施操作,需要具有物理、化学、材料学、古籍保护与修复等专业背景的复合型人才。科学化的档案编制和管理,是科学修复的基础性工作,也为后续的研究工作和成果落地做准备。

第二,持续推进馆校合作,加强理论与实践的密切融合。到 2022 年 4 月,我国已经有 37 所院校开设纸质文献修复类课程[17],可以鼓励高校与图书馆联合培养修复人才,由图书馆为高校专业学生提供实践基地,借助实践平台更好消化吸收理论,培养一批理论扎实且技术过硬的新生代修复人才。

第三,加强在职人员的培训,注重培训质量。国内举办的修复培训班数量多且内容丰富,但一些培训由于培训周期短,存在新手收获有限、培训资源利用不足的问题。培训班主办方在组织培训时,要注重内容的针对性,要使修复师认识到修复档案的重要性,培养其档案意识,在修复档案规范填写、所涉及的相关内容和技术操作等方面多下功夫。

第四,加强图书馆系统内部及与博物馆、档案馆、信息科技部门等的交流。加强交流对于古籍修复档案的完善大有裨益,比如:陕西省图书馆在 2016 年根据文物系统规范对记录内容进行过一次调整;云南省图书馆汲取国家图书馆、山东省图书馆以及浙江图书馆的优点,进一步完善本馆古籍修复档案的模板;甘肃省图书馆在 2019 年去天津、北京、南京进行交流,参照他馆经验对馆内修复档案进行修订。此外,随着科技的发展,修复工作不再是以往的纯手工修复,更多的现代化仪器如白度仪、测酸仪等被运用于修复工作中,所以还要注重同设备研发部门的交流,细化修复档案模板内容。

（三）因“地”制宜，构建完善修复工作标准体系

因“地”制宜，不仅要从整体上构建具有我国特色、适合我国古籍修复工作的标准体系，各修复单位还要构建适合本单位修复工作的标准体系。

《“十三五”时期全国古籍保护工作规划》要求积极推进国家古籍保护立法工作，做好与《中华人民共和国文物保护法》等相关法律的区分和衔接，《关于推进新时代古籍工作的意见》也指出在制定修订文化、教育、出版等领域相关法律法规时注意体现繁荣发展古籍事业相关内容，鼓励有条件的地方出台加强古籍工作的地方性法规。江苏省镇江市于 2017 年 7 月 1 日起施行的《镇江市古籍保护办法》作为国内第一部关于古籍保护的政府规章，明确古籍收藏单位要履行“建立完备的古籍保护工作档案，包括古籍目录、接收档案和修复档案等”职责。有关部门要依据规划或意见要求，鼓励或选取部分地区优先试行，然后普及推广，将修复档案的形成管理工作纳入法规体系。

古籍修复档案形成与建立方面的相关标准亦日趋完善，2001 年由国家图书馆起草的《古籍修复技术规范与质量标准》（WH/T 14—2001）（已废止）已有涉及，在此标准基础上编制的现行国标《古籍修复技术规范与质量要求》（GB/T 21712—2008）对修复档案的内容项又增补了书叶厚度及 pH 值等数据，纤维标本，摄制修复前、修复中及修复后的影像资料，但其还尚不能作为具体指导修复档案形成与管理实际工作的准则。《古籍保护修复档案记录规范》虽对古籍修复档案记录内容原则、记录介质、文字、档案文本内容记录、影像信息采集、检测分析报告、建档及归类方式以及档案记录维护人员等提出建议，但目前尚未发布施行。因此，有关部门单位要积极推进标准的制订与施行，规范古籍修复档案的形成与管理，构建完善古籍保护工作标准体系，促进古籍事业的和谐发展。

除了需要法规、规范的约束，各修复单位也应就“规范形成与安全管理修复档案”专门制定规章制度，确保修复档案的规范形成以及形成管理过程中修复档案的安全。修复档案作为涉及文本、照片、录像等多载体形式的信息记录，以及用于备份的光盘、硬盘，影响其安全的因素很多，既有可控因素也有不可控因素，对于前者应尽可能地规避，而对于后者也应事先制定应急预案，防患于未然，将损失降到最低。各修复单位应参照《照片档案管理规范》（GB/T 11821—2002）、《电子文件归档与电子档案管理规范》（GB/T 18894—2016）、《档案数据硬磁盘离线存储管理规范》（DA/T 75—2019）、《磁性载体档案管理

与保护规范》（DA/T 15—1995）等内容为其提供一个安全的保管环境。

（四）科技赋能，推动修复档案共建共享

数字化系统可以集文字、照片、影像等于一体，通过信息技术关联各载体形式修复档案，生动再现古籍修复的全过程，为研究古籍修复技术提供重要材料，建设数字化修复档案系统对于古籍修复的科学规范开展至关重要。围绕大型古籍修复项目的推进，建设全国性质的修复档案的数字平台或者操作系统，如同为古籍修复建立一个"医疗方案库"，不仅可以对修复专家当前的材料选择、操作技法等修复工作起到重要辅助作用，还可为后世的修复专家提供参考，大大提高修复工作的效率。

但是系统的建设离不开资金和技术的支撑，可以由相关部门牵头，协调各馆和有关单位，参考借鉴国家图书馆、天津图书馆等的经验，以"古籍修复档案的规范形成与管理"为宗旨，建立全国性的多功能古籍修复档案联合系统。通过此系统，加强古籍修复业界的整体协调，对修复情况等相关信息进行分析判断和动态监测，全面掌握各馆或全国古籍修复情况，研究、总结先进修复技艺与经验，推动古籍修复事业的高质量发展。

（五）深度开发，彰显修复档案价值

除了辅助日常工作开展，以论文著作以及展览等形式凸显修复档案的价值以外，修复师以及修复单位还可以继续挖掘其潜在价值，扩大利用主体范围，丰富利用手段，实现其价值增值。一方面，可以由相关部门定期组织进行优秀修复档案案例评选活动，并将优秀案例汇编成书。目前已有单位对古籍修复案例过程进行梳理总结，编写成书，但非普遍现象。通过评选，不仅可以引起有关单位和修复师对修复档案的重视，强化其档案意识，充分调动其工作积极性，修复档案的质量也有所保证，而且将评选案例汇编成书，可以作为高校教学以及在职培训的教材资料。另一方面，与新媒体结合，充分发挥修复档案的宣传作用。当前修复档案的利用手段仍以传统方式为主，信息时代下可将古籍修复档案与新媒体结合，修复师可以利用微博、豆瓣、抖音、哔哩哔哩等平台记录分享修复日常，让社会公众进一步了解古籍修复事业与古籍修复师的使命。

各收藏单位应始终明确利用是形成与管理修复档案的落脚点，要充分利用好修复档案，对其进行深度开发与加工，最大限度挖掘、发挥其潜在价值。

五、结论

古籍修复档案的建立与发展体现出古籍工作的开展更加规范化与科学化，它的存在对于保护古籍本体，搭建古今交流桥梁，传承修复技艺具有重要意义。现阶段我国古籍修复档案建设工作整体尚处于初步探索阶段，各馆之间发展差异明显，对于修复档案的形成与管理也存有一些共性问题，需要多方联手，从政策、法规标准、人力资金等方面着手，多管齐下，从而进一步推动古籍修复事业高质量创新性发展。

致谢：感谢国家图书馆、首都图书馆、山东省图书馆、浙江图书馆、甘肃省图书馆、广东省立中山图书馆、宁夏回族自治区图书馆等单位从事古籍修复老师对文章前期调研的支持和帮助。

（霍艳芳，山东大学历史学院副教授；薛艳春，山东大学历史学院图情专硕；杨林玫，山东省图书馆副研究馆员）

参考文献：

[1] 李际宁 . 关于建立古籍修复档案的几点想法 [M]// 中国国家图书馆 . 中文善本古籍保存保护国际研讨会论文集 . 北京：北京图书馆出版社，2002：255-264.

[2] 杜伟生 . 阐释《古籍修复技术规范与质量要求》[J]. 国家图书馆学刊，2006（3）：19-25.

[3] 王阿陶，许卫红 . 古籍修复档案内容设置及其重要性探析 [J]. 档案学通讯，2010（5）：68-71.

[4] 杨居让 . 古籍修复“划栏补字”再思考 [J]. 当代图书馆，2016（1）：49-51.

[5] 袁东珏 . 古籍修复工作中值得注意的几个问题 [J]. 四川图书馆学报，2007（4）：78-81.

[6] 魏清 . 浅谈古籍修复与技术 [J]. 晋图学刊，2007（2）：39-42.

[7] 张素梅 . 浙江图书馆古籍修复中心面向市民开放——记 2010 年杭州品质生活体验日活动 [J]. 图书馆研究与工作，2010（2）：17.

[8] 欧阳周霞 . 浅谈江西省公共图书馆古籍保护工作 [J]. 南方文物，2010（2）：144-145.

[9] 陈福蓉，王琼，唐咸明 . 地方高校图书馆古籍修复工作探索——以广西师范大学图

书馆为例 [J]. 大学教育，2012（1）:22-24.

[10] 夏兆可 . 古籍文献修复现状浅议——以苏州大学图书馆为例 [J]. 科技情报开发与经济，2013（4）:42-44.

[11] 潘健 . 从实际工作角度谈谈古籍修复档案的设立与研究——以《论语集注》的修复为例 [J]. 四川图书馆学报，2015（2）:79-83.

[12] 王斌 . 浅谈古籍修复档案的建立 [J]. 科技情报开发与经济，2012，22（4）:20-22.

[13] 张美芳，张松道 . 文献遗产保护技术管理理论与实践 [M]. 长春：吉林文史出版社，2009:116.

[14] 国家图书馆古籍馆 . 国家图书馆藏法帖修复与保护 [M]. 北京：国家图书馆出版社，2021.

[15] 国家图书馆古籍馆 . 国家图书馆三件早期雕版印刷佛经修复与保护 [M]. 北京：国家图书馆出版社，2019:63.

[16] 万群 . 天津图书馆藏敦煌遗书残片的保护修复 [M]. 北京：学苑出版社，2019:179-195.

[17] 宋鹏 . 新中国成立以来纸质文献修复实践与理论发展研究 [D]. 辽宁大学，2022.

中日韩传统书籍装帧形式比较研究

A Comparative Study of the Traditional Bookbindings in China, Japan, and Korea

夏阳洋　蔡梦玲

摘　要：早期的日本和古朝鲜书籍均以汉字书写，且中日韩三国的传统书籍装帧形式具有很大的相似性，给拥有这些馆藏书籍的单位或收藏者造成了书籍来源与版本鉴定和保管、修复、装裱等方面的挑战。本文在分析中日韩书籍从卷轴到册页，再到西式装帧的整体发展脉络的基础上，梳理各国因文化偏好、市场需求、材料特性、技术发展等因素形成的独特的书籍装帧形式或独具特色的形式结构。通过认识中日韩不同书籍装帧形式所具有的文化和技术特征，不仅能为东亚书籍的版本鉴定、保管、展览、修复等提供参考，而且有利于在借鉴日本、韩国传统书籍装帧特点的基础上进行思维开拓，在开展当代书籍装帧设计的同时实现东亚传统装帧文化的可持续发展。

关键词：书籍装帧；装帧特色；卷轴装；经折装；线装

"装帧"一词是由丰子恺先生于1928年从日本引入，原指将多帧折叠后的纸装订，并附上书皮的过程[1]，现多与古代使用较多的"装潢""装池""装治"等词相对应，包括艺术表现、物质材料、工艺技术等多方面。《尚书·多士篇》中记载"惟殷先人，有册有典"，虽难以考证我国是否自殷朝就有册书典籍，但可以确定，我国书籍装帧起源较早，并随时代和科技的发展，经历了多个阶段的演变，呈现出不同的时代特征。日本和韩国的书籍装帧形式在几千年前与我国的宗教、知识和文化交流中受到极大影响，在保留与我国书籍装帧形式存在的共同点的同时，依据各国的特色，发展出了很多不同的特征。本文将在简要梳理中日韩三国传统书籍装帧形式演变历史的基础上,总结归纳其发展过程和装帧结构的相似与不同之处,以期为东亚书籍的版本鉴定、展览、保存和修复装裱等提供依据,同时能够从书籍装帧的角度窥探中日韩三国之间的文化交流与互鉴。

一、中国书籍装帧形式演变过程

在纸张出现之前,中国的非字母文字除了出现在陶器、青铜、石头等非书籍上,用毛笔和油烟墨写在薄竹条或木条上,并用麻绳或丝线等按顺序固定形成的简牍被视为中国最早的书籍形式。由考古发现的战国早期墓葬——曾侯乙墓中的竹简可知,该种书籍形式最晚在战国时期就已出现。几乎在竹简和木牍被使用的同时期,轻便柔软、易于着墨但价格昂贵的帛书也成为一种书籍形式。先秦时期的文献,如《墨子》《韩非子》等多次提及"竹帛"一词,且根据目前发现最早的帛书——出土于湖南长沙子弹库的楚帛书[2],可知人们在公元前3世纪之前就已会在缣帛上书写和绘画。无论是简牍还是帛书,其从右到左竖向书写的方式和卷起存放的保存方法都对之后纸质书籍的装帧形式产生了重要影响。

东汉改良的造纸术出现后,竹、木、帛与纸张共同作为书籍的载体材料,且仍以竹、木、帛为主。直到东晋时期,纸张才基本代替了其他材料。早期的纸书沿用了简牍和帛书的卷子装形式,形成了最初的卷轴装。一直到隋唐五代(10世纪左右),这期间最通行的书写方式和装帧形式始终是单面书写的卷轴装。简装的卷轴装只以一根圆木为轴,有时甚至不用轴,直接将纸张从左向右卷起;精装不仅由卷、轴、褾、带四个部分组成,而且会使用各种饰品,如晋代会用珊瑚、金属、玳瑁、旃檀等来装饰轴头[3]。唐朝时期(618—907),出现了将纸张按一定宽度连续折叠而成、并在前后都附有封面的经折装形式。该种书籍装帧形式源于卷轴装,区别于梵夹装:始于隋朝时期(581—618)对古印度人书写在贝多罗树叶上、用夹板的形式以绳穿订而成的装帧形式的称谓[4],后在中国也多见于用梵文、藏文、蒙文等横向书写的贝叶或纸质经文。由多张书叶粘于长条底纸上形成的旋风装是盛行于唐朝的另一种源于卷轴装的书籍装帧形式[5-6]。由于唐朝诗歌追求声辞和谐,诗歌音韵类著作大量涌出,但传统卷轴装不便于人们作诗时快速查找韵部,于是唐人将卷轴装改进为内含多页、各页独立的旋风装,使其更符合当时人们的使用需求。对于旋风装是否和龙鳞装或鱼鳞装是同种形式，尚存争议[7-9]。因大多数旋风装书籍可能在宋代经过了重新装帧，现存该种形式的实物很少，但该种形式和经折装无疑都是卷轴向册页过渡时产生的书籍装帧形式。据敦煌遗书实物考证，唐末至两宋时期还曾出现过被视为两宋时期册页装的原型、雏形或折中样式，但因使用时间短故尚未普及，如今无法对其进行客观描述与定义。

唐朝出现的雕版印刷术在宋朝（960—1279）得到空前发展。进入北宋后，雕版印刷作为官刊，一版一刊的蝴蝶装也由此成为流行于宋朝的主要书籍装帧形式，到元、明仍在使用[10]。在敦煌地区发现的唐朝实物证明，最迟在7世纪末出现了类似蝴蝶装的粘叶装[11]。蝴蝶装是将书口向内进行对折，在书口反面书脊处用浆糊逐叶粘连在一起，再用较厚的纸作为书皮粘在书脊处，导致阅读时会有空白页出现，因此在南宋中后期出现了包背装。粘叶装也是用浆糊粘合书叶，但通常使用厚纸进行双面抄写，因此阅读时不存在空白页[12]。黑水城出土的西夏写本中还保留有粘叶装的形式。包背装在元朝（1271—1368）和明朝（1368—1644）中期之前得到了广泛运用，并一直沿用到清朝（1636—1912）。包背装是将版心朝外对折，用纸捻穿订，裁齐边缘后在书脊处用浆糊粘上书衣，因此经常翻阅后容易散叶，到明朝中期被线装所取代。根据一些考古实物证明，我国于唐末五代就已经出现了用线绳在书背处穿订书叶的书籍形式[3]，称为缝缋装或缝缀装，是线装的早期形态。该形式发展至北宋因其线绳经久易断裂的缺点而被蝴蝶装所取代。北宋时期敦煌地区甚至出现了蝴蝶装样式的线装[13]。在此基础上于明朝发展出来的线装形式，在以纸钉固定好的书叶前后各加一张相同大小的封面，经压平、裁齐、打眼（一般按书长1:3:2:3:1的位置打四眼，大开本的书籍可能是四眼、五眼、六眼或七眼）、穿线，在今天仍有使用，与唐末出现的装帧形式有明显区别。前朝许多其他装帧形式的书籍甚至在明朝被改成了线装形式。此外，还有一种出现于明朝中期的形式——毛装。毛装是将书叶像包背装一样折叠，但不裁齐三边，上下加书皮后打两眼或四眼用纸捻穿订。该形式在清朝至民国时期使用较多。

自纸书出现以来，一直到宋元之前，书籍用纸多以麻、皮类植物原料为主。宋朝书籍用纸呈现出多样性特征，大多以当地或附近植物为原料。到元朝时期，由于交通的改善和书籍出版需求的增长，廉价的竹纸被广泛运用于书籍印刷领域。直到民国时期,竹纸依然是主要的书籍用纸。此外,明清时期以青檀皮和稻草为主要原料制成的宣纸使用也较多,并沿用至今。纸张的特性影响了书籍封面的类型。由于中国书籍使用较多的宣纸、竹纸等相较于日本、韩国常用的楮皮纸更加柔软,所以中国书籍的封面通常很薄,线装书使用的线绳(通常是未经染色的丝线或棉线)也更细软。考虑到书籍用竹纸老化后易发脆,在明清时期出现了一种主要用于保护破损书籍的装帧形式——金镶玉。

19 世纪后期,日本和西方商人将平版印刷术、西方铅字印刷术和印刷机引入中国,铅印平装的装帧形式逐渐代替了线装,由此改变了中国的传统书籍装帧形式[14]。20 世纪的中国书籍开始趋同于西方书籍形式。西方的装订技术和装饰风格被引入,由木浆制成的机器纸取代了传统的手工纸,20 世纪二三十年代的书籍文字由传统的竖排变为横向排列[15]。到 20 世纪末,电子书开始逐渐成为新一代的书籍形式。中国各朝代书籍主要装帧形式的整体演变过程如图 1 所示。

二、日本书籍装帧形式演变过程

日本在 5 世纪末中国佛教、儒家和医学文献传入日本之前,没有属于自己的文字体系。作为东亚佛教以及儒家传统思想的传播语言,中文从开始到 19 世纪一直都是日本书籍文字的核心。最初传入日本的儒家和佛教经典,大多以卷子或卷轴的形式存在。在 7、8 世纪,大量的中国佛教文献被僧侣带回日本,并经抄写复制保存、使用、传播。

日本书籍的传统装帧形式主要有以下几种[16]。现存最早的日本书籍装帧形式是由多张纸粘合而成的卷子装(Kansubon),如现存 7 世纪的佛教经典《经卷(Kyōkan)》。日本从公元 600 年遣隋使访隋开始,历经飞鸟(593—694)与奈良时代(710—794),唐灭隋后,日本又先后组织十几次遣唐使团,大规模地学习并引入唐朝各行业的知识及技艺,从而促进了当时日本社会的发展。至奈良时代为止,该时期的日本文化主要移植唐文化,故被誉为“唐风文化”。受遣唐使制度的影响,平安(794—1185)初期尚属于唐风文化,日本以唐盛行的卷子装为模板学习其装帧方式。虽然卷子装的主体地位在平安时代被其他形式所取代,但在镰仓时代(1185—1333)及之后,该形式有时仍被用于佛教文本、绘画和插画本等。

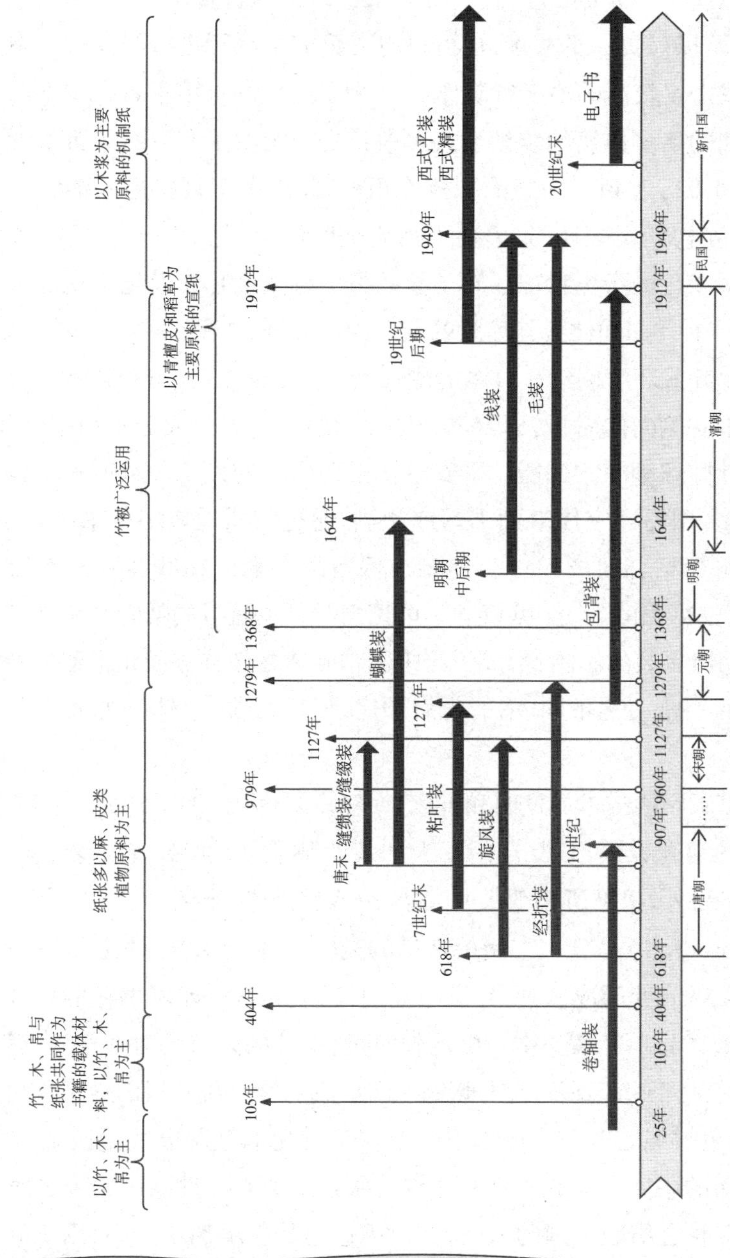

图 1　中国各朝代书籍主要装帧形式演变历程

在传统卷子装的基础上演变出两种形式。一种是从平安时代到19世纪都普遍流行的折本（Orihon）形式。将一张长纸来回折叠，在上下两侧附上封面和封底，既可以一页一页阅读，也可以将书籍完全展开进行阅读。折本多用薄的楮皮纸或密度较高的薄卡纸制作[17]。平安时代的日本学者大量学习及效仿从中国带回的诸多典籍的装帧形式。中日之间的学术交流对于折本形式在日本的发展和流行起到了一定的积极作用。同时，由于日本进入雕版印刷时代较迟缓，平安初期至中期，卷子装未被完全取代，因此平安时代的日本装帧形式呈现出多元化的历史特征。卷子装的另一种变形是9世纪出现的折本的变体——旋风叶（Senpūyō），其另附的前后封面相连，折叠的书叶可展开呈环状，同样可以逐叶或环绕阅读。日本的蝴蝶装（Detchōsō）也出现在平安时代。将单叶按文本一侧向内对折，沿着书脊堆叠、粘合，上下封面分别与书叶相粘合，翻阅时书叶即像蝴蝶的翅膀。平安时代中期出现的另一种类似蝴蝶装的形式是粘叶装，多用写经字体双面书写或印刷，通过将质地较厚的书叶对折，在折口处涂上浆糊粘合而成[18]。目前日本保留最古老的粘叶装手抄本为空海于806年从长安带回的《三十帖策子》，可见当时日本盛行的粘叶装是受到中国唐末五代时期册页装的影响，形成了与中国粘叶装在粘接方面相类似的特征。但由于两国的书籍文化不同，书的先后顺序、所用纸张、字体等方面又具有不同的特点。

随着木版印刷技术的发明和推广，在江户时代（1603—1867）达到了鼎盛，日本独特的缀合方式出现，产生了大和装四眼装、康熙装、龟甲装、麻叶装、唐本等种类。另外，根据所用纸张的大小，分为美浓本、半纸本、中本、小本等。袋缀装（Fukuro Toji）是日本书籍最常见的装帧形式，于室町时代（1336—1573）从中国传入后演变而成。到16世纪晚期，已成为日本印刷书籍的标准装帧形式[19]。该形式将单叶按文本一侧向外对折，书叶的开口处对齐作为书脊，用纸捻从前往后穿订并绑于书后，由此每一叶形成一个小袋。封面通常用再生纸制成，并用染色线绳将其与书叶缝在一起。最常见的缝制方式是四眼（中式，但上下两眼间的中间三段是等距的）或五眼（韩式），有时也可达十二眼。日本的线装书有时会仿照中国的风格，在上下边角处各增加一个眼，用于固定边角或装饰。该种线装的装帧形式流行于室町时代末到明治时代（1868—1912）。另一种袋式的装帧形式为单页书写的结缀装（Musubitoji）或大和缀（Yamato Toji），通过在书脊附近打四个或两个狭长的孔，用扁绳或纸捻从后往前穿过一对孔，在正面以方结固定。现存实例表明该形式可追溯到12世纪。大和缀与流行于中国北宋时期的蝴蝶装的单页印刷和包背装书叶外折的装帧方式极为类似，可见平安中期日本上流社会仍热衷收集宋版图书，并效仿其装帧方式。可以说，大和缀形式就是中国宋朝雕版印刷册页装在日本的映射。在效仿了宋版书的装帧形式后，在日本国风文化的影响下，采用和纸作为书籍封面并使用组纽系结固定，由此大和缀才算真正定型。双面书写的缀叶装（Tetsuyōsō）或列帖装（Retsujōsō）流行于平安时代末到江户时代[20]39。该形式最早出现于中国7世纪的敦煌地区，但在中国没有得到广泛使用。通过将书叶每五叶对折形成一个小册子，在每个册子的对折处打眼，用线将多个册子缝制在一起形成书，并在上下两侧另附封面。日本的故事书和诗歌集多用该种装帧形式。账簿式的线装在江户时代尤其普遍，这类书籍的宽度更长。江户时代虽也有卷子装、折本、蝴蝶装和大和缀形式，但由于制作成本，这些形式多用于佛经、手稿和书画，在木版印刷书籍中并不常见[21]。除了以上几种主要的书籍装帧形式，日本还衍生出几种比较少见的形式，包括：折叶装（Tatamimono）、单叶装（Tan'yōsō）、包背装（Hōhaisō）等。与中国相比，日本朝代更迭缓慢，没有反佛教运动的影响，使得早期的印刷文本得以完整地留存至今。

19世纪80年代明治维新时期，日本书籍开始由纯手工向机器印刷转变，日本洋装本迅速得到普及[22]，传统线装逐渐变为硬面西式装帧，并在融合中、西方书籍装帧的形式、技术和材料的基础上，发展出了更加多样的装帧类型，如：穿线平装、环衬与瓦楞纸封面粘合的四六版西式装帧，用进口布料做书脊的“南京装帧”，以及裱布软皮装帧、裱布硬皮装帧、平结装订菊版、菊半裁版、四六版平装本等形式[23]。由于当时日本拥有强有力的中央政府，加上人们的宗教信仰和印刷业革命，早期的日本现代印刷文化可以与欧洲相媲美。日本书籍主要装帧形式的整体演变过程如图2所示。

日本书籍装帧形式多样，其特点与所用纸张的特性、书写或印刷方式，以及市场需求等紧密相关。日本从7世纪开启了手工造纸的历史。奈良（710—794）至平安时代以麻纸的使用为主[24]，并在奈良时代已出现在麻料中混以雁皮纤维的实例。平安时代中期905年颁布的《延喜式》法令条文中，已记载了使用麻、麻布、楮皮、雁皮等材料进行造纸的技术[25]。到16世纪末，三桠皮开始作为造纸原料出现；19世纪70年代，日本开始制造以木浆为原料的机械纸；到20世纪初，开始制造机械和纸[26]。日本书籍的一般尺寸是由纸张大小决定的，通常为 230mm × 160mm（半纸）[18] 和 280mm × 200mm。除了制作高质量书籍所用的韧性较强的楮皮、雁皮和三椏皮之外，再生纸或用植物外皮制作的低级纸张也会用来制作书籍。虽然再生纸制书在 7 世纪就已出现，但到江户时代更为普遍。此外，木版印刷术在 8 世纪就已从中国传入日本，虽然活字印刷术于 16 世纪末由欧洲和古朝鲜引入日本，但直到 19 世纪 90 年代，木版印刷得益于其突出的经济优势而一直占据主导地位，后被西方金属活字印刷技术和机械印刷机所取代 [21]。书籍封面的设计和装饰，则反映出整体市场的需求和人们艺术审美的变化。在江户时代，随着出版业的发展，书籍封面开始由简单的棕色或蓝色纸演变为更具艺术性的设计，有时颜色会根据内容的不同而有所差异 [20]58。受西方资本主义影响，日本迫切希望向现代化社会转型，于是不断吸收欧洲文化。在 17 世纪，书籍封面的设计更加精致，出现了经压纹或抛光的封面。到 19 世纪，书籍更加普及，封面上出现了更加引人注目的彩色印刷图案。但受“民艺运动”的影响，在西方文化浪潮的席卷下，日本工匠仍有意识地保留了日本传统的文化审美，并将其运用于书籍封面中，如木刻浮世绘版画等 [21]。

三、韩国书籍装帧形式演变过程

与日本一样，朝鲜半岛在引入汉字以及佛教和儒家的经典之前没有自己的文字体系 [27]。直到 1443 年，谚文得以正式使用。虽然韩国的书籍装帧形式大体上也是沿袭了中国的传统，但在书籍的外观、用纸、印刷技术等细节上都有其独特的风格，展示了在利用当地原材料基础上的不同工艺和技术的演进。

卷轴装（Gweonjabon 或 Gweonchukjang）是韩国传统书籍装帧形式中最早的形式，从统一新罗时代（前 57 年—935）到高丽时代（918—1392）都被普遍采用 [28]。现存的朝鲜半岛早期卷轴装多为佛经手抄卷，是由多张纸粘在一起形成长卷，不会在后面粘连一张底纸。在纸张粘合处会标明数字或加盖铭文或签名，以便制作卷轴时能正确排叶。普通卷轴背面的右侧通常附有呈矩形的未染色纸质或丝质封面（褾），佛经卷轴的褾则用深蓝或棕色纸。在庆尚北道庆州市的释迦塔中发现的《无垢净光大陀罗尼经》是经木版印刷在桑皮纸上，可能制作于新罗王国。结合文本内容中使用了武则天创造的特殊文字，说明中国和朝鲜半岛在 8 世纪已开始了佛教经典的交流与传播 [29]，同时也证明当时朝鲜半岛已有木版印刷技术和桑皮纸制造技术。在 8—9 世纪期间，朝鲜半岛的许多书籍、艺术品和奢侈品等都是从中国进口，僧侣和学生也会前往中国学

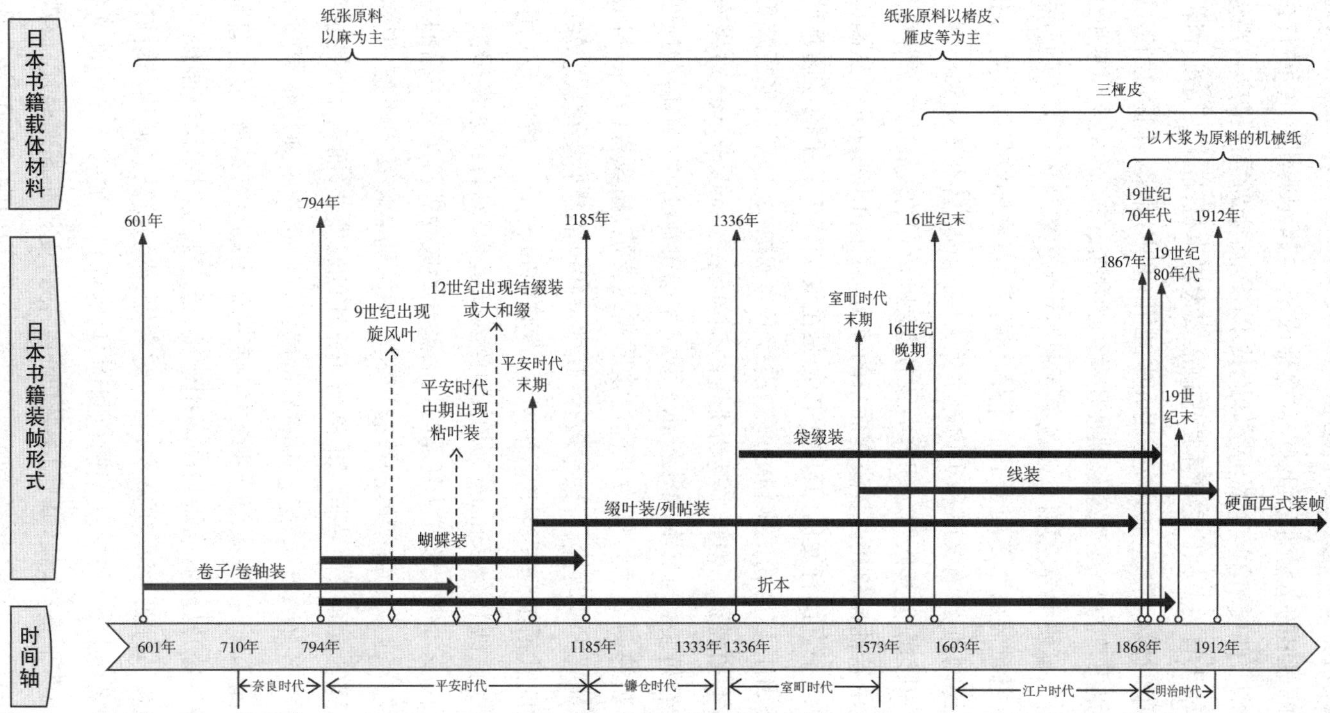

图 2　日本各时期书籍主要装帧形式演变历程

习佛教和儒教等知识，经济和文化上的交流为古朝鲜学习中国的技艺和装帧形式提供了便利。根据文献记载，13 世纪朝鲜半岛已出现活字印刷技术[30]，但无实物留存。现存的最早的金属活字印刷作品是形成于 14 世纪清州兴都寺的《白云和尚抄录佛祖直指心体要节》。金属活字印刷技术在朝鲜半岛得以推广主要与当时书籍的需求量较小有关。相比之下木版印刷需要大量木材，且木版更难存储，易被烧毁。朝鲜王朝时代（1392—1910）采用和中国相同的用褾带、牙签和别签的颜色来区分不同类别书籍的方法：儒家经典使用黄色的褾带、白色的象牙别签和红色的象牙牙签；历史文献使用青色褾带、蓝色象牙别签和绿色象牙牙签[31]。随着书籍装帧形式的发展，卷轴装后来多用于书画作品。虽然佛经在朝鲜半岛早期的书籍种类中占有较大比例，但没有文献和实物表明梵夹装的形式曾在古朝鲜出现。尽管未采用该种装帧形式，但其依然对朝鲜半岛书籍装帧形式的发展造成了潜在影响。

可能是由卷轴装和梵夹装演变而来的经折装（Jeolcheopjang）从高丽时代中期到朝鲜时代一直都有使用，其中手抄经是主要的代表。手抄经通常使用高质量的靛蓝纸，用掺以金粉或银粉的颜料进行书写或描绘。此外，经折装也经常用于书画的拓本和画册。朝鲜半岛历史上的旋风装（Seonpoongyeop）极有可能是封面相连的经折装（与日本的 Senpūyō 形式相似），在朝鲜王朝后期地图的装帧中可见旋风装的例子[28]。作为一种过渡形式的装帧，蝴蝶装（Hojeobjang）的抄本主要来自朝鲜王朝时代，且数量较少，其中一些可能经后期重新装帧变为了线装。从高丽时代后期到朝鲜王朝初期，包背装（Pobaejang）被广泛采用，但现存实物同样较少。线装（Seonjang）从中国传入朝鲜半岛后，很快发展出一种极具特色的装帧代表。线装形式从高丽时代后期开始成为朝鲜半岛书籍的主要装帧形式，且备受欢迎[32]。古朝鲜的线装形式与中国的装帧技术类似，但在部分样式、装饰、线绳等方面有所不同，如：通常不采用四眼线装，而采用五眼或七眼；朝鲜时代才出现竖直的界栏；版心中间的鱼尾在不同年代出现黑鱼尾、花瓣鱼尾、线鱼尾等不同的样式[28]；大部分线装书封底的最下端会有结线，表明缝制是从书籍背部的最下端开始的；书籍封面多用丝绸、桑皮纸或旧书用纸制作，总体而言比中国的线装书封面更硬、更坚实，有一定光泽，典型特征是使用经黄檗、橡子或栀子染色的黄色封面，有时使用蓝色封面，且封面尺寸通常大于内部文本，四边向内折叠，裁剪平整；木版印刷图案装饰的书籍封面始于高丽时代，但现存实物多源于朝鲜时代[33]，图案包括：动植物、几何图形等；线绳一般由麻或棉制成，染以红色或蓝色，后涂以蜂蜡，所以韩国的线装书用线通常比中国和日本的粗。

除了以上几种主要的书籍装帧形式，朝鲜半岛古地图的多折装、折合装，以及粘叶装、朝鲜王朝皇家公约的装帧形式等[28]，都有少数现存实例。

朝鲜半岛传统书籍用纸以楮皮纸为主。自 3 世纪造纸术从中国传到朝鲜半岛，一直到统一新罗时代，麻作为朝鲜半岛书籍的主要制作原料[34]。从 8 世纪中叶起，楮皮开始用于造纸。到朝鲜时代，楮皮纸一直是用于制作书籍的重要材料。12 世纪由于纸张扩大生产，楮皮原料短缺，开始使用大麻、苎麻、亚麻、桑皮、雁皮、柳树、稻草、竹、棉、再生纸等单独或混合楮皮进行造纸。其中，桑皮纸在朝鲜半岛造纸的历史上并不常见。

1880 年，朝鲜半岛引入现代印刷技术，但直到 20 世纪初，仍保留着五孔式的线装形式。1910 年，日本占领了朝鲜半岛，导致书籍出版业的衰落和传统书籍装帧形式的减少，西式装帧开始出现，并流行于 20 世纪 30 年代。1945 年日本战败和 1950—1953 年的朝鲜战争之后，朝鲜半岛分裂为南北两方。此后，韩国的书籍出版业迅速发展，甚至与国际接轨，但印刷所用的纸张质量却大为下降，低廉的新闻纸成为书籍主要用纸。除纸质印刷出版之外，自 20 世纪 90 年代以来，韩国在电子书出版方面已成为世界领先国家。相比之下，21 世纪初朝鲜的图书发行量较低，以国内书籍市场为主，电子出版也受到控制。朝鲜半岛书籍主要装帧形式的整体演变过程如图 3 所示。

四、中日韩传统书籍装帧形式特点比较

日本和韩国的传统书籍装帧形式因受到中国的极大影响，在整个发展演变历程中，都经历了从卷轴装到折本，再到线装的过程。中国唐宋时期并存的主流书籍装帧形式最为多样，明清之后书籍的主要装帧形式才得以稳定发展。中国在各个历史时期基本上都存在一种或多种具有代表性的装帧形式。虽然同时期中日韩三国国情、社会发展状况、语言构成、阅读习惯等有所不同，但从中国传入的各种装帧形式在日本和韩国基本被保留下来并得到普及，有的演变为具有异国特色的形式。日本在引入中国装帧形式的基础上，发展出了或相似或有明显区别的几类，尤其是在江户时代，多种装帧形式都得到了广泛使用。相比之下，朝鲜半岛的书籍装帧形式更为固定，基本沿用了中国传入的几种主要形式。除了基于美学的细微差异外，中日韩传统书籍装帧所共有的形式包括：卷轴装 / 卷子装（日：Kansubon，韩：Gweonjabon/Gweonchukjang）、经折装（日：Orihon，韩：Jeolcheopjang）、蝴蝶装（日：Detchōsō，韩：Hojeobjang）、包背

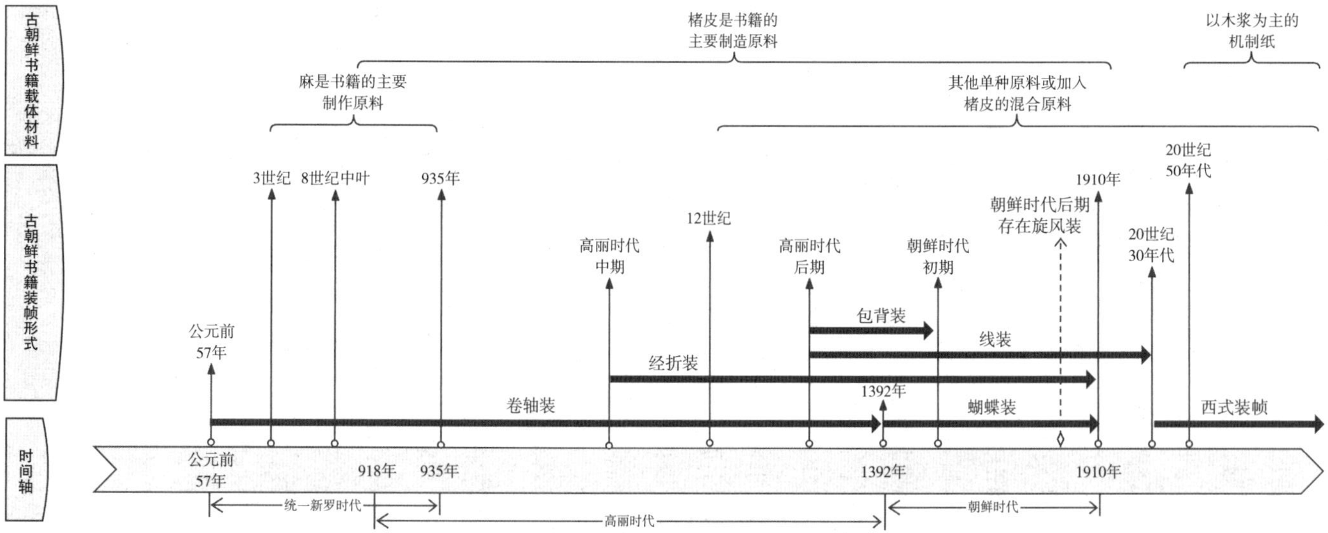

图3　朝鲜半岛各时期书籍主要装帧形式演变历程

装(日:Hōhaisō,韩:Pobaejang)和线装(日:Fukuro Toji,韩:Seonjang)。

在一千余年的演变过程中,中日韩三国在相互借鉴、相互影响的基础上,结合本国的历史、技术、风格、原材料等,又在共有的书籍装帧形式之外形成了各国独有的装帧类型,如:中国的梵夹装、缝缋装、毛装、金镶玉等,日本的旋风叶、结缀装/大和缀、缀叶/列帖装、折叶装、单叶装等,韩国的旋风装、多折装、折合装等。即使是在表1中日韩书籍装帧所共有的形式中,也会存在外观、材料、装帧技术等方面的细微差异,如表1所示。

表1　中日韩传统书籍装帧形式的区别

装帧形式及特点		中国	日本	韩国
经折装	纸张	麻纸、皮纸	薄的楮皮纸或密度较高的薄卡纸	靛蓝纸或普通楮皮纸
梵夹装	结构	书写在贝多罗树叶或纸张上、用夹板的形式以绳穿订而成	/	/
旋风装	结构	将多张书叶按先后顺序逐次相错粘在同一张长卷上	前后封面相连，折叠的书叶可展开呈环状	封面相连的经折装
毛装	结构	将书叶按文本叶向外折叠，上下加书皮后打两眼或四眼用纸捻穿订固定	/	/
结缀装或大和缀	结构	/	通过在书脊附近打四个或两个狭长的孔，用扁绳或纸捻从后往前穿过一对孔，在正面以方结固定	/
缝缋装或缝缀装/缀叶装或列帖装	结构	将若干书叶摞在一起对折，用线在折叠处反复连缀，将多帖书叶装订在一起	每五叶组成一帖，在每帖的对折处打眼，用线将多个册子缝制在一起形成书，并在上下两侧另附封面	/
	书写	单页	双面	

续表

装帧形式及特点		中国	日本	韩国
金镶玉	结构	在每张对折后的书叶中间衬入白色的衬纸	/	/
	纸张	宣纸		
粘叶装	结构	使用厚纸进行双面书写，将书叶对折后在折口处用浆糊粘合书叶	将质地较厚的书叶对折，在折口处涂上浆糊粘合而成	将厚书叶按文本一侧向内对折后，空白页与后一空白页相粘合
	书写方式	双面抄写	双面抄写或印刷	单页抄写
线装[35][36]	尺寸	多种尺寸	230mm × 160mm 或 280mm × 200mm	（150mm—200mm）×（250mm—350mm）
	纸张	竹纸为主	楮皮纸为主，另有雁皮、三椏皮	楮皮纸为主
	封面材料	较薄、柔软的纸张	多层回收纸制成的纸板或单层纸	丝绸、桑皮纸、多层回收纸制成的纸板
	封面颜色	棕色或蓝色	多种颜色	黄色为主，蓝色较少
	眼数	4 大尺寸书籍：4、5、6、7	4 或 5（较少） 大尺寸书籍：5 或更多	5 大尺寸书籍：5、7
	打眼位置	按书长 1：3：2：3：1 的位置打眼，或上下两眼间的中间三段等距	上下两眼间的中间三段等距	上下两眼间的中间四段等距
	线绳材料	丝线或棉线	麻、棉或丝线	麻、棉或丝线
	线绳形态	双条细线	单条粗线	单条粗线
	线绳颜色	白色或米色	多种颜色	红色或蓝色或白色

五、结语

日本和韩国作为中国的两大邻国，最初的文字和纸张的来源都可追溯至中国。在漫长的书籍装帧形式的发展和演变过程中，中国所形成的卷轴装、经折装、蝴蝶装、包背装、线装等形式传入日本和韩国，在结合各国所用原材料、书写习惯或印刷技术、风格市场、文献种类的基础上，分别发展出了具有日式或韩式特点的传统书籍装帧形式。虽然在中国传统书籍装帧历史上具有重要意义的梵夹装、毛装、金镶玉等并没有在日本和韩国采用的记载，但缝缋装或缝缀装在唐朝时期传入日本后受到欢迎，发展出缀叶装或列帖装，而韩国书籍装帧历史上没有类似的装帧形式。日本在借鉴中国传统书籍装帧形式的基础上，发展出了结缀装或大和缀、袋缀装，独具日式特点。粘叶装虽然在中日韩历史上都有使用，但该形式从中国传入日本和韩国后，分别发展出了不同的特点。在相同类型的装帧形式中，中日韩用于书叶、封面和装饰的材料会有所区别。以麻、楮皮、雁皮和三桠皮为原料的手工纸一直是日本书籍用纸的主要选择，韩国则以麻纸和楮皮纸为主。相较之下，中国的书籍用纸种类更为丰富，造纸原料更为多样，包括麻纸、楮皮纸、桑皮纸、藤纸、竹纸、宣纸等。线装书是中日韩书籍中最为常见的形式。虽然中日韩各国线装的制作技艺总体上十分相似，但在书籍尺寸、书叶和封面用纸、封面颜色、打眼数量和位置、线绳材料和颜色等方面都各有特点。由此可见，中日韩在几千年的宗教、科技与文化的交流互鉴中，既保持着书籍主要装帧形式的统一，又在各自的发展中形成了独特的风格。对中日韩传统书籍装帧形式的相似性和差异性进行比较分析，不仅对于丰富东亚各国传统书籍装帧研究和书籍装帧课程教学内容等有重要作用，而且有利于东亚书籍版本来源的鉴定和不同来源书籍保管、展览、修复工作的开展。更重要的是，对日本和韩国的装帧形式和设计加以借鉴与参考，能为我国的当代书籍装帧提供新的设计思路，进而实现东亚书籍装帧文化的可持续发展。

（夏阳洋，苏州大学社会学院信息资源管理学本科生；蔡梦玲，苏州大学社会学院讲师）

参考文献：

[1] 王禹，范娟．书籍装帧设计［M］. 南昌：江西美术出版社，2016：2.

[2] 李学勤 . 试论长沙子弹库楚帛书残片 [J]. 文物，1992（11）：36-39.

[3] 李致忠 . 中国古代书籍的装帧形式与形制 [J]. 文献，2008（3）：3-17.

[4] 杜宝 . 大业杂记 [M]. 北京：中华书局，1991：2.

[5] 李致忠，吴芳思 . 中国书史研究中的一些问题（之二）古书梵夹装、旋风装、蝴蝶装、包背装、线装的起源与流变 [J]. 图书馆学通讯，1987（2）：74-85.

[6] 李致忠 . 中国书史研究中的一些问题——古书经折装、梵夹装、旋风装考辨 [J]. 文献，1986（2）：218-240.

[7] 李致忠 . 古书 "旋风装" 考辨 [J]. 文物，1981（2）：75-78.

[8] 张志清，林世田 . S.6349 与 P.4924《易三备》写卷缀合整理研究 [J]. 文献，2006（1）：47-54.

[9] 王传龙 ."旋风装" 版本汇考 [J]. 大学图书馆学报，2009（3）：78-84.

[10] 袁东珏 . 古籍保护与修复技术基础知识 [M]. 北京：国家图书馆出版社，2021：35.

[11] 方广锠 . 现存最早的粘叶装书籍——敦煌遗书斯 05478 号《文心雕龙》装帧研究 [J]. 文献，2016（3）：3-13.

[12] 方广锠 . 从敦煌遗书谈中国纸质写本的装帧 [J]. 文献，2018（1）：14-22.

[13] 林世田 . 敦煌遗书研究论集 [M]. 北京：中国藏学出版社，2010：255.

[14] Christopher Reed. Gutenberg in Shanghai：Chinese Print Capitalism，1876–1937[M]. Vancouver：UBC Press，2004：103.

[15] 王祉璠 . 浅析中日韩书籍装帧设计中的 "传承与创新" [D]. 青岛科技大学，2021.

[16] Barbara Korbel，Janice Katz. Binding Beauty：Conserving a Collection of Japanese Printed Books[J]. Art Institute of Chicago Museum Studies，2005，31（2）：16-23.

[17] Catherine Atwood. Japanese folded sheet books：construction，materials and conservation[J]. The Paper Conservator，1987，11：1，10-21.

[18] 王晔，过伟敏 . 中国唐宋时期与日本平安时代典籍装帧比较 [J]. 中国出版，2014（20）：61-64.

[19] Kojiro Ikegami. Japanese bookbinding：instructions from a master craftsman[M]. Hertfordshire：Weatherhill，1986.

[20] Peter Kornicki. The book in Japan：a cultural history from the beginnings to the nineteenth century[M]. Leiden：Brill，1998.

[21] Kazuko Hioki. Japanese printed books of the Edo period（1603-1867）：history and characteristics of block-printed books[J]. Journal of the Institute of Conservation，2009（1）：

79-101.

[22] 纵瑞文 . 十九世纪末二十世纪初日本书籍装帧形式风格研究 [D]. 南京艺术学院，2022.

[23] 西野嘉章 . 装订考 [M]. 王淑仪 . 北京：中信出版社，2018：i-xxix.

[24] 大川昭典，増田勝彦 . 製紙に関する古代技術の研究 [A]. 増田勝彦 . 和紙の研究歴史·製法·用具·文化財修復 [C]. 福井：福井资材，2003：159-172.

[25] 大川昭典 . 古代の造紙技術について [A]. 増田勝彦 . 和紙の研究歴史·製法·用具·文化財修復 [C]. 福井：福井资材，2003：200-234.

[26] 久米康生 . 和紙の文化史 [M]. 东京：木耳社，1976：258-270.

[27] Peter Kornicki. Japan，Korea，and Vietnam[M]// SIMON ELIOT，JONATHAN ROSE. A Companion to the History of the Book. Hoboken：John Wiley & Sons，2009：253-268.

[28] Minah Song. The history and characteristics of traditional Korean books and bookbinding[J]. Journal of the Institute of Conservation，2009，32：1，53-78.

[29] Beth Mckillop. The history of the book in Korea[M]// MICHAEL F. SUAREZ，H. R. Woudhuysen. The book：A global history. Oxford：Oxford University Press，2013：593-604.

[30] Sohn Pow-Key. Early Korean Printing[J]. Journal of the American Oriental Society，1959，79：96–103.

[31] Hye Bong Cheon. Hankuk seojihak[M]. Seoul：Minumsa，1997：103.

[32] Lee Sung-Cheul. Urihanji[M]. Seoul：Hyeonamsa，2002：53.

[33] G. Nam. Joseonshide goseo pyojimoonyang byoncheone dehan yeongu[M]. Cheongju：Cheongju Early Printing Museum，2004：73–102.

[34] S. Jung. Jong eui jeolle shigiwa godae jejikisul e gwanhan yeongu'[D]. Seoul：Yonsei University，1998.

[35] Jesse Munn. Side-stitched books of China，Korea and Japan in western collections[J]. Journal of the Institute of Conservation，2009，32：1，103-127.

[36] 温台祥 . 装帧源流：传世聚珍谈装帧特展 [M]. 新北：台湾图书馆，2016：32-33.

保藏与利用

古籍特藏文献安全利用刍议

On the Secure Utilization of the Rare Books and Special Collections

赵大莹　刘炳梅

摘　要：在古籍特藏文献提取使用过程中，取、放、翻、收等动作都须规范。以非纸本文献和纸本文献中的单张、折叠、卷轴、册叶、档案等几类文献为例，通过详细描述操作中的细节，藉此总结经验，为安全利用纸质与非纸质善本特藏文献时提供相关借鉴，以共同促进文献保护和长久保存。

关键词：古籍特藏；安全利用；文献保护；动作规范

古籍，主要指书写或印刷于1912年以前具有中国古典装帧形式的书籍。在国家图书馆，以民族文字制作的古籍，年代下限划分在1949年。特藏文献种类繁多，包括甲骨、简帛、金石拓片、舆图、雕版版片、新善本（革命文献）、外文善本等。这些古籍特藏文献，有着独特的、不可替代的文物价值、学术价值和艺术价值。

从涉及的载体来看，古籍特藏主要有甲骨、竹木、棕榈叶、丝帛、金石、纸本等。从装帧形式来看，即便是纸本文献，又可分为单张、卷轴装、旋风装、梵夹装、经折装、册页装、蝴蝶装、包背装以及线装等多种形制。

在多年的图书馆实际工作中，管理人员逐渐形成了对工作人员的动作和着装的规范化要求。例如，工作人员应穿着行动方便的衣物和防滑鞋，不可穿高跟鞋，以免运送文献时摔倒；不使用味道较浓的香水和化妆品；长发束起，以免遮挡视线和断发落到文献上；不留长指甲，不佩戴镶嵌类或表面锋利的首饰；接触文献15分钟前不涂抹护手霜；如果手容易出汗，则建议戴上手套再接触原件；如果容易打喷嚏或过敏，则建议佩戴口罩，并与文献保持安全距离等。在利用文献的过程中，最基本的动作可分为取、放、翻、收（合），在接触原件之前做到“双手平托，脚踏实地”，手中拿的文献不要太多，以免滑落。并加强安全意识和责任意识，从思想上重视文献的保护。

以下从文献安全利用的要求出发，分别对图书馆文献使用时的基本操作和规范动作进行总结。

一、文献的提取

取，即将文献从书柜或书架上取出。取的时候，应注意文献的在架状态是水平摞放还是竖立插架。

对于纸张较柔软脆弱、支撑能力不强的文献，应尽量水平上架。当水平放置时，每一摞水平摞放的文献不宜过高过重，以免下层文献挤压变形，并遵循“大不压小，重不压轻”的上架原则，即尺寸较大的文献不压在尺寸小的文献上，避免文献四周下垂弯曲；重的、有函套的文献不压在轻的、没有函套的文献上方，木函套尽量放在最下层。每一摞文献四周要留足空间，保证空气流通和提归方便。在提取所需文献时，应将其上方的文献平托起来，平稳地置于旁边或书车上，再将所需文献平托取出置于书车，其他文献放回原位，可以稍微歪一点放，或者在此处放纸条或代书板以示区别。

对于书脊支撑能力较强、书根处状况较好的文献，在架位紧张的情况下可以考虑竖立插架。竖立插架时，每一横排应留足空间，不可上架太满，文献与文献之间的距离不要太紧。提取时应用一只手握住书脊中部，另一只手平拖文献底部，并注意左右空隙适合后轻轻取出。

文献从架上取出后平托至操作台上。超过三册件时，可先平移至专门书车，再移至操作台。对于有装具的文献，一般是带装具一起取出。对于没有装具的或者装具较大较笨重的文献，可以将文献单独取出放在无酸托板上，再平移至操作台。

二、文献的放置

放，即根据文献状况和阅览内容将所需文献稳妥地放置在操作台或阅览架上。在放的过程中，操作台多使用宽大的书桌，以便有足够的空间放置文献、阅览架和阅览人员所需物品，避免文献的弯折挤压。操作台表面应干燥洁净、光滑无锋利凸起，可以铺上无酸纸或柔软布料，不能放置水、墨、印泥、油笔等，以免打湿和污染文献。检查接触面是否有灰尘颗粒或其他杂质，确认没问题后再放置藏品。

部分文献配有专门装具。常见的装具有夹板、插套、木函套、四合套、六合套、轴盒、文件袋、文件夹等。装在透明装具中的单张平整的文献，可以不用从其装具中取出，透过透明装具阅览即可；阅览其他文献则需在操作台上将其慢慢从装具中取出，注意文献四周和底部的安全。

将文献翻至所需的内容页面后，可用镇尺进行固定。镇尺一般尽量压在文献四边、文字空白的地方。镇尺多使用木、竹、黄铜（或铅芯黄铜）、亚克力等材质制成，国外有一种蛇形软镇尺，为铅粒外包布或化纤织物，更柔软、受力更均匀。

对于单张平整的文献或者打开角度为180° 的文献，可以平铺在操作台上，边缘用镇尺固定。对于阅览内容在文献两端、打开后左右厚度不同、重心不稳的文献，尤其是厚重的文献，应用托板将较薄的一端垫高，避免其下垂后书脊处发生撕裂。对于打开角度受限、不能平铺的文献，或者文献状况不好、受力能力较弱的文献，应用展示架、泡棉书托或其他支撑物加以支撑。打开时角度不宜过度，以免损坏文献的受力面和表面附着物。

利用开本比较大的文献时，建议两人以上共同打开，并选择合适的支撑物，避免文献撕裂，书脊受损。如遇纸张老化、撕裂、部分脱落等状况不好的文献，在妥善处理之前则不予提供阅览。应将此类文献及时归架，标注不予提供的原因和时间，并汇总至待修复文献记录上。

三、文献的翻阅

翻，即打开和翻阅文献的动作。不同文献类型对应的翻阅动作要求不同。

（一）非纸本文献的翻阅

质地较硬的非纸本文献，如甲骨、竹木、金石等，所载信息一般在表面，不需要翻动。打开外装具或透过透明装具即可阅览。

质地较软的非纸本文献，如丝帛、贝叶经等，需要慢慢展平或翻页。

（二）纸本文献的翻阅

纸本文献存在纸张老化、边缘较脆、质地较软易折等问题时，有现代出版物或数字化资源等替代品的优先使用替代品，以尽量减少对文献原件的提取和翻阅。确需使用文献原件时应注意文献边缘的轻捏轻放，以降低损伤。

1. 单张的纸本文献的翻阅

翻阅单张的纸本文献，如手稿、字画、照片、不需折叠的图和报纸等，一般保存在透明或半透明的文件袋、文件夹或无酸纸相框等装具中，中间可加以衬纸支撑。确需提取使用时，尽量使文献在原装具中不要取出，降低文献从袋中取出、放回时受损的风险。翻阅时应轻捏装具边缘，避免触及文献表面。

2. 折叠的纸本文献的翻阅

翻阅折叠的纸本文献，如书中的插图、经折装书、舆图、拓片、报纸等，展开时一定要注意折叠方式、折叠顺序、折叠后尺寸和折痕处状况，避免收回时折错。

对于经折装文献，或者采用黄丕烈修复装帧形式的黄装文献，除了沿书口从左往右轻轻地翻阅外，前辈同仁有一种稍微快速的翻叶方法：即把右手食指插到折叶中间，以版心位置为轴，食指托着书叶轻轻翻动，从一侧翻至另一侧，详见图 1。连续操作可快速翻阅经折装文献，避免书口之间不易分开的情况。

图 1　经折装文献的翻阅

大幅面的文献需要多人通力协作，在宽大的操作台上将文献一部分一部分地展开，不要操之过急。需特别注意有细小褶皱处和已破损处，不能硬力拉扯，不能在折痕处压镇尺。文献全部展开后，在四周和容易起翘处压镇尺，保证阅览时的文献安全。

国家图书馆金石文献组冀亚平老师在总结多年工作经验的基础上，设计了一个折叠拓片的方法，使用一种本馆金石文献组设计的记忆折叠顺序和规范折叠尺寸的识子，大大提高了展收拓片的准确性，也提升了工作效率。对保存状况不好的折叠文献，可以考虑请修复人员喷水压平或者软托一下，之后以展平方式或卷轴方式进行保存。

3. 卷轴文献的翻阅

对于卷轴文献或卷子装的文献，如书画卷轴、卷起的地图拓片、羊皮卷文献等，展开前要注意有无绢帙或纸帙以及其他包裹方式，保证阅览完毕能恢复原状。注意有无别子、缥带以及其他系带方式。有绑带和别子的话，可以将文献起始端插在轴筒里，既保证别子不划伤文献，又保证起始端卷起后内部有支撑。此外，还要注意文献是否进行了托裱，因为托裱纸与原件纸张强度可能不同，避免展开时纵向撕裂。

展开卷轴文献时，应注意起始端是否有包首或拖纸，是固定好的，还是活动的，有无天地杆以及轴头是否牢固。带轴的文献两端可能轻重不一，手上动作要轻而慢，两手配合。如果是较长的卷子，则需要两个人配合，一人握住卷轴文献往后慢慢展开，另一人将文献的起始端缓缓卷起，卷时稍微松一些。翻至纸间接缝处，注意用力均匀，避免接缝处起翘或断裂；翻至卷尾时还需注意有无燕尾、固定木轴，以及是否粘连，避免撕裂；避免木轴与文献分离脱手。

翻阅至所需内容后，将文献两侧使用镇尺暂时固定。卷轴全部阅览结束后，从卷尾往起始端卷收，注意天头地脚不要歪斜，并以适当的力度把卷轴卷得相对紧实，以免层与层之间松动造成纸张的摩擦或褶皱。

卷子装的阅览方式，还可以从正仓院藏品中保存的一件唐五代时期的读经架得以一见。扬之水先生把它跟北齐乾明元年(560)昙始造像碑座浮雕比对过，它的正式名字叫做“紫檀金银绘书几”。在小小的方座上一根立柱，柱上一根横木，横木两端各有一个圆托，圆托里侧为短柱，柱上有两个可以开关的小铜环。若展卷读书，便可开启铜环，放入卷轴。展开的部分，左右手可以同时转动，更换内容。它比目前我们使用的方法要简便得多。“挂编则色连翠竹”，当书卷收起，放入竹书帙中，便可妥善保存。在正仓院第六十九回展览中，展出了一件竹书帙(原用于收纳经卷)，可以让我们复原唐人收起书卷的场景。

4. 册叶装文献的翻阅

常见的册叶装文献，如梵夹装、蝴蝶装、包背装、线装等，一般都将文献平放在操作台上，根据文献展开方向，沿书口往书脑或书脊方向一叶一叶轻轻地翻阅。若需细看某一叶内容，则用镇尺轻压文献一角暂时固定，不可按压书脊或压折书叶留下折痕，也不建议把书一侧卷起握在手中。书脊支撑能力较强、书根纸张良好的书可以放在阅览架上用镇尺固定一端，或者放在固定角度的书托上，再进行抄录和阅览。

5. 档案类文献的翻阅

随着年代、来源、材质、装订方式、原来的使用方式和保存状态等的不同，档案类文献有多种不同的类型。翻阅档案类文献时要注意其形式和状态，遇到单张的或未装订的档案应该一页页轻轻拿起，阅览后扣放在一边，并保证顺序不变。已装订的档案要注意连接处是否牢固、能否完好地打开，再平放在操作台上，根据打开方向一页页从书口往书脊或连接处翻阅。

四、文献的收回

文献阅览完毕后，要按照翻阅展开的逆序恢复原状，需要折叠、闭合的文献，要一点点收回，避免收入过多气体和边缘歪斜，造成文献体积变大或材质挤压变形的情况。确认无误后再装入装具并放回原架位。遇到无法恢复原状的情况，应该立即交给有经验的工作人员整理，不可自以为是或者勉强放回。

五、古籍特藏文献安全利用的思考

以上为古籍特藏文献在提取利用过程中的取、放、翻、收（合）规范动作的简要描述，实际应用时还应结合使用场景加以调整。真正直接接触古籍特藏文献原件的常用场景有阅览、数字化扫描、展览等，不同场景的使用目的、时间、环境、使用人群等各有不同，应该针对需求和目的来调整，以获得文献保护与利用相协调的操作方案（详见表 1）。

表 1　古籍特藏文献原件的常用场景和差异

常用场景	阅览	数字化扫描	展览
使用目的	没有其他替代品，读者确需文献原件来查找所需信息，能看清楚内容即可	将文献原件进行数字化扫描，需要真实反映细节原貌，如大小、色彩、书法特征、纸张等	将文献放在展示台或相框中，固定在某一个展示页进行展示，以满足展示目的和效果
接触人群	做学术研究的普通读者	专业扫描人员，有操作培训	专业布展人员，有操作培训
使用时间	短期，半天或几天。读者将所需内容比对或抄写完毕即可	短期，一天。整册扫描，每叶扫描一次或几次	长期，几天到三个月。固定在某一个展示页

续表

常用场景	阅览	数字化扫描	展览
接触物品	阅览桌、镇尺、书架、托板、手套等	操作桌、文献扫描平台、玻璃盖板、衬纸等	操作桌、移动书车、展示台、镇尺、卡纸、相框、挂画绳钩、底托等
环境	阅览室。温度、湿度、光照等有一定要求，相对不严格	扫描工作间。温度、湿度、光照等有一定要求，相对不严格	专业展厅。恒温恒湿，光照强度和方向、气体等有要求严格
注意事项	普通读者无实际操作经验，需阅览室人员在旁监护或协助。如文献状况不好，暂不提供阅览	开始需放色标、比例尺。纸张透字则需衬纸，书叶褶皱则需展平。需要与专业文献修复人员沟通协作	能自然舒展、稳定不动的展示页无需镇尺固定；自身无法保持不动的，则需镇尺、卡纸等工具辅助。布展时需要考虑文献展示时的受力、展示过程中的位移等潜在风险，避免文献撕裂或受损

除此以外，在接触古籍特藏文献时可能会用到一些工具。如：尺子一般用塑料软尺或塑料直尺，很少用钢板尺，以免边缘锋利划伤文献；常使用铅笔和宣纸条，用以写明书号和提示信息等，以便夹在文献中加以区分、提示和分类等；使用 LED 冷光灯以控制光强和增加局部光照，避免紫外线损伤文献，避免光照影响温度；使用放大镜，便于观察藏品细节，目前有眼镜形式的放大镜，拉下眼镜可以局部放大藏品，推起眼镜则正常观察，解放双手；使用竹起子等平滑的工具用以平整书叶，以免书叶卷折，等等。古籍特藏文献的安全利用，还有更多细节问题值得我们进一步思考。

只有在工作中把细节问题一一明晰，要求逐一明确，才能够更好地保证文献在利用过程中的安全，降低人为因素造成文献的损坏风险，将承载民族记忆的文化遗产更好地保存、利用和传承下去。

（赵大莹、刘炳梅，国家图书馆古籍馆副研究馆员）

新时代古籍战备装具初探

An Initial Investigation of the Combat Readiness Equipments for Ancient Books in the New Era

杨 鑑 单亦姣

摘 要：利用航天器防烧蚀隔热技术、北斗通信定位技术、新型复合材料技术、飞行器轻质高强度设计技术、航天密封技术与低氧气调技术、分布式数字化管理技术等航天技术的集成化设计，可完成古籍战备装具的创新研发并形成古籍整体战备库系统解决方案。通过发挥中国航天系统工程优势，推动航天技术成果的转化及应用，为新时代国家古籍保护工作进行创造性的科技探索，以新时代的科技内涵支撑中华文明传承。

关键词：新时代；古籍保护；装具；航天技术

通过文献研究和实地调查，我们发现传统的古籍装具通常为木箱、纸箱、金属箱等，且需存放于具有室内温湿度计、空调系统，具备防水防火报警装置等条件较好的保存场所。这种传统的保存方式存在以下缺陷：

（一）保护性能差。传统古籍装具多采用木质材料，不具备防虫特别是防虫卵孳生的功能，容易受到虫蛀和腐烂，且无法同时具备防水、防火、防酸、防震、防盗等功能。

（二）对场所依赖性过强。装具需保存于特定环境下，对环境所处的空调系统控温控湿的依赖性大，进而造成维护成本较高。若空调间歇性开关，反而会对古籍造成损伤[1]。

（三）制造工艺落后。传统古籍装具的制造工艺落后，且生产效率低，生产成本高。此外，由于缺乏现代化设备和技术支持，使得装具的质量和稳定性难以保证。

（四）使用不便。传统古籍装具设计不合理，导致取书困难。此外，由于装具笨重，不便于携带和移动，在国家战备转运过程中难以具备防护与定位管理等功能。

面对上述诸多问题，根据《关于推进新时代古籍工作的意见》中强调“发挥科技保护支撑作用，推动古籍保护关键技术突破和修复设备研发”，对各类古籍存藏机构积极应用现代技术手段、全面提升古籍保护工作质量水平提出的要求[2]，以及全国古籍工作重点方向、重点任务和重点工程项目规划部署，中国运载火箭技术研究院科研团队立足新时代古籍保护事业目标，聚焦高质量发展，发挥航天系统工程优势，跨领域、跨行业整合多学科资源，将航天器防火隔热技术、北斗通信定位技术、新材料研发技术、飞行器轻质高强度技术、航天密封技术与低氧气调技术、数字化管理等技术进行迭代与集成，尝试进行新型古籍装具的创新研发，完成了国家古籍保护装备研制，并提供了古籍整体战备库系统解决方案，为国家古籍保护工作提供了支持和保障。

一、新型战备装具的研制路径

全国古籍保护工作专家委员会委员、武汉大学刘家真教授指出，低氧环境对于古籍的贮存具有诸多好处，不仅有蠹虫防治的效果，长期使用有利于抑制纸张酸化。在氧气浓度低于 0.5% 的情况下，大多数昆虫及其卵在 5 天内能被有效杀死。氧气浓度不大于 1%时，昆虫可因缺氧而脱水而死[3]。低氧杀虫方法相比于化学杀虫、射线杀虫法对人体与环境危害小，是目前古籍保护风险最小的一种方法[4]。基于此，中国航天科研团队以古籍为主要保护对象，开展了新型古籍保护战备装具的研究，以氮气为介质设计了一套新型战备装具，并与国家图书馆、中国高级法院图书馆等多家单位联合开展了成果应用。

该系统是以古籍保护箱为主体，在保护箱内充氮气以实现低氧贮存环境，并设计一套环境调节与监控系统，在此基础上设计智能管理网络系统。同时包含保护氛围监控装置、古籍日常管理系统等重要组成的应用系统，可称之为“多功能信息化古籍保护系统”，系统可以模块化组合，实现不同大小的贮存库、不同数量古籍的保护。下文对该装备系统进行介绍。

（一）系统设计

多功能信息化古籍保护系统由保护箱、智能货架、电磁阀控制柜、配气台、无线中继、手持控制终端、中控软件、气源等部分组成，其中保护箱内部集成多功能仪。多功能信息化古籍保护系统架构如图 1 所示，效果图如图 2 所示。

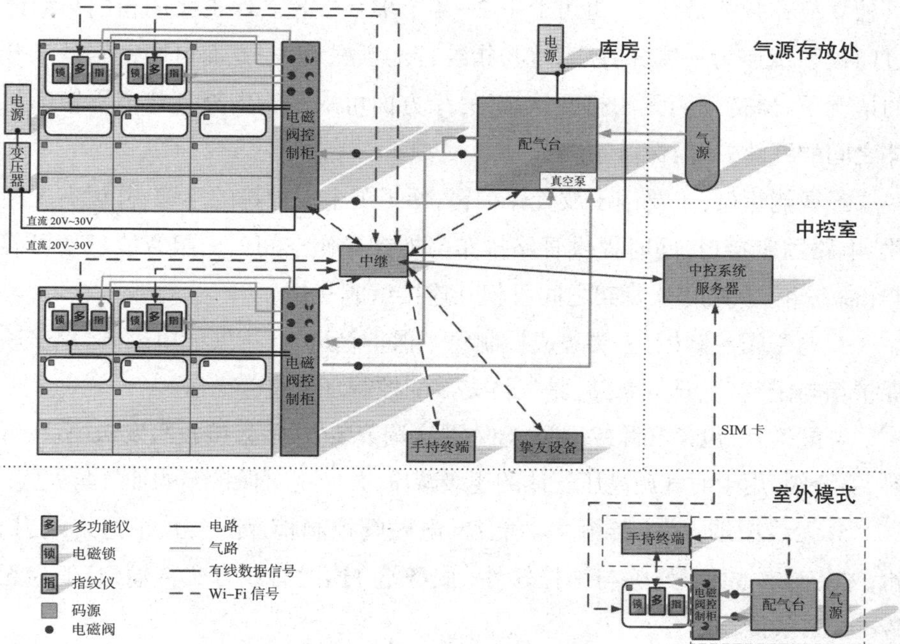

图 1　多功能信息化古籍保护系统系统架构图

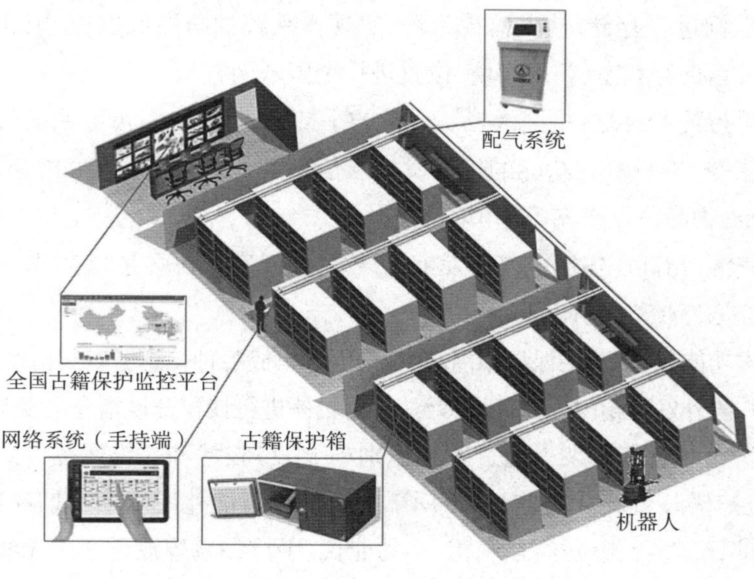

图 2　多功能信息化古籍保护系统效果图

多功能信息化古籍保护系统具体组成及功能如下：

1. 保护箱：主要为古籍贮存提供稳定的保护环境，且具备战备运输的功能。可独立放在智能货架上，也可上下 2—4 个堆叠放置。保护箱的箱门与箱体通过门锁系统连为一体，门锁系统与指纹密码锁联动，一方面可在密码锁未开锁的情况下，保持箱门无法打开状态，另一方面可限制箱内充气状态下箱门与箱体之间的缝隙，从而保持箱内密封。

2. 智能货架：主要用于放置保护箱，便于单个保护箱的存取，并设有配气管路、电路固定接口，同时提供管路排布与拆卸操作空间。一组智能货架可容纳 4 个保护箱，多组智能货架之间可相互连接组成一排。

3. 电磁阀控制柜：主要集成控制每个保护箱进气、排气的电磁阀，用于联通保护箱与配气台、排气管路，是气体充放的控制环节之一。

4. 配气台：包含气源减压阀、气体湿度调节装置、信号接收与发送模块、真空泵、安全阀，用于对气源高压气体的逐级减压，并实现对保护箱的抽气与充气。

5. 无线中继：用于传输多功能仪、电磁阀控制柜、配气台、手持终端、扫码枪、中控软件的信号，除与中控软件（服务端）通过有线方式传输，其他为无线 Wi-Fi 方式传输。

6. 中控软件：用于对整个系统各单机进行控制（发送指令）；对各系统反馈的数据的解析，并通过逻辑判断进行系统闭环控制，适时发出报警；对各系统反馈的数据进行存储；接入监控系统，实现本系统的防盗监控；全国联网后可对用户古籍保存状态、箱内环境、位置进行全国联网查询。

7. 手持控制终端：是嵌入控制软件的手持无线计算机，可对系统各部分发送操作指令，进行常用功能的指令发出与信息录入（包括充放气指令、扫码出入库指令、物品位置查询等等）。

8. 气源：指高压气瓶或气体发生器，放置在库房外独立存储空间内，向保护箱提供高浓度惰性气体。

9. 多功能仪：安装在保护箱内部（箱门上），集成各种传感器以及指纹密码锁，可记录并向外发送箱内气体环境参数，并对箱体进行授权开锁指令下发与记录。

保护箱和智能货架上通过射频识别（FRID）技术和二维码等方式进行编码，通过扫码装置获取其信息，可用于中控软件智能建库以及后期库房管理。库房内部，配气台、电磁阀控制柜、多功能仪、手持终端等设备通过无线信号向无线中继传输数据，无线中继与中控室服务器通过有线方式传输。气源、配气台、电磁阀控制柜、保护箱之间通过管路连接，管路特定节点设有电磁阀，用于控制指定的管路充放气。箱体的多功能仪、电磁阀控制柜、配气台、无线中继、手持终端、扫码装置、中控软件的服务器等分别与电源插座连接。

（二）箱体设计

箱体为古籍提供贮存空间，集承载、密封、防热等功能于一体。古籍保护箱主要包括箱体组件、左箱门组件、右箱门组件、门锁紧系统、密封圈等部分。箱体外观如图 3 所示。

图 3　箱体外观图

箱体组件、左右门组件为三层夹芯结构：外蒙皮、内蒙皮为纤维增强树脂基复合材料，厚度各约 1 毫米（mm）；夹芯层为铝质蜂窝板。夹芯式结构起到降低重量、提高箱体刚度、提升隔热效果的作用。箱体门框采用复合材料整体成型，提手、管路接头安装加强区域通过复合材料嵌块局部补强，门框、铝管、嵌块共同形成骨架。

箱体组件和左箱门组件、右箱门组件通过合页连接。门把手为旋转轴式。门把手组件由门把手轴、门把手拉环、门把手堵头、O 形圈以及门把手装饰组成。

箱体大面积密封通过箱门处的两个密封圈、门挡处密封条保证，如图 4 所示。密封圈设计考虑两个因素：（1）装配间隙和箱体充气产生的变形使密封圈预压缩量减小后，仍能有一定压缩余量，保证密封；（2）关门力保证用户可手工加载且不使箱体发生移动，按照单个门不超过 50 牛顿（N）的力载荷设计。分析结果显示，关门过程中，密封圈下压最大应力 0.376 兆帕（MPa），维持在较低水平。关门所需力载荷基本维持在 38 牛顿（N）以下。经过计算，充内压后，在门变形的过程中，接触应力都远高于 0.03 兆帕（MPa），满足密封所需接触应力要求，满足密封要求。

图 4　密封圈结构示意图

门锁紧系统安装在古籍保护箱的左、右两箱门上，如图 5 所示，其实现功能与其技术途径包括：(1)为了实现古籍保护箱的防盗功能，在左右箱门上下各安装 2 个竖直锁销，共提供箱门的 8 处竖直锁紧位置；(2)为了配合古籍保护箱内外压密封功能，且辅助实现左右门互锁，在其中一箱门上安装两个水平锁销，为两门提供 2 处水平锁紧，以提高箱门局部刚度；(3)为了实现安全互锁，设置左右箱门互锁机构，可实现箱门开门时的有顺序解锁(左箱门不开，右箱门无法解锁)，而关门时无顺序上锁；(4)为了实现指纹密码锁对门的开关控制功能，设计指纹密码锁对门锁紧系统的卡紧机构。

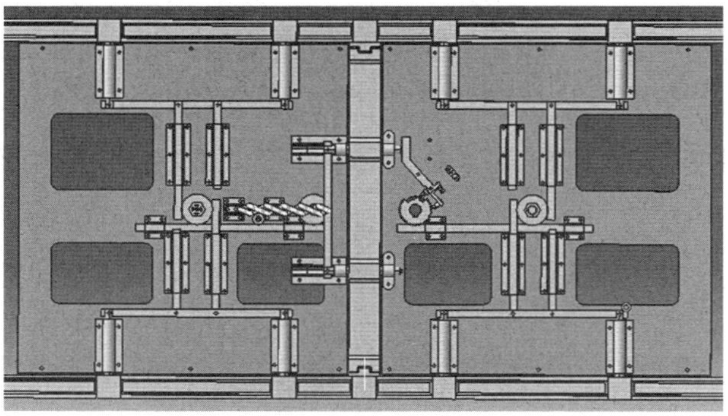

图 5　门锁紧系统结构示意图

箱体结构经过了堆叠工况、内外压工况的强度校核，均满足设计要求。

(三)跟踪定位与箱内气氛监控设计

跟踪定位与箱内气氛监控主要依托于多功能仪小系统。多功能仪小系统包括多功能仪、指纹采集处理装置(简称指纹仪)、电磁锁、天线、备用电池等主要部件，安装于古籍保护箱箱门内侧。多功能仪是集环境采集监测、位置跟踪定位、安全管理、记录箱内物品操作信息等于一体的电子设备。多功能仪与古籍保护箱的指纹仪、电磁锁相连，并通过多功能仪内部的无线 Wi-Fi 模块与中控软件或手持终端实现指令或数据的交互传输。备用电池为多功能仪线路断电情况（停电 / 运输）供电。

数据采集模块由温度传感器、湿度传感器、压力传感器等环境数据采集单元组成，用于采集古籍保护箱内的温度、湿度、气体压力参数，预留气体浓度传感器接口。

触发式古籍保护箱跟踪系统，通过古籍保护多功能仪、电子标签感知阵列、古籍保护信息系统、移动通信网络、卫星导航系统，实现被动式授权与非授权古籍保护箱位置跟踪。室外定位设计包括全球移动通信系统（GSM）用户身份识别（SIM）900a 无线模块、中国移动 SIM 卡以及全球定位系统（GPS）/ 北斗定位三部分，室外定位精度可达 5—10 米。

无线通信及定位模块均采用外置天线进行传输，预埋于箱体或箱门上，以保证信号强度，增强天线的抗干扰和收星能力。无线通信模块将多功能仪内部存储的数据通过无线通信协议与手持终端、中控软件进行数据和指令交互传递。无线模块采用外接天线，板载插座采用高度小于 1.3 毫米（mm）的 IPEX 5 代接口，其占用空间较小；该模块支持无线局域网通用标准的电气和电子工程师协会（IEEE）802.11b/g/n 协议，采用完整的传输控制协议 / 网际协议（TCP/IP）的协议栈。电源模块采用外部直流供电和备用电池两种供电方式。

主控单元用于控制和协调整个设备的动作、执行数据运算处理与逻辑判断等任务，对 MCU 的数据计算能力，主频效率，外设资源要求较高，选用 144 脚四角扁平封装（TQFP）方式封装的型号 STM32F103 微控制器作为多功能仪的微控制单元（MCU，Micro-Controller Unit）的主控器。

多功能仪存储古籍编码、指纹、环境参数、物品存取记录、操作记录、位置信息等数据，主要采用大容量 SD（Secure Digital）和 TF（Trans Flash）存储卡，以文件形式对各类数据进行归类存储。对于系统参数，升级固件等重要参数采用外置 Flash 存储器进行存储，保证数据的安全可靠。

（四）气调方案与配气系统设计

为形成古籍保护箱内部的惰性气体保护环境，古籍整体战略储备库设计了配气系统。通过对箱体抽气、充气（氮气）的数个自动循环操作，将古籍保护箱内含氧量较多的空气置换为低氧的惰性气体。经过分析与试验，首次气调时间不超过 20 分钟，日常保存一周 1—2 次气调。

配气系统包括气源、配气台、气体管路、电磁阀控制柜组成，如图 6 所示。气源（氮气发生器或气瓶）通过管路与配气台连接，配气台通过管路连接到库房不同智能货架上的电磁阀控制柜上，从电磁阀控制柜引出管路连接至每个古籍保护箱两侧的进气 / 出气接头上。氮气从氮气发生器或高压储气罐释放，经过手动开关——过滤器——一级减压器——稳压器——干湿路混合罐——气体管路——箱体进气口——散流孔板等环节，进入古籍保护箱。

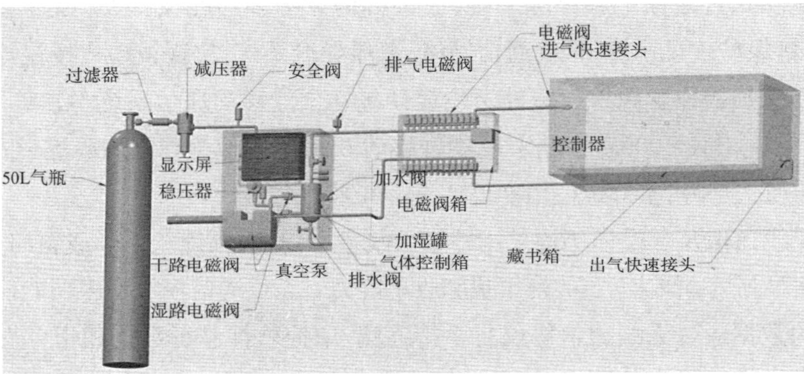

图 6　配气系统方案示意图

（五）软件系统设计

软件系统包含客户使用的控制中心模块、手持终端模块以及供货方使用的产品与客户服务模块。软件系统主要功能包括：（1）与多功能仪、配气台、电磁阀控制柜、射频识别电子标签（RFID）、条形码扫描仪等物理终端进行信息交互，实现整体战略储备库的管理；（2）实现古籍保护箱箱内（古籍存储环境）以及战略储备库库内（人员工作环境）的环境检测与记录；（3）古籍出入库管理、古籍电子书籍浏览等日常操作控制；（4）古籍存储、修缮等历程查询，后续将衍生古籍寿命预测；（5）战备运输与展览转运等古籍户外定位追踪显示；（6）全国古籍联网监管；（7）辅助完成智能建库。软件系统中控制中心模块、手持终端模块、产品与客户服务模块的功能框架均做了详细设计。受篇幅限制，本文不详细展开。

软件系统基于 .NET 开发平台架构，采用浏览器 / 服务器（B/S，Browser/Server）结构，控制中心模块采用基于微软浏览器 IE10 以上版本的浏览器形式；手持终端模块基于安卓（Andriod）4.0 系统开发；采用基于可扩展标记语言（XML，ExtensibleMarkup Language）的数据接口实现数据交换与共享传输。软件具有可移植性和可拓展性。该系统后期可接入古籍数字化系统（如“中华古籍资源库”），推动国家古籍数字化工作。

该系统将古籍保护技术与航天设计技术有机融合，在新时代新技术的支撑下，实现了古籍保护环境的控湿、低氧氛围维持、防水、防火、防虫、防尘、防霉、防盗、脱酸功能，优化了古籍存放环境及其可控性，解决了古籍战备转运便捷性差的问题，显著提升了古籍贮存环境与信息化管理水平，为古籍存藏环境的精细管理、动态调控、风险预警和应急响应等提供智能高效的支撑和保障，是一种古籍整体战备库系统解决方案。该系统是新时代古籍装具跨学科技术融合的一次成功实践，对古籍装具发展、古籍保护技术推动具有重要意义。

二、新型战备装具的技术创新

新型战备装具系统的研发团队依托中国航天系统工程经验和核心技术攻关优势，以航天领域相关技术为基础，以自主创新为主要手段，针对我国古籍保护工作中的重点、难点问题，从关键装备研制到应用系统研发等方面进行了全流程创新设计。通过对古籍保护工作中存在的问题进行分析研究，确定了项目的总体技术思路。根据总体技术思路，明确了项目关键技术及研制任务；设计了古籍保护关键技术装备系统架构，明确了系统的功能和组成；以系统集成为手段，形成了产品的模块化设计方案。同时，结合我国古籍保护工作的特点和需求，针对关键技术装备研制过程中出现的问题进行分析研究。通过对关键技术装备系统的可行性和可靠性进行研究分析，形成了系统样机。为了验证设计方案和样机的合理性、可行性和有效性，研制团队进行了相应的模拟实验和验证实验。

新型战备装具系统的研发使用了诸多航天先进技术，例如：运载火箭气动加热防隔热结构设计及分析技术、整流罩蜂窝夹层设计与制造技术、飞行器舱体复合材料设计技术、航天产品材料相容性设计技术、航天产品质量保证体系等。该项目将古籍保护技术与航天技术相融合，是高新技术在古籍保护领域的二次创新与发展，对新技术支撑文化发展具有重要意义。在多功能信息化古籍保护系统研发过程中取得如下技术创新突破：

（一）提供了一套古籍整体战备库系统解决方案，实现了古籍保护环境的控湿、低氧氛围维持、防水、防火、防虫、防尘、防霉、防盗、脱酸功能，解决了古籍存放环境恶劣且不可控、战备转运便捷性差的问题，显著提升了古籍贮存环境与信息化管理水平，填补了技术空白；

（二）提出一种利用气调技术进行古籍保护的创新方法，并研制了一种由配气系统、控制系统、软件系统联合控制的氮气置换方案，实现了古籍保护箱内气氛湿度、氧浓度的调节，箱内氧气浓度＜1%，湿度控制 0%—60%（20℃，手动可调），达到了日常存放时有效抑制箱内古籍酸化的效果；

（三）为了实现保护箱的气调功能，发明了一种新型的异形密封圈结构，突破了小预紧力下的双向压力密封技术，解决了减小密封圈压缩载荷和提高密封性能间的冲突问题，实现了古籍保护箱可以用较小的力（50 牛顿）压缩密封圈关门，关门后具备在内压 0.01 兆帕（MPa）或外压 0.1 兆帕（MPa）的条件下良好的密封性能，起到低氧氛围维持作用；

（四）针对战备转运使用情景，研制了一种触发式古籍保护箱跟踪系统，通过古籍保护多功能仪、电子标签感知阵列、古籍保护信息系统、移动通信网络、卫星导航系统，实现被动式授权与非授权古籍保护箱位置跟踪，无需管理人员主动参与，为古籍保护提供高可靠、动态化的跟踪管理。

基于上述技术创新形成了首台套产品，并组织开展了各类实验验证。多功能信息化古籍保护系统在研制过程中完成了系列化的试验，包括防火、防水、跌落、系统联调、气调试验等，试验中与试验后的产品状态如图 7—10 所示。经各类实验验证，产品满足设计要求，满足用户使用要求。

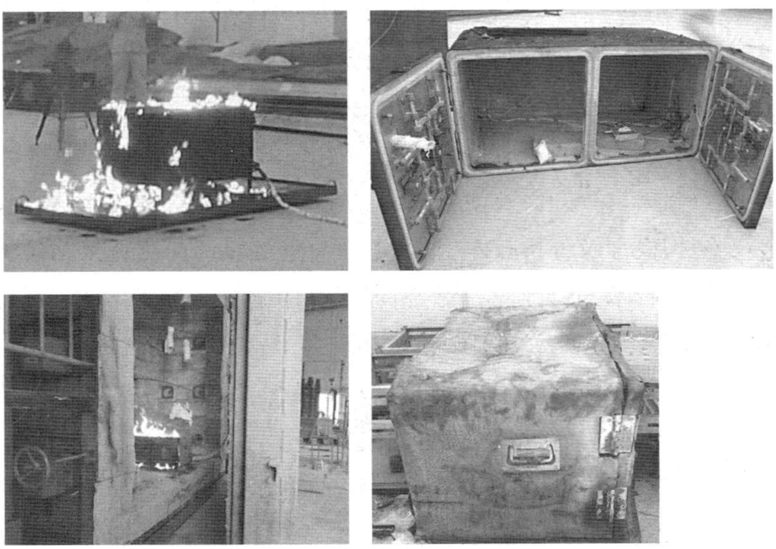

图 7　防火试验

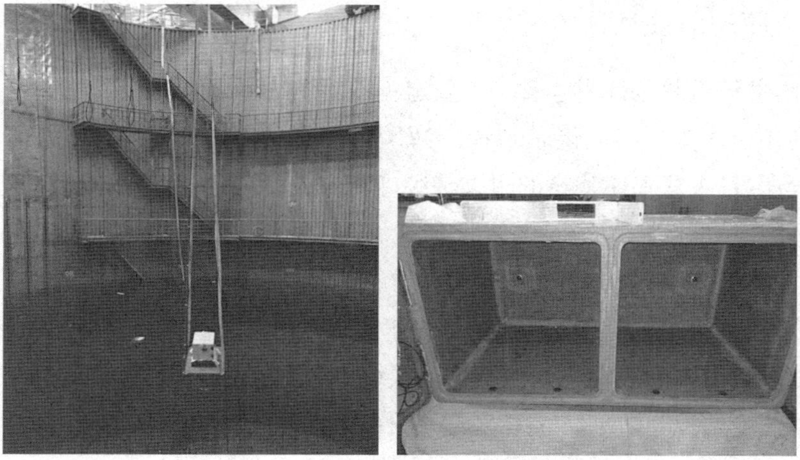

图 8　防水试验

图 9　跌落承载强度试验

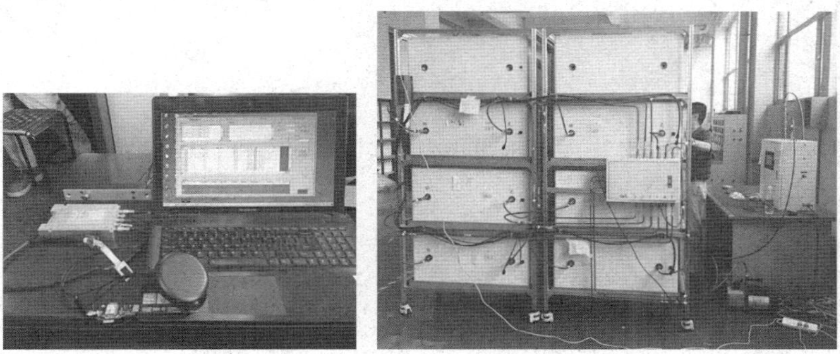

图 10　系统联调（含气调）试验

三、应用前景及意义

《图书馆古籍书库基本要求》规定：（古籍）书库的供暖应采用空调系统，不应使用以水为热媒的供暖装置；书库内不应有给排水和空调、热力、消防等水管线通过；古籍书库建筑的耐火等级应为一级，善本书库应采用自动气体灭火系统[5]。但是对于古籍存放相关机构，普遍提供满足温湿度、防水防火的库房，并加以 24 小时的防护，成本较高。在战备保管、展览、转运、野外等应用情况下，对古籍的保护还有更为严苛的技术要求。目前市场尚无兼备战备转运与低成本日常维护的模块化的古籍护具系统，采用高新技术开发维护成本低的、具有温湿度调控与防水防火基本要求的古籍护具及维护系统，具有重要意义，市场需求巨大。

目前，仍有一些古籍散落民间缺乏小型的便于多重防护（防水防火控温控湿）的古籍护具，存放状况近乎自然环境存放。例如，云南省民委古籍办收集到的 5000 余册（卷）民族古籍大多用自制的土纸、墨和竹笔写成，纸质坚韧，自然老化问题严重，90% 都已破损，其中损毁严重的有 2000 余册（卷），有的被烟熏得漆黑，有的被虫鼠撕咬成粉末，亟待修复抢救[6]。本系统小型化模块为配备 1 个气瓶、1 台手持终端的最小化单个箱体防护系统，可以满足地方性保护机构、寺庙或私人的古籍保护需求。本系统对于上述古籍的保护具有极为实用的推广意义，衍生产品也具有较高的应用价值，同时将带动国内相关产业发展，市场前景看好。

（杨鑑，中国运载火箭技术研究院高级工程师；单亦姣，中国运载火箭技术研究院工程师）

参考文献：

[1] 袁琳蓉，伍光恒，秦慧．古籍特藏书库的建设与思考——以西南民族大学图书馆为例 [J]. 四川图书馆学报，2014（3）：33-35.

[2] 国家图书馆研究院．创新推动新时代古籍工作智能化发展 [N]. 中国文化报，2022-5-9（2）.

[3] 刘家真．馆藏虫霉防治的比较 [J]. 图书馆杂志，2021（5）：31-33.

[4] 刘家真．纸质藏品防治虫霉技术的评价 [J]. 国家图书馆学刊，2015（6）：71-82.

[5] 周崇润 . 关于《图书馆古籍特藏书库基本要求》的说明 [J]. 国家图书馆学刊，2006（3）:26-31.

[6] 吴智嘉 . 民族古籍数字化的现状及科学保护问题研究 [J]. 黑龙江民族丛刊，2019（5）:35-26.

泰然阁古籍收藏初探

A Preliminary Study of the Ancient Book Collection in Tairan Ge

吴 娱 段筱筱

摘 要：泰然阁地处甘肃省庆阳市，属于私人收藏。阁中所藏古籍，超过了所在市（县）公家馆藏古籍的总量。藏书包含版本珍贵的明版书，文化、学术价值较高且存世较少的丛书，晚清、民国时期的医书抄本、稀见书籍，以及地方文人的抄本、稿本等。它有自己的藏书编目，记录了所藏大多书籍的来源。泰然阁作为当代民间藏书的一个实例，其收藏古籍情况及存藏、利用等问题值得关注与研究。

关键词：泰然阁；古籍；私家藏书；价值

古籍凝结着中华文化的根脉，是中华优秀传统文化的主要载体，国内进行的古籍普查与保护工作正是基于这种目的而开展。目前古籍的收藏，虽然大多数集中于公立图书馆，但是私人古籍的收藏仍然占有一定的比重，而且有的收藏还可补公家藏书之阙。因此，全面调查国内私人古籍的所有存藏情况，就显得十分必要。2007 年启动的“中华古籍保护计划”，是我国第一次由中央政府全面部署和领导的古籍保护工作，此后若干与古籍保护直接或间接相关的法律法规、行政规章、规范性文件及标准规范在我国陆续出台，“在一定程度上反映了对我国古籍保护事业发展的现实思考与制度设计，初步形成了有中国特色的古籍保护法制建设体系”[1]。时至今日，全国古籍普查工作已取得了显著成绩，但是由于私人藏书的私密性所限，还存在较大的调查空间。

泰然阁位于甘肃省庆阳市西峰区，阁主顾登崔以经商为主。其藏书部分系其祖父所传，在“文革”期间，为保留祖上留下的千余册古籍，他曾冒险将其运至破窑才保存下来。改革开放以后，通过私人介绍和拍卖会等渠道，陆续购入了诸多古籍，历时三十余年，形成了今天的收藏规模。藏书以明清版本为主，含经史子集四部共2000余部20000余册古代典籍（图1）。为加强藏书管理，招聘了一位管理员，负责图书编目及古籍普查平台等工作。根据全国古籍普查平台已有数据统计，庆阳市各县区图书馆、博物馆收藏的古籍数量为220余部4500余册，加之本地高校所藏的古籍，也仅500部9000余册。泰然阁藏书总量、藏书质量，在庆阳市具有重要地位。

图1　泰然阁馆藏实景

一、藏书编目情况

（一）任伯武编《泰然阁藏书目录絮语》

自古以来，私人藏书已经形成了一种内蕴极其丰富的文化现象，“图书、藏书楼等代表的是藏书的物态文化，此外，还有长期藏书活动中形成的措理之术和风尚、习俗等行为文化，以及藏书家主体因素潜层的心态文化”[2]。藏书者给自己的藏书编目，就是私人藏书文化的一种反映。相较于公藏目录，私人藏书编目可能会“依附于不同的价值观传统、方法论传统甚至可以说是基于不同的书目范式理论之上”[3]105。阁主的收藏，在2013年曾有一次整理，当时在其友人任伯武的帮助下，耗时三年将所藏编成了《泰然阁藏书目录絮语》（以下简称《絮语》，见图2）。

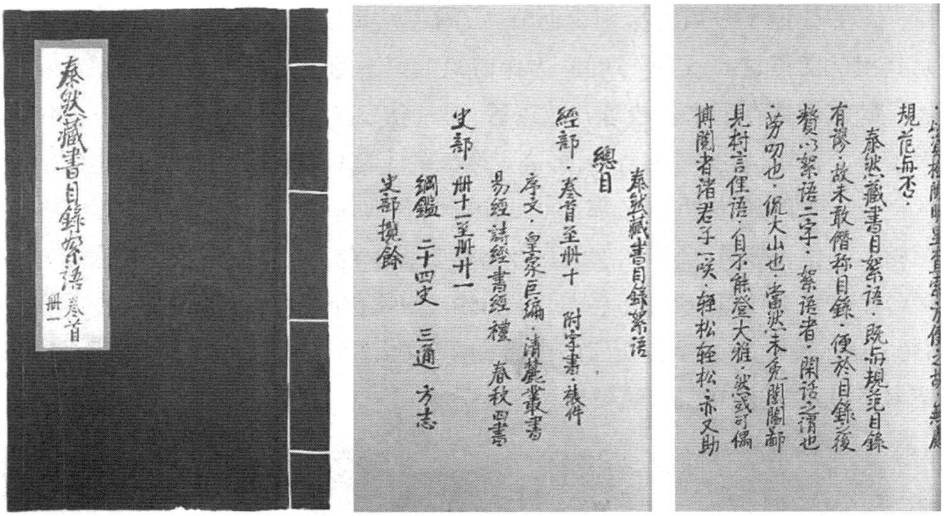

图 2 《泰然阁藏书目录絮语》稿本图影（第一册）

《絮语》以毛笔小楷在宣纸上写成，页面约 8K 纸大小，包背装订，每册 60、80 页不等，数量共 58 册。作者编成后有小记曰："来时艳阳桃花，去时风雨交加。莫惆怅，慢行也，眺远处，炊烟袅袅，尽村舍人家！"下署"古历十月初三，雨雪交加"字样，盖为《絮语》完成的时间。第一册先概述分类如下：

经部（册一至十）：易经、诗经、书经、礼、春秋、四书，附：字书、裱件、序文、皇家巨编、《清麓丛书》；

史部（册十一至廿一）：纲鉴、二十四史、三通、方志、史部揽余；

子部（册廿二至廿六）：先秦诸子、秦汉各家、唐宋明清诸子、小说等；

集部（册廿七至五十一）：凡不归经史子部之书，除医书之外皆列于集部；

医部（册五十二至五十八）：伤寒论、金匮、灵素节要、《本草纲目》、外台秘要、丹溪心法、证治准绳、医宗金鉴、千金翼方、经方、验方、汤头、各家医案。

分类之后，有附语说明："因未详分年代类别，而是遂书相遇则记，故不拘条理，请谅；字书裱件，已附经部，在第二册；因字典固在经部，为尊习惯，仍将编册之次序靠前。"说明编者对自己分类体例的不规范是有认识的，主要目的是对其所藏能有注记，记录每部书籍的来历、内容、作者、历史影响等，具有书籍保管档案的基本作用。这部仿《四库全书总目》而作的《絮语》，因作者重在"读"而不在"考"，所以笔墨所及相对随意，书写中个人主观情感的融入比较明显，使得"提要"与"感想"的界限不甚明了。然而，由于个人藏书与公共藏书数量的不可比拟性，所以“私人藏书并不需求一种广而全的‘综合性’分类方法，而多需求一种对外而言可以更好地显示出藏书家个人旨趣，传达自身学术‘规矩’与学风，并对自身而言，可以详细归纳整理所藏书目的分类方法”[3]105。这种认识，恰恰体现了这部民间藏书编目的特点。

《絜语》在评价中存在一定的偏颇甚至错误，但总体上编者的态度是审慎的，字里行间，不时可见一个读书人沉浸于典籍的本真，以及可敬、可爱之处。如：

> 癸巳季秋，秦然倩余为目录之。念四十多年之交，未敢推辞，便冒胆膺命，受命之日思维再三，自知学术浅陋而任重才疏，更应虚心谨慎认真从事，不敢有丝毫疏忽。于是抖擞精神，奋然操觚，每遇一经一集，必先详读其序文凡例，然后翻览内容之要节。广查资料，细考文本，力求自家之言出之有本，绝不敢无端臆造，贻笑大方。又时与秦然商讨，尽量避免讹错，以使目录之成，既切秦然之用，亦能示人而无愧。（其一）
>
> 秦然藏书目絜语，既与规范目录有谬，故未敢僭称目录，便于目录之后赘了絜语二字。（其二）

这部《絜语》目前只有一部稿本，藏者虽有刊印的打算，但因其内容需要修正、勘误，所以至今仍独处一隅。这种来自民间的撰述者凭借自身的文化底蕴与兴趣所做的私人藏书目录，虽然叙述不够严谨且有错舛，没有形成规范的提要体例，但也有两个明显的优点：一是对所藏古籍的流转过程记载比较清楚，便于了解收藏的过程；二是非“程式化”的叙述风格，使阅读者更容易接近古籍的“灵魂”。

（二）古籍普查平台及电子书目

2013年以后，秦然阁在甘肃省图书馆的指导下，开始了将所藏书影上传全国古籍普查平台的工作，已经上传1000余部古籍，或完成二审，或处于审核、退回待修的状态。其中，明版书共104部1028册，清代版本1379部10387册。在古籍普查过程中，形成了以Excel表格为主的电子目录，著录了正式普查编号、分类、题名卷数、著者、版本（带补配）、册数、备注等七个方面的信息。虽然普查工作进展缓慢，但其藏书编目正在走向规范化、统一化，与公共图书馆编目数据共享。例如：

表 1　泰然阁藏书编目格式举例

正式普查编号	分类	题名卷数	著者	版本（带补配）	册数	备注
620000–A079–0002098	集部 / 别集类 / 宋别集	晦庵先生朱文公文集一百卷目录二卷	（宋）朱熹撰	明嘉靖十一年（1532）刻本	34	
620000–A079–0002300	子部 / 儒家类 / 儒学之属 / 经济	潜夫论十卷	（汉）王符著（明）程荣校	明万历刻本	2	
620000–A079–0000419	集部 / 别集类 / 宋别集	司马温公文集八十二卷	（宋）司马光撰	明崇祯元年（1628）吴时亮刻本	1	平台实存卷数有误，应改为50—53 卷
620000–A079–0001323	子部 / 医家类 / 本草之属 / 本草药性	本草纲目五十二卷图三卷脉诀考证一卷濒湖脉学一卷奇经八脉考一卷	（明）李时珍等撰	清顺治本立堂刻本	40	总 58 卷。《本草纲目》外三种为刻者合辑
620000–A079–0001750	子部 / 医家类 / 本草之属 / 本草杂著	本草纲目五十二卷卷首一卷附图二卷	（明）李时珍等撰	清早期刻本	34	总 55 卷，缺卷 3 上、卷 4 上

二、泰然阁藏书举隅

（一）经部著作

泰然阁所收集的古籍，经部著作的藏量最为丰富，四书、五经和文字、音韵、训诂等方面的著作尤多，其数量达到了 3500 余册。如阁主收藏的多种与《孝经》有关的刻本，其中日本刻本的就有 6 种，最晚的刊刻于明治维新时，此外还有清刻本、抄本。

表 2　泰然阁所藏《孝经》及相关典籍主要版本

题名	著者	版本	册数
新刻孝经不分卷		天明七年（1787）刻本	1
古文孝经和字训二十二章	（日本）岩井夙上木	天明八年（1788）江都日本桥书肆刻本	1
孝经不分卷		文化九年（1812）小林新兵卫刻本	1
孝经发挥十八章	（日本）津阪孝绰撰	文政丙戌（1826）刻本	1
新刻孝经不分卷	（日本）斋藤宽校正	嘉永四年（1851）刻本	1
孝经正文二十二章		明治六年（1873）刻本	1
孝经传说图解四卷	（清）金汝斡、金汝楫辑	嘉庆十六年（1811）云豫堂朱印本	4
孝经不分卷	（清）郑晓如注	清刻本	1
古文孝经略解上下卷		清光绪八年（1882）刻本	1
御注孝经十八章		清抄本	1

明代梅膺祚的《字汇》,收藏的数量有 20 余种,其中明版 3 种,清代初、中期刻本近 10 种,晚清刻本 10 余种。主要版本如下:

表 3　泰然阁所藏《字汇》主要版本

题名	著者	版本	卷（册）数
字　汇	（明）梅膺祚音释 （明）刘永懋重订	万历四十三年（1615）刻本文盛堂藏版	十二卷首一卷末一卷（附韵法直图韵法横图）
瓶窑字汇	（明）梅膺祚音释	明刻本	十二卷首一卷末一卷
字　汇	（明）梅膺祚撰	明刻本	残本
字　汇	（明）梅膺祚音释	康熙三十八年（1699）刻本杭州马瑙寺存版	十二卷首一卷末一卷
字　汇	（明）梅膺祚音释	清嘉庆四年（1799）刻本	十二卷
字　汇	（明）梅膺祚音释	清嘉庆五年（1800）崇道堂梓行	十二卷首一卷
文成字汇	（明）梅膺祚音释	清道光二十八年（1848）同文堂梓	十二卷首一卷末一卷

续表

题名	著者	版本	卷（册）数
增补会海字汇	（明）梅膺祚音义	清光绪四年（1878）刻本善成堂藏版	十四卷
增补字汇	（明）梅膺祚音释	清光绪十八年（1892）东昌宝兴堂刻本	十二卷首一卷末一卷
文成字汇	（明）梅膺祚撰	清晚期刻本三让堂藏版	十二卷首一卷
韵法直图一卷 韵法横图一卷	（明）梅膺祚撰	清刻本	

子部蒙学教育类的书籍，也是他收藏的一个重点。如清刻本《龙文鞭影》《五种遗规》（《养正遗规》《教女遗规》《训俗遗规》《从政遗规》《在官法戒录》）、《教子图说》《幼学琼林》《训蒙二十四孝便读》等旧学启蒙书籍，收藏的数量达到了140余部。

（二）集部文献

集部次之，收藏总集近200部，收藏别集近200部。总集除姚铉《唐文粹》（明嘉靖六年晋藩养德书院写刻本）等少数明刻本外，以清刻本居多，如康熙刻本《全唐诗》、乾隆刻本《昭明文选》等。而清人所编的古文集，如姚鼐《古文辞类纂》、王先谦《续古文辞类纂》、曾国藩《古文四象》则多为晚清、民国铅印本；别集如《欧阳文忠公全集》《司马温公文集》《临川王介甫先生文集》《晦庵先生朱文公文集》等古代大家的作品，都分别藏有数个不同版本，最早的都是明版。其中《晦庵先生朱文公文集》（明嘉靖十一年张大伦刻本）、《司马温公文集》（明崇祯元年吴时亮刻本）等，都是明刻中的善本。此外，还收藏有《醒堂诗文钞》《清六家诗钞》《标笺续文章规范》等出自日本学者汇编的汉文诗集。

（三）中医典籍

因家族前辈行医的原因，阁主所收藏的医学古籍在数量和种类上都相当丰富。《黄帝内经》《本草纲目》等医学巨著，泰然阁均藏有多个版本。例如：泰然阁所藏《本草纲目》多达19部，版本也有近10种之多，有8部同为顺治时所刻，但版本不同。泰然阁所藏的古代医书涉及医经、医方、养生等几类，如清代版本《医门普渡》《傅青主女科》《傅青主男科》等医学名著，以及养生类医学著作《寿世保元》《增补寿世保元》等，能比较集中地体现中国古代的中医文化。

泰然阁所藏还有一定数量的清代、民国的手抄本医书，含方书、医案、养生、常见病证治等内容。如《长生不老方》《药性赋》《专治各等眼科妙方》《方歌从时》《外科金鉴》《跌打秘方》等等（图3）。

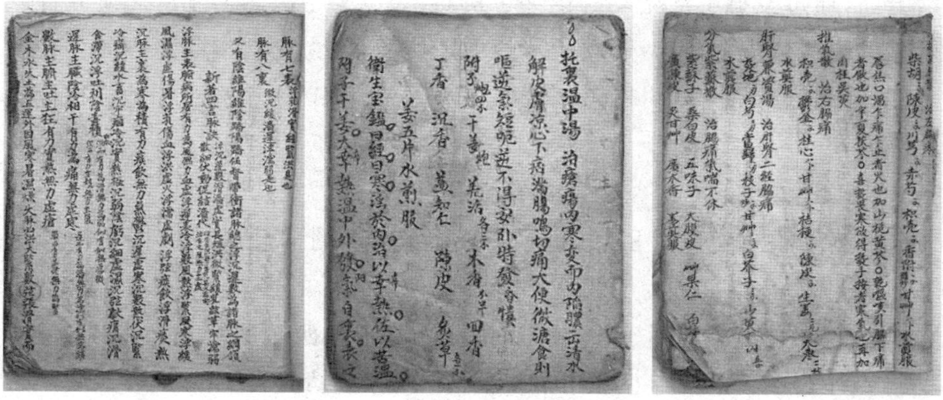

图3　泰然阁所藏医书抄本图影举隅

所藏医书抄本举例如下：

表4　泰然阁所藏医书抄本（部分）

序号	题名	版本	卷数	册数	函数	分类	备注
1	跌打药书	清抄本	1	1	1	医药类	
2	跌打秘方	清抄本	1	1	1	医药类	
3	展卷有益	清抄本	1	1		医药类	
4	御纂医宗金鉴	清抄本	1	1		医药类	
5	方歌从时	民国抄本	1	1		医药类	
6	医学捷径	民国抄本	1	1		医药类	
7	长生不老方	清抄本	1	1		医药类	
8	专治各等眼科妙方	清抄本	1	1		医药类	
9	医药杂抄	清抄本	1	1		医药类	
10	医药杂抄	清抄本	1	1		医药类	
11	本草药性杂抄	清抄本	1	1		医药类	
12	全身跌打药证书	清抄本	1	1		医药类	
13	脉学抄本	清抄本	1	1		医药类	
14	医药良方	清抄本	1	1		医药类	
15	医药杂抄	清抄本	1	1		医药类	
16	医药良方	清抄本	1	1		医药类	

这些抄本一度被收藏者视为私密保存，故而传播的途径极为有限，其中包含着丰富可行的治病经验，具有较高的研究价值，“一方面，能补充和丰富中医药文献学研究内容，为中医药理论研究和临床治疗提供有益的借鉴；另一方面，通过发掘鲜活生动的第一手资料，可以为中医药学发展史研究提供可靠的史料依据”[4]。泰然阁所藏的中医典籍，因为在版本鉴定方面存在不足，所以价值尚不完全明晰，其内容有待进一步了解，亟待有组织地进行抢救性保护。

（四）地方文献

泰然阁收藏有一套巨藏，即清末陕西贺瑞麟汇辑刊刻的《西京清麓丛书》（图4），所收主要为历代理学尤其是程朱理学的经典著作，也包含贺瑞麟自己的几种著作。这套丛书的刻板，原藏于陕西三原县正谊书院，但在“文革”中已被毁坏[5]。据《中国丛书综录》“收藏情况表”的记载，这套丛书的刻本之前在国内41所图书馆中仅北大、北师大、上海、甘肃图书馆有藏[6]，因部帙庞大、流传中多有分散，故今天不同图书馆的收藏种类、数量也各有不同，今据“上海图书馆古籍联合目录及循证平台”查询，古籍普查登记目录有16家著录。泰然阁所藏的《西京清麓丛书》共69种507册，购进时以樟木黑漆木箱分装，共四大箱，箱上刻有隶书名《西京清麓丛书》，今天基本保持着原样。

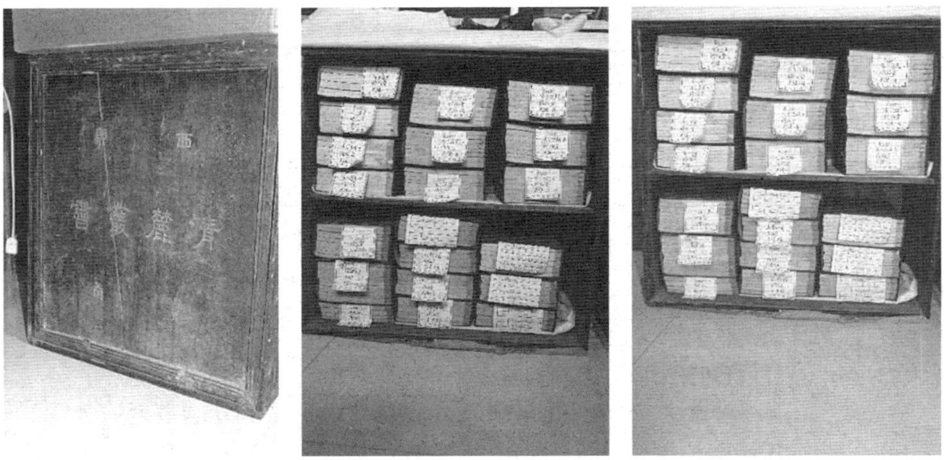

图4　泰然阁所藏《西京清麓丛书》（原书箱及内中存放情形）

泰然阁收藏的刊印于民国四年蒲月（农历五月）的《菩萨卖药》一书，是清末民国初的道情剧本，上署的“甘肃庆阳县西峰镇东南乡　归宗坛存板愿印不取板资”牌记，说明民国时甘肃小镇已能刻印书籍，这是对一百多年前本地印刷发展情况的难得的证明（图 5）。

图 5　泰然阁所藏《菩萨卖药》书影（不分卷，含封面、书名页、正文第一页）

牌记中“宗坛”是道教的词汇，书中内容写观音菩萨下凡开药店疗救众生，却遇到吕洞宾质疑刁难，经菩萨点拨，吕最终悟道得道的过程。佛教和道教人物相互辩论斗法，是佛道思想相争的一个反映，而吕洞宾被观音说服，又说明二者之间的殊途同归，是当时民间信仰佛道杂糅的一个体现。民间文献因内容、刻印数量、流传渠道和影响力的关系，大多很难保存下来，这部道情剧本的侥幸留存，将会对该时代道情的传播路线、道情与地方音乐的关系等问题，起到重要的研究佐证作用。

（五）清代科举文献

泰然阁所收藏的不少清代科举文献（图 6），大多记载的是陕西、甘肃士子的科考资料。如道光时《陕甘拔贡同年录》（不分卷），同治时马寿金、翁曾源的乡试朱卷，光绪时慕暲的乡试朱卷，另有不知刊印年代的《墨卷选钞》（2 册）、《林老师乡试朱卷》（12 册）、张肇铨、黄自元殿试卷等，对地方文化研究来说，均是重要的参考资料。其他诸如试帖、课艺、笔记等等，或为抄本、或为巾箱本，版本比较驳杂粗糙，如：《兼容并包》《注释艺课分编五卷》《关中书院课士赋不分卷》《关中书院课士诗》《明文小题传薪上下卷》等等，皆是此类。

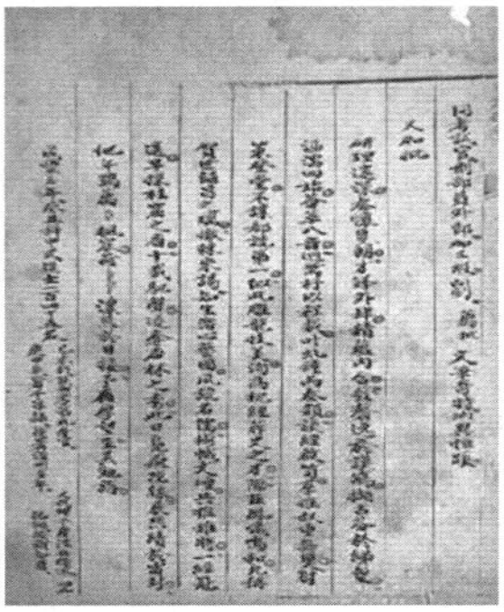
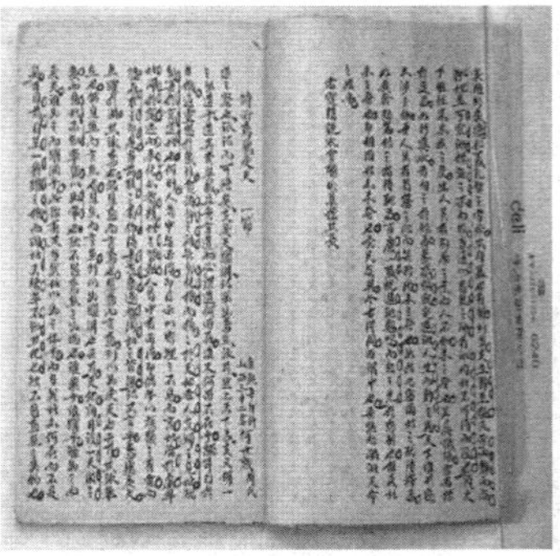

图 6　泰然阁所藏试帖、科举试卷

抄本《兼容并包》为关中书院士子的练笔习作,文字细密,楷书书写,字号如同今天的小四。这些反映清代中后期教育细节的手抄史料,是研究清代科考史的证据之一。

阁主所藏的晚清、民国时期的地方文人抄本、地契、诉状、分产文书等等,因其件数较多,有的书写文字比较潦草,内容不好辨识,尚未予以清点和整理。这些抄本“作为一种版本形态,尽管有一些随手抄录者在资料价值和艺术性上有所欠缺,但其价值仍不可忽视”[7]。有的无价值或价值不高的摘抄经典或通行刻本的本子,经过长期的流传后,其中的字体、印章、抄写者的信息、纸张等,也会赋予这类抄本以内容之外的价值[8](见图 7)。

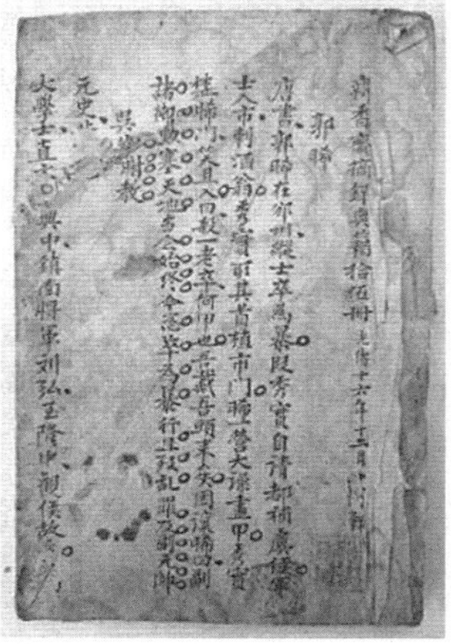
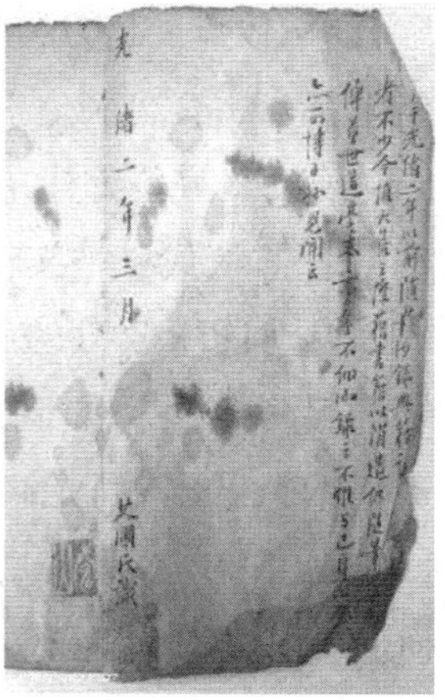

图 7　泰然阁所藏光绪间抄本(《瓣香斋随笔》)

三、泰然阁藏书的不利因素与价值发挥

就泰然阁自身的条件看，它的藏书还面临着环境设施不够优化、缺乏行家的帮助和指导、所藏与所用衔接度不高等有碍书籍保护和利用的方面。比如：

第一，古籍的存藏环境设施需要优化。泰然阁藏书面积不足三百平方米，有近百种地方文人的抄本、稿本，以及地契、诉状、分产文书等，都叠放于藏书室的一隅，温度、湿度及通风、消防措施等都与标准要求存在差距。由于经济能力有限，阁主私人的力量很难改善现有的保存环境，并且也存在着因可以随意买卖和任意转让造成文献流失的可能。

第二，藏书管理有缺失、不完善。泰然阁目前只有一名管理人员，主要从事古籍的登记、上架归类和信息上传工作，此外少有其他专业人员参与。甘肃省图书馆作为协助普查单位，在人员和技术支持等方面也因人手、地理等原因，能起到的作用也相当有限，而地方政府对此的援助性投入也很有限。近几年，在国家古籍保护中心的带领下，各地古籍保护中心都有面向社会公开招募古籍普查志愿者的举措[9]，但是这类活动一般只限于在古籍收藏机构较多的大、中城市开展，像泰然阁所处的这种小城市，几乎是见不到的。因为专业人员的加入不够，泰然阁的藏书在登记编目、版本鉴定等方面，存在着诸多问题。在图书的保护手段方面，也需要做出相应的改善。如有些古籍的修复方式不科学，像装裱字画那样进行装裱而非修复，用日常所用的浆糊、胶水对散页的古籍进行粘贴等。

第三，所藏与所用脱节，不利于长期的保护。作为私人收藏，泰然阁并不对外开放，因此对需要的社会群体或成员，藏书不能发挥它的有效价值。所藏地方文人抄本、地契、诉状、分产文书等，就没有规范地登记、整理，不为研究者所知，一旦散佚或损毁，它们所代表、承载的文化记忆也就丧失，损失将无法弥补。对古籍保护采取的措施，不同级别的馆藏机构实际的做法有别，基层文化机构所藏的古籍缺乏长期、有效的制度约束，在管理上漏洞大，保管者也意识不到它们的价值，因此在流转中的散佚有时便难以避免。

因此，私人藏书如果不加转型，很难有一个满意的归宿。目前可以想到的解决办法有寄存、寻求地方经费支持、寻求古籍保护经费等，但因各方面的衔接、协调工作还不到位，这些设想都未能落实。当前，学界对于当代私人收藏古籍的关注和研究不多，可是一些稀有的文献，或者容易被公藏忽略的资料，往

往保留在私人藏书的空间中。藏书是地方德化与文教的象征，“窃维寻常图书馆之宗旨，在于辅学校之教育而济其穷，矫社会风气使归于正”[10]。藏书与文化教育环境之间形成的是一种共进共退、共荣共衰的互动关系。在版本调查的基础上，笔者发现泰然阁所藏明版古籍有不少为残本，比如收藏的《唐文粹》《欧阳文忠公全集》《临川王介甫先生文集》等，影响了这些古籍的价值。古籍收藏遇到残本，是一种收藏都会遇到的现象，然而由于各个馆藏情况的不同，所收藏的不同残本之间有可能通过互相完善，将“残本”变成“完本”，重新体现它们的价值。当下有学者针对各高校图书馆所藏的稀见善本古籍，提出应在古籍保护中心的组织安排下，由各高校图书馆先将它们分别各自整理，再采用招投标的方式联合出版。这种途径，“不仅能最大限度地提升高校图书馆对中华传统学术研究的古籍保障合力，还能从整体上提升高校图书馆馆藏稀见善本古籍的社会知见度，而且是见效最快的全国高校古籍保护成果”[11]。这种集众家之合力的构想，也同样适之于对古籍残本的保护。

目前，“古籍活化”已成为新时代古籍保护的一个重点。林明《高校古籍保护工作的深化与发展》一文中，根据面向群体的不同，将“古籍活化”分为研究型活化、传承型活化、学习型活化、普及型活化四个层次[12]。在关系上，这几个层次并非各自独立，而是存在着交叉，私藏古籍要发挥出更大的价值，“活化”是一条必由之路，但绝非自己单打独斗所能完成。2022 年 4 月，中共中央办公厅、国务院办公厅印发了《关于推进新时代古籍工作的意见》，目标中要求古籍工作体制机制更加完善，标准规范体系基本健全，而汇聚古籍行业发展合力就是完善古籍工作体制机制的重要任务之一。如果以泰然阁藏书作为资源库，在政府、高校与公共图书馆的共同支持下设立古籍博物馆，以多种“活化”的形式展示所藏，并与当地或周边的高校、中小学建立联系，形成一个不但可以观摩、还可以实践的基地，避免有资源而不为人知的情况，打造地方古籍推广教育的范例，才能更好地达到国学普及与道德实践结合的社会价值。

（吴娱，陇东学院文学与历史文化学院教授；段筱筱，泰然藏书阁管理员）

参考文献：

[1] 李华伟 . 2007 年以来我国古籍保护法制建设进展 [J]. 图书情报研究，2021(1)：4-14.

[2] 周少川 . 藏书与文化——中国古代私家藏书文化研究刍议 [J]. 安徽大学学报，2003

（2）:92-99.

[3] 乔楚．古代私人藏书目录与政府藏书目录书写原则比较 [J]. 图书馆杂志，2016（1）: 104-109.

[4] 裘俭，符永驰．中医药古籍抄本的研究现状及其价值 [J]. 中国中医药信息杂志，2006（1）:100-101.

[5] 梁思法．三原县志 [M]. 西安：陕西人民出版社，2000:725.

[6] 上海图书馆．中国丛书综录：第 1 册 [M]. 上海：上海古籍出版社，1982:978.

[7] 陈红彦．国家图书馆藏抄本述略 [J]. 国家图书馆学刊，2016（4）:90-93.

[8] 沈津．抄本及其价值与鉴定 [J]. 四川图书馆学报，1982（4）:90-93.

[9] 陶敏娟．新时期文化志愿服务发展模式探析——基于“中华古籍普查文化志愿服务行动”的案例研究 [J]. 山东图书馆学刊，2021（3）:48-52.

[10] 图书呈缴本制度最早文件三件 [A]. 宋原放．中国出版史料·近代部分：第 3 卷 [M]. 武汉：湖北教育出版社；济南：山东教育出版社，2004:555.

[11] 李云．谈谈对高校古籍保护工作的思考——基于北京大学图书馆古籍业务 [J]. 大学图书馆学报，2022（3）:5-12.

[12] 林明．高校古籍保护工作的深化与发展 [J]. 大学图书馆学报，2022（3）:17-20.

再生与传播

大汉雄风

——上海图书馆藏汉碑善本展运营工作报告

The Work Report of the Exhibition of Rare Rubbings of Han Dynasty Stone Inscriptions in the Shanghai Library

高 雅 王君婕

摘 要:2023 年 10 月 30 日开幕并持续 70 天的“大汉雄风——上海图书馆藏汉碑善本展”以展品的高质量、高规格吸引了各方关注,赢得了广泛的社会声誉,也是图书馆碑帖展览工作运营的成功实践。上海图书馆动员社会力量,构建“馆员 + 志愿者”的服务团队,为展览保驾护航。出于传播普及金石文化的目的、满足观众获取展览相关专业知识的需求,本次展览在线下开设了多种公众导览模式,推出专家讲堂;在线上利用网络扩大社会影响,制作相关视频,上线数字展,推出专业图录,联合媒体推动社会“金石热”。为拉近观众和碑帖文化的距离,展览设计了观展活动与配套文创,收获了较好效果。通过运营,“大汉雄风”展览让“冷门绝学”登上大众舞台,点亮了观众心中那盏欣赏民族文化瑰宝的明灯。

关键词:碑帖研究;展陈运营;上海图书馆

金石刊不朽,楮墨传金石,碑帖拓片承载了深厚博雅的中华文化。作为海内外碑帖收藏重镇,上海图书馆一直致力于碑帖的整理研究和宣传,并在近年推出一系列专题展览。2023 年 10 月 30 日开幕的“大汉雄风——上海图书馆藏汉碑善本展”(以下简称“‘大汉雄风’展览”)是继 2019 年“墨彩斑斓 石鼓齐鸣——石鼓文善本新春大展”、2021年“大唐气象——上海图书馆藏唐碑善本展”之后上海图书馆碑帖展览的又一站，甄选馆藏94件汉碑珍本善拓展出，其中达到国家一、二级文物标准者有80%左右，属首次集中亮相，保持了上海图书馆展览一贯的高质量、高规格。

“大汉雄风”是业界首个以汉碑善本为专题，也是迄今为止汉碑拓本最高文物规格的展览。本次展览的展陈逻辑以时间为明线，以石刻类型为暗线，拓本按原石刻立年代顺序排列，这是一条线性的时间脉络，同时也是一条汉代石刻与书体发展的螺旋式前进脉络，呈现两汉石刻文字从朴拙到成熟，再到分化的发展进程。除了石刻本身之外，明清以来的汉碑收藏文化也寓于展品之中，成为本次展览的一大重点和亮点。无论是书法、传拓、装帧，还是名人题跋，都颇具看点，再现了百年前文人雅集的盛事。

同时，此次展览也是上海图书馆东馆投入运营以来首次举办的历史文献年度精品展，是探索建设新一代智慧复合型图书馆理念的一次实践。其规模、展期、观众数量远超以往。从2023年10月30日至2024年1月7日，这场为期10周、共70天的大展吸引了来自世界各地的观众近4万人次，日均接待近600人次；获得了数十家主要媒体的报道，也在微博、小红书等网络平台吸引了百万读者的关注，彰显了极大的社会影响力，将“小众文化”和“冷门绝学”送上了“大众舞台”。

较长的展期为促动“金石热”创造了更好的机会，也对展览运营提出了更高要求。分析“大汉雄风”展览成功的因素，可以看出上海图书馆在碑帖展览运营方面做了多方探索。

一、构建馆员+志愿者的服务团队

为了更好地运营“大汉雄风”展览，上海图书馆首先构建了“馆员+志愿者”的服务团队，包括历史文献中心馆员、馆员党员志愿者、讲解志愿者、执勤志愿者，共同为参观者提供专业、周到的服务。

历史文献中心每日安排展厅值班人员，并调拨部分馆员常驻展厅，承担展览咨询、现场协调以及面向社会团体的团队接待工作。展厅中每日安排两名党员志愿者，作为馆所内部人员，拥有更丰富的经验，他们来自馆所不同的中心处室，在本次展览的工作中充分发挥了模范带头作用，在前台导引、活动运营等方面提供了可靠的助力。

此次展览也广泛动员、汇集了社会力量,征集志愿者协助做好展览讲解、观众引导、文明劝导等工作。在公众定时导览方面,上海图书馆从志愿者队伍中招募并培养了一批"大汉雄风"展览专项讲解志愿者,经过视频筛选、资料学习、集体培训,一一试讲考核后上岗。这些志愿者们来自各行各业,熟悉馆所志愿者运作机制,对于讲解服务以及中国传统文化的弘扬都抱有极高的热情,也经过了严格的培训和考核,有能力为观众提供专业、准确的讲解。他们的热情工作受到了观众的一致好评。另外,场馆内每日还设置了两名执勤志愿者,他们的工作是配合馆员、安保团队维持现场秩序,解答常见问题,协助活动运营,并对展厅内个别观众的不文明行为加以提醒。在周末、节假日等人流较大的情况下,执勤志愿者们的作用尤为关键,成为展厅运营的重要支柱力量。

志愿者的参与很好地缓解了展览规模大、展期长带来的接待压力,他们成为此次展览的重要生力军。同时,将志愿者纳入服务团队,也让更多人切身参与到金石文化的传承与推广中来,取得了很好的社会效益。很多此前尚未接触过碑帖的志愿者,借此机会深入了解汉碑的历史背景和文化内涵,化身为传统文化的学习者、宣传者。

二、提供线下+线上的知识服务

上海图书馆一直秉持为读者提供知识服务的理念,这一点在图书馆展览中也有体现。金石学本为相对小众的文化门类,碑帖是大众相对陌生的文献类型,这就使得碑帖展览有一定的观展门槛。为化解展览内容与参观者之间的"陌生感","大汉雄风"展览为观众提供了多种导览模式,配置了专家讲座,开设了线上展览,提供了视频导览,出版了展览图录。多种多样、线上线下全面铺展开的知识服务,为的是让观众走进展厅,理解展品,进而喜爱金石文化。

(一)展厅内开设公众导览

为满足不同人群的观展模式和时间安排,"大汉雄风"展览面向公众免费提供了文字导览、语音导览、人工导览三种导览模式,对应由浅入深的不同层次的知识需求。

首先,展厅中的每件展品的说明牌文字都设计得简明扼要,旨在提供基本信息,引导观众在现场欣赏实物展品。另设有 7 块较为翔实的图文版面,一方面在形式上平衡展厅空间色调,缓解视觉疲劳,另一方面在内容上为观众提供关于汉代石刻类型的科普知识,包括刻石、碣石、石阙、摩崖、碑石、石经、画像石七大形制，作为必要的内容补充。

另外，综合石刻艺术、拓本年代、棰拓工艺、名家递藏等多方位因素，包括明拓未断火烧本《曹全碑》在内的20件展品被选为本次展览的重点展品，它们的展牌上附带有二维码，观众可以通过手机扫码获得该展品的详细文字介绍以及高清图片信息。同时，上海图书馆公众号为本次展览开设了专项栏目，其中包括以展品为单位的音频讲解，其讲解词在二维码文字介绍基础上，设计了更活泼生动、更适应观众通过音频接受的版本。

在人工导览方面，“大汉雄风”展览考虑到散客、团队的不同需求，推出了定时导览和团队导览两种模式。定时导览每日两场，配备耳麦设备，观众可通过上海图书馆小程序进行预约，每场预约名额上限为30人。展览期间共开展定时导览130场，实际接待人数为2441人次。同时，我们为非营利性质的社会团队推出了团队预约讲解服务，共接待团队讲解196场，实际接待3163人次。这些团队包括各地领导干部、专家学者、文博同行、外事团队以及广大社会非营利团体。通过团队接待，我们为观展人群提供了更加全面的、可定制化的讲解服务。

依托灵活的团队讲解模式，“大汉雄风”展览与上海教育团体保持联系，积极开展馆校合作，从义务教育到高等学府，许多在校师生走进图书馆，走进碑帖展，欣赏和研究碑帖珍本原件，展厅成为师生们的第二课堂。在这里，学生扩展了眼界，提升了素养，享受了传统文化的大餐，与校园学习相互补充，将金石文化传承下去。

（二）配套推出专家讲堂

展览期间，上海图书馆陆续开展了4场配套专家讲座，邀请到童衍方、陈麦青、陈郁和仲威四位专家学者带来了各自不同视角的碑帖文化解析，详见表1。从书法品评到石刻分析，从收藏家的研究心得到策展人的思路手记，开拓了展览的外沿，诠释了金石文化多重魅力。4场讲座参与观众共计达625人次，讲座现场互动热烈，反响良好。在举办讲座过程中，我们亦发现有不少因为参加专家讲座而反复前来观展的观众，也有观展后前来听讲，而后又回到展厅者。他们将讲座视为学习的过程，而观展则是他们“预习”“巩固”“消化”的过程，由此可见展览与讲座实为相互促进、相互阐发的关系。

“不听不明白，多亏了有老师介绍。”很多前来参与导览、讲座的观众这样反馈给我们。专家讲堂的开设，为每一位前来观展、渴望获取更多专业知识的观众打开了一扇欣赏、理解展品的窗户。

表 1 “大汉雄风”展览专家讲堂一览表

时间	讲座标题	主讲人
11 月 5 日	“大汉雄风”琐谈	童衍方
11 月 19 日	汉碑之古，善拓之雅	陈麦青
12 月 3 日	汉碑收藏亲历记	陈郁
12 月 17 日	策展人谈“大汉雄风”展	仲威

（三）制作线上扩展资源

除了线下进行的公众导览与专家讲堂，上海图书馆也适应当代的传播模式，充分运用网络平台，提供关于“大汉雄风”展览的线上资源。大量精美的宣传物料被撰写、拍摄、制作，这些物料既对展览起到了宣传推广作用，也拓展了观众的观展外延，更成为上海图书馆永久性、开放性的文化档案。

在展览开幕前，上海图书馆官方多平台推出了策展人专访、台前幕后故事以及重点展品的推介视频。展览期间，定期推出“馆员讲馆藏”系列视频，介绍重点展品，持续普及金石文化知识。在历史文献中心和阅读推广中心的通力合作下，上海图书馆官方平台为“大汉雄风”展览进行了 13 次视频形式的主题推广和宣传，详见表 2。所推出的汉碑展系列推文视频，累计观看超过百万人次，其中《百年一遇：90 余件国宝级汉碑善本震撼集结，重现两千年前的大汉雄风》年度大展第一期预热视频全网浏览量就超过 10 万次，互动超过 1 万人次，成为现象级传播视频，也是中华优秀文化“活”起来、“火”起来的典型案例。本次展览合作单位艺度文化也推出了数个策展人专访视频。

表 2 上海图书馆制作“大汉雄风”推广视频一览表

序号	首发时间	视频主题
01	2023-10-12	[展前预热] 百年一遇	90 件国宝级汉碑善本震撼集结，重现两千年前的大汉雄风！策展人仲威访谈
02	2023-10-19	[展前预热] 馆藏年度大展即将开幕	汉碑善本如何惊艳亮相，是谁让它们焕发生机？修复师张品芳访谈
03	2023-10-22	[展前预热] 大汉雄风来了——馆长、专家谈展览
04	2023-10-26	[展前预热] 布展过程纪录

续表

序号	首发时间	视频主题
05	2023–11–08	[馆员讲馆藏] 造礼器，美风俗，来“大汉雄风——上海图书馆藏汉碑善本展”欣赏“汉隶第一”《礼器碑》
06	2023–11–14	[馆员讲馆藏] 火烧本《曹全碑》背后有怎样的故事？来“大汉雄风——上海图书馆藏汉碑善本展”欣赏明拓珍品
07	2023–11–16	[馆员讲馆藏] 上承西狭，下启受禅，来“大汉雄风”欣赏“焕”字不损本《张迁碑并阴》，领略汉隶名篇不朽风华
08	2023–11–18	[馆员讲馆藏] 巍巍太室，峻极于天，来“大汉雄风”赏“君”字本《太室西阙铭》，构筑石阙之上的神话世界
09	2023–11–22	[馆员讲馆藏] 来“大汉雄风”欣赏初拓最佳本《刘平国摩崖》，跟着 14 位名家题跋追寻纸墨之上的万里行旅
10	2023–11–24	[馆员讲馆藏] 来“大汉雄风”遇见墨皇本《三老讳字忌日记》，探索“两浙第一碑”背后的流转故事
11	2023–11–28	[馆员讲馆藏] 汉人石刻，清人访寻，今人观瞻，来“大汉雄风”，赓续《武氏祠画像题字》的石墨因缘
12	2023–11–30	[馆员讲馆藏] 最抽象的拓片、最密集的题跋，上图《沙南侯获碑》缘何为“世间第一本”？来“大汉雄风”感受立体的碑帖文化
13	2024–01–11	[展后总结] 大汉雄风——上海图书馆藏汉碑善本展，历时十周，四万参观人次，两百场团队参观，一百余场定时导览，日均 600 参观人数，完美闭幕，期待更多精彩

“大汉雄风”展览还同步上线了数字展，在上海图书馆官网首页展示。线上展内容以汉碑 7 个石刻门类划分，在展览期间发布了 20 份展品图片及介绍文字，并在闭展前后陆续上线了所有展品的内容，打造了一个“永不落幕的展览”。同时，该网站还收录了相关媒体报道、宣传视频、讲解视频等展览相关内容，成为展览相关知识的集中地，整合诸多资源，极大丰富、便利了读者获取相关的信息。读者还可以在该网站中访问 720 度全景展厅，走近展厅中每个展柜，查看每一幅展牌与说明文字，观赏展厅中播放的视频。持续建设中的“上海图书馆碑帖知识库”作为深度探索的内容也被内置于网站中。该知识库基于不同的需求场景、借助 AI 技术、语义技术、IIIF 技术和贴合需求场景的交互设计，在文本和图像内容外，提供背景知识、流藏历史、艺术风格、单字欣赏的深度揭示，提供了融文献查阅、循证研究、艺术鉴赏、文化传播为一体的、适应

不同需求场景的智慧化服务。这些线上碑帖知识服务，为读者提供了深入探索的更多便捷工具。

（四）联合专业媒体

上海图书馆于开幕之际联合多家媒体报道展陈概况，包括各大官方媒体以及各类自媒体平台，致力于在开幕前为公众做好“预习功课”，发掘专业力量，吸引潜在观众。展览期间计有包括文汇报、美术报、澎湃新闻、上观新闻在内的近20则主要媒体报道。历史文献中心充分借助媒体的宣传作用，与澎湃观展、长三角之声等媒体合作，录制馆员导览视频节目，帮助观众消化“大汉雄风”展览这份文化大餐。此外，我们也看到，“大汉雄风”展览在网络上收获了大量“自来水”，众多自媒体持续关注展览，自发制作推文、播客、讲座等各种文化产品，形成了良好的文化生态。

（五）图录——展览联动模式

展览配套图录也是“大汉雄风”展览的重头戏之一。本次图录三册一函，内容翔实、细节丰富，设中英双语对照，收录151种汉碑善拓。图录不仅是展陈活动的纸质呈现和存档，更是以展览为平台，全方位展现上图汉碑研究多年积累成果的契机，兼具学术意义和收藏价值，和展览的“现场感”互为补充。

在策划排期上，本次采取了图录与展览并行的模式，分阶段进行，且各有侧重。在内容方面，图录篇章的策划实际上也是对展览逻辑的梳理，图文编辑的过程更能帮助团队摸排每一件展品的闪光点和重要价值，厘清文化传播的思路，有重点、有体系，优中选优地进行重点展品、重点页面的诠释。

三、线下观展活动

展览的参观者，来自知识层次各不相同的社会公众。为吸引更多人走进展厅，“大汉雄风”展览在现场还设置了可供各年龄段观众参与的活动，拉近观众和碑帖文化的距离。

“大汉雄风”展览配套设计了15种精美的汉碑主题印章，供参观者打卡、留念，还有观众开发了锦灰堆拼贴画、集章书法创作等多种玩法。而我们也观察到，随着集章打卡风潮的盛行，催生了相当数量的“到此一游”式观展行为，超出了我们的预期。因此我们因势利导，在展览中后期于常规印章之外，陆续推出了三期“寻字集章”活动，引导参观者走进展厅仔细观察实物碑拓，找出活动中的指定文字，并盖上相应的印章。这个活动一方面缓解了盖章处节奏过快、应接不暇的接待压力，另一方面也满足了不少观众的收集爱好，增加了他们的成就感，更是通过这样的引导使观众加深对展览的印象，促进展陈内容的传播。另寻字集章活动也与文创相联动，集齐当期新章便可以获得文创商品销售价格的8.8折优惠。

为了进一步扩大展览传播效力，"大汉雄风"展览还开发了汉碑主题书签作为活动纪念，赠予在微信朋友圈、小红书、微博等社交平台宣传"大汉雄风"展览的观众，鼓励其以图文形式记录与分享观展体验，调动自媒体力量，在网络世界中形成强有力的"大汉"效应。另外，本次展览的配套书签也将在未来的一年通过图书馆的各类活动分批限时获取，确保"大汉雄风"展览作为上海图书馆年度大展的持续影响力。

四、开发配套文创

配合本次展览，上海图书馆特别开发了"汉风"系列文创12个品类，37个最小存货单位（SKU），覆盖生活快消、文房用品等多个品类，构建系统化价格体系，满足分众化的消费需求。

"独出机杼，汉世风华"，这些"汉风"文化系列产品生动呈现了汉碑画石的古雅韵味，引导受众穿越两千年的漫漫光阴。"汉风"倒流香套装在青烟缭绕中带来汉隶的视觉飨宴，"不烦"冰箱贴通过手工精雕还原典雅古趣的汉碑和画像石拓片，"锦灰堆"系列拼图撷取汉碑善本、钤印、画像石拓片以重构的形式演绎"汉风"国潮，不仅展现了上海图书馆文创独具特色的气质与风貌，更有效地提升了馆所品牌的影响力。观众将文创产品作为观展伴手礼带回家中，时时感受"汉风"氤氲，处处都是"大汉现场"。

五、结语

"大汉雄风"展览是上海图书馆献给社会的一场碑帖"盛宴"，致力于呈现精品馆藏，传播金石文化，收获了良好的反响。为对参观者进行深度了解，"大汉雄风"制作并发放了展览调查问卷，共回收有效问卷823份。问卷调查数据显示，观众男女性别比为1∶2，女性是观众的主体。观众年龄总体偏大，中位数落在36—50岁区间，这和金石兴趣人群年龄偏大有关，也和展期没有覆盖学生寒暑假有一定关联。观展人群学历层次总体很高，本科以上人群占4/5，研究生学历超过1/4，这符合碑帖展览须有一定观赏门槛的预判。观众对"大汉雄风”展览整体满意度达99%。本次展览吸引了很多忠实观众:20%的观众从上海以外的地区赶来看展;近50%观众观展不下于一次,20%的观众来过3次以上;近50%观众在展厅逗留时间超过1小时。从这些数据可知,金石碑帖类展览虽然在主题上相对小众,有一定的欣赏门槛,却拥有相当高的观众粘性,而这一数据模型也对于我们未来举办同类展览有一定的启发意义。

我们很高兴看到,展厅中不时有书法“发烧友”现场临帖,也曾有老人带着个人收藏到现场校碑,还有观众带上了卷轴、团扇等前来集章,为作品赋予了新的意义。更多的是来自五湖四海,且反复来参观的“熟面孔”,他们往往在展厅花上几个整天的时间,细细欣赏着每一寸墨迹。当然,更有许多观众经由这次展览第一次与汉碑善拓“亲密接触”,了解了“碑帖”这个文献种类,对汉碑之美有了切身认识,对金石文化有了初步感受。

习近平总书记在文化传承发展座谈会上的讲话中强调:“中华文明历经数千年而绵延不绝、迭遭忧患而经久不衰,这是人类文明的奇迹,也是我们自信的底气。”上海图书馆向来重视古籍文献的公众宣传及推广活动,多年来不断通过各种方式弘扬中华优秀传统文化、赓续中华文脉。今后还将举办更多的高质量、高规格的精品展览,揭示馆藏精华,将中华优秀传统文化引入大众视野,从而坚定文化自信,守正创新,谱写当代华章。

(高雅、王君婕,上海图书馆助理馆员)

以文化共性实现海外共情

——对古籍海外传播的探究与思考 *

Empathy with Cultural Commonality: Thoughts on the Overseas Dissemination of Chinese Ancient Books

许甜新　褚　静

摘　要：作为国家重要的文化遗产，古籍所承载的内容与思想不仅有民族性，更具世界性，其蕴含的智慧与财富对当代中国与世界的发展都具有不可忽视的作用。唤醒古籍文化特质并推动其海外传播是当前古籍研究的薄弱环节。鉴于文化共性的客观存在以及古籍海外传播的现状，可以从文化共性的角度出发，为古籍海外传播寻找新的出路与方向，从而进一步推进古籍保护与传播工作。

关键词：文化共性；古籍；海外传播；古籍保护；

古籍不仅是中华优秀传统文化的一部分，更是其重要的实物载体。自 2022 年"加强文物古籍保护利用"写入《政府工作报告》以来，如何深入挖掘古籍中所蕴含的哲学思想、人文精神、价值理念从而为我们认识世界、改造世界、治国理政提供有益启示，成为一个亟需深入探讨的问题。学界也从不同方面对其进行了思考，已有工作包括推进古籍数字化、媒体传播、古籍影视化等方法与举

---

* 本文系辽宁省经济社会发展合作课题"文化自信视域下二十世纪汉字整理与规范研究"（项目编号 20231s1hzyb—06）阶段性成果。

措，都取得了极大的进展。但应该看到，文化是民族的，更是世界的，古籍中所蕴含的文化特质是文化千年凝结的结果，为我国发展提供有益启示的同时也能够为世界进步提供指导与借鉴。这不仅是增强文化自信的过程，也是让世界认同、接受中华文化的过程，最终会助力于文化命运共同体的建设与发展。以实现此美好愿景为出发点，对古籍文化特质的唤醒工作就不应只局限于国内，更应推进世界文化之间的交流与互鉴。这不仅是推进古籍保护的应有之义，更是推进世界文明互鉴所亟需的一步。如何以古籍传播推进古籍保护工作，进一步向世界展示中国文化底蕴与文化形象，是我们当前需要进一步讨论的内容。

一、古籍文化海外传播的现存问题

为进一步推进古籍保护工作，学界做了很多探索。刘跃进提出古籍传播是促进中国文化在世界有更大影响的最好的途径也表明了传播于古籍、于中国文化的重要性[1]。李旭从古籍的版式及编排模式的角度出发，认为古籍编排应该遵循竖写左行的传统，并指出其作为古籍的一种外部形态已经成为我们传统文化的一种符号，在国外很有市场，同时也主张推进形式走出去的同时促进内在精神的传播[2]。文秀华、王莲霞认为古籍的阅读推广应重在宣传古籍当中蕴含的知识含义、让读者感受中华文化魅力[3]。随着数字化的不断发展与影响，很多学者强调实现古籍与新媒体、新技术的结合。李珩认为传播媒介能够充分挖掘古籍的时代价值，促进古籍的有效利用，因而建议图书馆古籍阅读推广工作应充分利用社交媒体平台，展现古籍数字化内容，增强古籍阅读推广活力[4]。冯国军[5]和梁爱民、陈荔京[6]都认为古籍数字化是促进古籍保护与再生产的重要手段与前提。尽管近来古籍数字化发展迎来了喷发期，甚至已经取得显著成果并且形成了较为成熟的技术和标准，但仍需承认其在发展中出现了一些问题，贾娟[7]与梁爱民、陈荔京等就对古籍数字化过程中的问题进行了分析，并提出了相应的措施与建议。

总结学界现有关于古籍传播的研究成果，大致包括古籍阅读推广、古籍推广形式与内容的探索、古籍数字化的意义、古籍传播的限制条件、古籍传播的受众定位等，形成了较为完善的理论体系。但从现实的角度看，古籍海外传播所取得的成就依然不尽如人意，关键就在于古籍的输出与输入的问题上。

（一）输出与输入在量上不对等

自古籍传播概念提出后，各界都在从不同的方面推进古籍传播工作，翻译与数字化作为其中重要的手段，古籍译本与电子书的数量也在不断增加。但二者选题偏重明显，资源集中导致了大量的重复建设，致使人力、财力的严重浪费。如《文渊阁四库全书》《二十五史》等古籍资源存在多种电子版本资源集中重复[8]。另外，古籍数字化作为古籍海外传播的一大主力，其将成果最终面向的群体定为人文社会科学研究者及古籍爱好者群体海外受众[9]，普通大众很少有机会接触到。输出量庞大，受众狭窄就导致了古籍输出与输入在量上的不对等。需要注意的是，传播是双向互动的，在传播中输入很大程度上决定着传播效度的达成。当前古籍传播输出与输入在量上的不对等问题的长期存在也导致古籍的海外传播工作举步维艰，反响平淡。所反映出来的问题是我国古籍在海外的传播工作仍不到位，解决二者在量上的矛盾就需要在输出时缩小古籍体量，避免铺面式的无选择输出，同时也要树立国际视野，扩大目标受众群体，从而实现矛盾的有效解决。

（二）输出与输入在质上不突出

古籍内容与今天的生活距离较远，接触时会给人以艰难晦涩的感受，如果缺少相关背景知识的支撑，再加上古籍内容存在注重高雅或刻意高雅、缺乏生活气息的问题，使得古籍很少能调动大众的阅读兴趣。以往古籍推广也大多存在这种问题，如吴诺曼和张黎俐指出古籍在推广上多注重内容的学术专业价值，缺乏对大众多元古籍需求特征的调研和分析[10]。为了解决这一问题，很多短视频坚守“阳春白雪”式的传播模式，不仅不利于公众形成对古籍的准确认知，更不易改变其固有态度[11]，最终导致输出与输入质上不突出的问题。以古籍翻译为例，译者尤其是中国译者在翻译古籍时存在不了解海外目标受众的问题，在翻译时缺少对目的语文化的适应性表述[12]，导致译本可读性受限。最终导致两者之间顺畅平等的交流无法进行，古籍在海外传播过程中只能成为空中楼阁，远离群众，无法真正走进大众内心，普及与传播中华优秀传统文化的初衷与目标也无法实现。

二、文化共性

人类文化的个性不能掩盖其在生理特征、生存经验和认知结构上的一致性和共通性。众多的一致性和共通性构成了超越时空、地域和民族等界限的人类文化共性[13]。认知语言学重要的哲学基础，体验哲学主张反映在语言中的现实结构是人类心智的产物，而人类心智是身体经验的产物。文化（包括古籍在内）作为人类实践与智慧的结晶与后天产物，当然也是人类心智与身体经验的产物。生而为人使我们产生了共同的需要、欲望和需求，在生存需要得到满足之后，我们开始探求如何更好地生活，并在追求更好生活的过程中形成了各种各样的文化内容。黎永泰和黎伟[14]认为我们作为人类是文化共性产生的根本原因。不论处于何地、带有何种肤色，我们都具有作为人的共同本质特征，而拥有共同点的不同人类所创造出来的文化也必然存在共性特点。另外，生活在同一自然大环境中是世界各国的共同点，也是文化得以重合的原因。人类文化的共性，体现了不同文化的融合部分，这是构成不同文化相互理解的基础，它必然有利于跨文化信息的顺利传递和不同文化间的交流[15]。因此，古籍文化走出去的过程中，处在优先地位的是被双方认可的“共有文化”即文化共性。

笔者认可海外传播这一角度，并希望通过古籍的海外传播，使古籍在动态的使用中得到更好的保护与发展。古籍所包含的价值追求不仅是中国引领时代潮流和世界文明进程的基因密码，也是人类交流传播的共情体验和心声诉求[16]。以古籍形式记录下来的文化内容，当然会在主题、形式、内涵上存在共性，且这种共性是客观存在的，能够被利用的。正如廖华英和鲁强所提出的，中国文化传播的有效途径之一是基于文化共性的传播策略[17]。基于此，本文认为可以从文化共性出发，以古籍中与世界的共通点为突破口，利用古籍中客观存在的文化共性内容推进古籍的海外传播工作，进而发挥古籍海外传播对古籍保护的连锁效用。

三、文化共性对古籍海外传播的实际意义

因为古籍海外传播的目标受众是普遍大众而非特定的研究者，所以促进古籍在国际大众视野中的传播是关键。在长期刻板印象的影响下，受众一般不会对古籍产生进一步学习的欲望，即使有欲望也并不强烈，很难长期坚持下来。如何调动受众的学习热情，实现古籍海外的有效传播是我们需要重点考虑与思考的问题。挖掘古籍文化中所包含的各文化间的共性，利用共性推动古籍的海外传播，则是出于文化共性在传播中所具有的客观作用考虑而提出的。

（一）文化共性能够为古籍传播扫清障碍，使古籍更容易被接受

文化共性是基于两种文化中相同的部分所提出的概念，在两种文化中都有一定的成长基础，文化共性的存在能让受众在接受某种同类文化时减少抵触情绪，理解与接受的障碍也相对较少，这一道理对古籍的海外传播也同样

适用。

古籍所记录内容涵盖着我们生活的方方面面。我们都要经历生老病死,都有对真善美的追求,都向往更高的阶段与享受。以这些共通之处为基础,运用更先进、更现代的传播理念传播中国文化,往往会达到事半功倍的效果[18]。同样的,将古籍中的共性内容呈现给目标受众时,拉近了古籍与受众之间距离的同时无疑能够使学习者的学习动机与信心更加强烈,达成更长期学习的愿景。

利用共性进行古籍的海外传播对传播主体也有积极的作用,海外传播中所涉及的主体包括普通大众、专业研究者、网络平台、学校及教师等,无论是对哪一主体而言,将共性作为入手角度都能够为主体提供明确方向,试以专业研究者的角度看,专业研究者对古籍的了解与把握更为全面,能够更好地定位古籍中存在的共性内容,为各主体的古籍海外传播工作提供侧重点。对普通大众来说,共同的话题使古籍更具生活性,让大众能够有话可说,由此扩大古籍海外传播的动力主体;对网络平台来说,解决平台内容冷门艰深、难以理解的问题,提高作品接受度具有重要意义。

(二)文化共性能够利用受众原有图式,实现新旧图式的联合

由于儿童或低龄学习者缺乏认知与心理方面的支持,对古籍内容理解起来较为困难,所以当前古籍海外传播的目标受众主要是成人。成人在接受外来古籍文化前就已经形成了对自己国家文化的图式,这些图式或多或少会有与外来古籍文化内容重合或相关的部分,古籍在海外传播时就可以利用学习者的这些已有图式,在调动已有图式的基础上激发其学习动机,利用已有图式实现对同一主题的再理解与再学习。引导学习者了解我国古籍与本国文化中的共性内容,之后再进行深入学习包括对共性的深入挖掘与对个性的理解学习。在先有共性图式的铺垫下,无论是相同还是相异的内容都能够很好地推进。

(三)文化共性能够实现共性与个性的融合互动与多重影响

古籍在海外传播过程中借助与目标国家文化的共性为自己打开通道,在经历与学习者已有图式建立联系和浅层次的文化交流与融合后,会选择性地呈现自己的个性特点,如历史故事及其深层文化含义尤其是在思想、精神、价值观等方面。在共性的基础上呈现个性的内涵是将学习者对古籍的熟悉感转为新鲜与好奇的过程,在这一过程中让学习者产生更强烈的好奇,尤其是同一主题在不同文化下的不同发展与结果,这种好奇心理的存在能够为学习者长期的学习提供更强的动机与想法,由此获得更好的学习效果。对于改变世界

对中国的印象，促进中国形象的再塑造也有进步意义。拥有自己独特个性的古籍海外传播时能够在学习者的记忆中存留更长时间，对于古籍保护的带动与促进作用也更加长久。共性实现相互的接近，个性形成独特的记忆点，这是学习者对古籍文化内容进行深层研究与学习的前提，也是古籍海外传播成功的关键点。

四、借助文化共性的古籍海外传播设想

我国古籍内容纷繁复杂，如何在浩如烟海的古籍资源中选择最合适的内容在目标国家实现有效传播是我们需要着重解决的问题。从其所涉及的方方面面内容来看①，衣食住行是人类生活中的四个主要内容，可以说人类自产生伊始就在探究如何更好地展开衣食住行活动。除此之外，人作为关系的综合体，处于社会中，相互之间的交往是无法回避的内容，在探求更好地实现衣食住行的过程中，起连接作用的也是相互之间的交往活动。因此交往也可作为我们进行古籍海外传播的切入点，确定切入点后，就需要我们利用这些重合点实现古籍海外传播的重要突破。

（一）强调实用性，呈现古籍的实用价值

就现状来看，大众缺乏对古籍价值的认识[19]，强调古籍实用性正好能够改善这一问题。加上海外学习者学习汉语与中华文化内容的动机以追求实用与价值创造为多，希望能够对现实生活有直接的帮助与益处。衣食住行、交往五大方面不仅突出实用特点，而且与民众生活切近，无论是输出还是输入都能够激起民众的兴趣。同时，我国古籍以经验的积累为主，是出于解决实际问题的目的而创作并传承下来的，自身就有很强的实用性特点。加上其按照衣食住行、交往五大方面进行分类，无疑使这些关键词之下的古籍成了实用动机下的产物。综合古籍自身的特点与关键词分类的作用，我国的古籍就无形蕴含了实用的外壳与内涵，这对调动传播动机，扩大传播主体基数；满足学习者的工具性动机、实现古籍的海外传播与应用是十分有利的。因而选择向外传播的古籍时要将实用型古籍放在首位，其余的专业型古籍则根据受众的具体需求进行选择性传播。

---

① 笔者认为古籍对外传播时为避免文化冲突，对涉及宗教的书籍可以适当地回避，若涉及五大主题下的信仰与思想内容可以提及，但要注意度的把握。

（二）对古籍进行关键词分类，缩小传播体量

当前古籍在海外传播过程中缺乏目标性指导，整体呈现出零散、片面的特点，且传播的主观偏好明显，很多古籍由于主题脱离现实社会，在海外并没有激起太大的反响。鉴于此，可以借助文化传播中的新式提法“文化关键词”，凝练总结出最贴近日常社会生活的五个主题：衣、食、住、行与交往，将古籍按照这五个主题分门别类，在海外传播时首先考虑这五大主题，当然古籍分类不能只停留在衣食住行与交往之上，这五个大方面只起到宏观的方向指引作用，在具体教学与传播过程中依然需要在此上位词之下进行进一步的细化选择。

以食为例，这一主题在世界各国都有很强的存在感，一直以来也有“民以食为天”的说法，追求美味与造就美味是世界人民的共同追求，在这一方面我们有着共同的想法，所以对与食相关古籍的介绍也会更加顺利。具体在选择古籍时可以以食为上位关键词，形成其二位关键词：形成、来源、做法、口味、作用（当代人们所关注的食疗方面）、规定等，在具体的二位词基础上再分解出其他词：素食、荤食、特色、小吃、主对病症、禁忌要求等。这样在确定大致方向后，不断分解下位词就能够较好地帮助学习者有针对性地学习古籍内容。一方面能够让古籍贴近现代社会，更具生活气息；另一方面能够通过利用关键词将复杂的古籍资源简化，避免受众被古籍的庞大数量所影响，导致古籍传播无法开始。

（三）对文化进行大致的性别判断，实现针对性传播

霍夫斯泰德（Hofstede）的文化维度理论认为世界各国文化呈现出各自独特性别特点，主要区分为男性文化与女性文化[20]。需要注意的是这里的性别是该文化所体现出来的突出性别特点，每种文化中都会兼具男性与女性性别特点，只是在具体的体现时会偏重体现某一性别而已。当然，也有文化在性别特点上体现出男女参半的特点。针对此类文化的古籍传播，则需要根据实际情况进行选择性传播。我们认为根据目标受众的文化性别选择古籍进行传播，能够使所传播内容更能满足受众的文化习惯与后期应用，更具有实用性特点。

男性文化表现出果敢、独立、尚武等特点，女性文化表现出包容、和谐、合作等特点。衣、食、住、行与交往五个方面在具体的下位分类中也能够按照性别特点进行区分，以衣为例，可以按其所记载的服饰风格与形成过程区分男性与女性特点，根据其风格大胆、自由与风格保守、限制等来区分，对男性文化受众可以重点讲授风格大胆、自由，体现男性魄力的古籍文化内容，这样根据文化

性别选择性地进行文化传播，能够更好地让目标受众接受，其学习与了解的效果也更好。针对文化性别不突出的地区，在进行古籍文化传播时可以先了解目标群众的文化倾向与该国家当前发展进程中亟须提高与改善的建设重点，据此进行文化的介绍与传播。

（四）以共性引入，推动个性的凸显，实现二者的互动发展

世界文化多样性要求文化既要有共通点，又要有各自的独特之处，共性与个性的共存才能推进多样性的长期存在与持续进步。因此强调共性并不等于放弃个性，相反，我们的目的是从共性出发，追求个性的展示，从而实现共性的发展。具体表现为要在衣食住行、交往的共性主题下，建立起古籍与目标受众之间的共性关联。在进一步探索时突出古籍对共性主题记录的不同内涵，如饮食规范、禁忌，服饰要求、款式，住宿格局、材质，出行方法、准备，交往观念等。利用共性实现文化的共情后，就进入了古籍传播的中间阶段，即介绍共性下个性的阶段，所介绍的个性内容也应是具有实用性的而不是太过观念化。借鉴美国好莱坞电影的成功经验可知，清晰的品牌定位对于国家品牌的发展是决定性的[21]。美国好莱坞电影之所以能够取得成功，就在于其在传播过程中不仅关注世界的普遍价值观念，也突出了自己本国突出的自由与金钱价值。因此，将一些具有文化共性的东西宣传出去后，还要带动一些民族性的东西逐渐渗透与传播，这样才能真正实现传播的成功。当然，个性介绍的目的是实现共性的发展，让受众能够将古籍的个性内容内化为自己的东西，将其与本国文化内容结合起来，共同作用于共性的进步与发展。

想要实现始于共性、终于共性的目的就需要向目标受众展示古籍内容在我国实际创造出的价值，以此证明其实际意义与作用，同时坚定受众学习古籍内容的信念，让他们进一步看到古籍学习的必要性与意义，达成更好的传播效果。

（五）现代化呈现与传播，推进系列视频创作

古籍作为我们的文化遗产，由于时代的间隔与地域的差距，使得古籍对阅读兴趣的调动能力并不凸显，在当前时代化的潮流下，与现代化技术的结合是必然的选择。为实现古籍的创新呈现，赋予其新的生命力与活力，古籍数字化已经成了一个热点话题。新媒体时代，“快餐式”的移动阅读和碎片化阅读已经成为用户获取知识信息的主要方式。于普通海外读者而言，古籍显得较为厚重且深奥难懂，不适合当下大众的碎片化阅读习惯[22]。我们认为将古籍传播

与短视频结合起来，将达成更好的传播效果。

以人们最关心的五个生活方面吸引受众，同时在各主标题下设置相关关键词，方便受众根据自己所关心的内容进行检索与针对性观看，并且更高效地在这五个方面帮助受众。因而我们建议创作以“衣食住行、交往”为主标题的系列视频，在主标题中选择各主题下的代表古籍，以其为代表，其他古籍在其后排列。在系列视频创作时故事主体为各古籍主题，视频以第三人称叙事角度入手，方便观者对古籍视频内容进行转述，实现古籍的再传播。

在选择古籍以及进行数字化转化时要注意与国家的主流方向一致，避免产生误解，影响我国国家形象的塑造。对于此类古籍的选择，可从时代性、准确度、完善性、全面性、认可度（无争议）、实用性、可转化性等方面进行考察，筛选出最具有代表性的古籍作品，从而实现古籍文化特质传播的有效性。

以我国经典古籍《红楼梦》为例，最突出的一点就是在《红楼梦》一书中女性一跃成为全书的叙事中心、情感中心，处于“被仰视”“被赞美”“被膜拜”的地位[23]。可以说《红楼梦》对女性的欣赏和崇拜到了无以复加的地步，这在中国历史乃至世界历史上都是独一无二的。现代社会一致强调男女平等，在教育、社会、职场都充斥着对女性的维护与重视，男女平等的观念以及对女性能力的肯定在现代社会已经达成了世界性的共识，以肯定女性为主题的《红楼梦》也一定会在海外有自己的市场。女性这一主题，不同的文化强调与突出的方式不同，借助《红楼梦》这一古籍，以故事的形式让外界了解到我国对女性的重视与肯定，对于改变外界对我国的刻板印象，促进中国形象的再塑造也有积极作用。此外，《红楼梦》主要是围绕贾姓这一大家族的兴衰故事来写的，有很强的故事逻辑与时间线索，这种时间与情节的支撑为《红楼梦》的数字化系列视频的创作与传播也提供了便利。

五、结语

鉴于文化共性对古籍海外传播的客观意义，古籍在海外传播时要突出自身的实用特点，让受众意识到我国古籍是能够创造价值的；以关键词缩小传播体量，提高古籍的生活气息；关注文化性别特点进行定制化、特色化传播；始于共性，终于共性，最终推进世界文化共性的发展，进一步巩固文化多样性；同时利用现代技术推进古籍系列化传播。这里所有的策略与想法都是希望能够服务于我国古籍海外传播事业，促进古籍保护工作的顺利进行。

古籍海外传播是一个长久且深远的过程，我们要坚持严格选择优秀古籍内容，从大众最关心的方面出发，挖掘古籍文化中的使用内涵，在古籍传播过程中实现古籍的再生价值。

（许甜新，兰州大学文学院硕士研究生；褚静，渤海大学文学院副教授）

参考文献：

[1] 刘跃进．中华古籍在世界的传播及其意义［J］．古籍整理研究学刊，2008（2）：1-2.

[2] 李旭．古籍编排模式的选择及其在文化传承、传播中的意义［J］．编辑之友，2012(6)：111-113.

[3] 文秀华，王莲霞．新媒体环境下高校图书馆古籍的阅读推广［J］．农业图书情报学刊，2017，29（12）：143-146.

[4] 李珩．古籍阅读推广的新媒体实践比较研究［J］．图书馆理论与实践，2023（3）：110-115.

[5] 冯国军．我国文学古籍资源数字化开发现状及启示［J］．出版广角，2021（5）：39-41.

[6] 梁爱民，陈荔京．古籍数字化与共建共享［J］．国家图书馆学刊，2012，21（5）：108-112.

[7] 贾娟．短视频古籍推广调查及发展策略［J］．图书馆论坛，2020，40（8）：131-137.

[8] 林竹鸣，朱翠萍．古籍数字化的历史、现状及问题探析［J］．淮北师范大学学报（哲学社会科学版），2014，35（6）：192-194.

[9] 李明杰，张纤柯，陈梦石．古籍数字化研究进展述评(2009—2019)［J］．图书情报工作，2020，64（6）：130-137.

[10] 吴诺曼，张黎俐．新媒体环境下的古籍阅读推广实践与启示［J］．高校图书馆工作，2018，38（6）：86-88.

[11] 李珩．古籍阅读推广的新媒体实践比较研究［J］．图书馆理论与实践，2023（3）：110-115.

[12] 陈宁，胡思琪．文以典载，走向世界——中国陶瓷古籍海外传播现状评析［J］．图书馆论坛，2023，43（10）：13-21.

[13] 王广大，古萍．文化共性视角下的中阿文明交往［J］．阿拉伯世界研究，2013（4）：58-68.

[14] 黎永泰，黎伟．全球化中文化共性与个性的共时扩大［J］．四川大学学报（哲学社会

科学版),2004(6):15-19.

[15] 张国祚.“文化中国”喷薄欲出[J]. 半月谈,2007(22):12.

[16] 刘阳.提升古籍的文化生命力、传播力、引导力和影响力[J]. 出版广角,2022(10):25-29.

[17] 廖华英,鲁强.基于文化共性的中国文化对外传播策略研究[J]. 东华理工大学学报(社会科学版),2010,29(2):144-147.

[18] 程海燕,吴长青.文化共性视角下的土耳其中国文化传播策略研究——土耳其首届高中学生“我想象的中国”绘画比赛画作分析[J]. 湖北经济学院学报(人文社会科学版),2017,14(12):110-112.

[19] 李莎莎.古籍活化的现状、问题与对策初探[J]. 出版发行研究,2022(12):35-40.

[20] 祖晓梅.跨文化交际[M]. 北京:外语教学与研究出版社,2015:61-62.

[21] 李珍晖,刘静怡.文化共性与价值共通:新主流电影国际传播中的国家品牌塑造[J]. 现代传播(中国传媒大学学报),2022,44(11):64-73.

[22] 周琼,颜欣彤.中国丝绸文化典籍传播:历史脉络、传承现状和数字创新[J]. 华夏传播研究,2021(2):176-189.

[23] 刘强.论《世说新语》与《红楼梦》的文化共性[J]. 上海师范大学学报(哲学社会科学版),2013,42(1):106-113.

BD00721《金刚般若波罗蜜经》真伪鉴定略谈

A Brief Discussion on the Authenticity of the Dunhuang Manuscript No. BD00721 *Diamond Prajnaparamita Sutra*

易晓辉　林世田

摘　要:敦煌遗书在流传过程中曾出现过一些伪卷,和真卷一起混入公私收藏机构。对这些伪卷的鉴定,学界曾总结了非常全面的方法,通过对经卷内容、版式风格、字体墨色及纸张形貌等多角度综合分析来判断经卷真伪。但对于一些精心作伪的经卷,传统方法可能难以形成确切结论。国家图书馆藏敦煌遗书 BD00721《金刚般若波罗蜜经》最初由方广锠先生提出疑问,但因依据不足一直无法明确断伪。此次借助《中国国家图书馆藏敦煌文献》出版审定的机会,国家图书馆古籍馆组织专家就 BD00721《金刚般若波罗蜜经》展开专题研讨,现场查看经卷外观及装帧特征,并提取碎片样品进行纤维显微分析,明确其纸张为新制桑皮纸,并无敦煌纸张应有的纤维老化特征和纸张加工特征,从而判断此写卷为"通卷作伪"。

关键词:敦煌伪卷;BD00721《金刚般若波罗蜜经》;纤维显微分析

1900 年,王圆箓道士发现藏经洞中的敦煌遗书,打开了一座学术宝库。发现之初,敦煌遗书未受到妥善的保护,部分流散成为北京、天津、上海等地收藏家风靡一时的收藏品。一些古董商人为了牟取暴利,开始伪造敦煌遗书。部分伪卷造假水平很高,与真卷混在一起,进入了公私收藏机构[1]353。敦煌伪卷的出现,混淆了敦煌学研究的视野,也影响了古籍拍卖市场的正常运行。目前,对敦煌遗书真伪鉴定既是敦煌遗书收藏单位、敦煌学者研究的一个重要课题,也是收藏家、拍卖公司非常关心的问题。

一、国内外有关敦煌伪卷的研究

国内最早关注敦煌遗书伪卷的是中国第一代敦煌学家陈垣先生。1931 年陈垣先生在编纂《敦煌劫余录》中就关注到伪卷的问题，如宙 37 号（BD00337）《维摩诘经》在附记项中著录"纸色淡黄带灰，质地颇类近时洋纸"[2]78，成 82 号（BD02482）《佛名经》在附记项中著录"字迹奇丽"[2]48，分别从纸张和字体等方面，提示研究者注意写卷的真伪。著名的藏书家周叔弢先生也较早关注敦煌伪卷。有感于敦煌遗书屡遭国外探险家劫掠，周叔弢先生常常扼腕叹息，遇到敦煌遗书，他见一卷收一卷，唯恐国宝再落外人之手。周叔弢次子周珏良先生在《我父亲和书》一文中写道："1941 年辛巳，在天津出现了一批颇像从敦煌出来的草书帖、书籍（如《论语》）、文书等等，往往还有李木斋的收藏印。他（指周叔弢）当时用大价钱买了近十种，后来仔细研究，看出是双钩伪制，并请赵万里先生看过，也认为不真。在看准了之后，他毫不犹豫，说这种东西不可留在世上骗人，就一火焚之，费了多少钱，毫不顾惜。"[3] 其中说到的李木斋，即为李盛铎。

日本敦煌学家藤枝晃先生从 20 世纪 50 年代就关注敦煌遗书的伪卷问题，他认为：早在 1911 年，李盛铎开始制作伪卷。1937 年在李盛铎去世后，他的八个儿子继续作伪。这种写卷早在 1911 年就传入敦煌。因此，1911 年以后来敦煌的大谷探险队、斯坦因、奥登堡都曾买过这些伪卷。斯坦因第三次探险所获 600 余卷敦煌遗书大部分也是伪卷[1]354。

为此，英国图书馆于 1997 年 6 月 30 日至 7 月 1 日召开了敦煌学发展史上具有里程碑意义的"二十世纪初叶的敦煌写本伪卷"研讨会。在这次研讨会上，杜伟生首次从国家图书馆藏敦煌遗书中辨明宙 37 号（BD00337）《维摩诘经》、成 37 号（BD02437）《金刚经》、成 82 号（BD02482）《佛名经》（十二卷本）、云 35 号（BD03035）《妙法莲华经》、丽 24 号（BD04024）《金刚经》、昆 53 号（BD04453）《金刚经》、昆 90 号（BD04490）《妙法莲华经》、冈 74 号（BD04574）《金刚经》等 8 号为伪卷，并以《北京图书馆藏敦煌遗书赝本八种概述》为题发表演讲，这篇会议论文后在《文献》1998 年第 3 期发表。杜伟生在文中指出：这 8 号伪卷都是使用云杉类针叶木纤维制成的机制纸，染色前施用明矾类物质，加快了纸张老化，纸张呈黑褐色，稍触即碎[4]。2006 年，方广锠先生对其中已经炭化的伪卷 BD00337（宙 37 号）《维摩诘经》进行缜密的考证，认为原卷在 1918 年 9 月至 1922 年陈垣编纂《敦煌劫余录》之时，被当时京师图书馆中有条件接触敦煌遗书的某人，用偷梁换柱的方法盗走。国家图书馆其他几件已经炭化的敦煌遗书，作案手法与 BD00337 相同，应是同一人在相同时段内所为。这也是国家图书馆藏敦煌遗书真伪鉴定的典型案例[5]。

2014 年，方广锠先生在杜伟生先生敦煌遗书伪卷研究成果基础上，结合其对国家图书馆藏敦煌遗书进行近 30 年的调查、编目，从中又梳理出 BD00721《金刚般若波罗蜜经》、BD03580《金刚般若波罗蜜经》、BD04120《金刚般若波罗蜜经》、BD14942《金光明最胜王经》卷四、BD15058《太子须大拏经》、BD15324《妙法莲华经》、BD16538 残渣一包、BD16542 残渣一包 8 号为伪卷，加上杜伟生辨明的 8 号伪卷，国家图书馆藏敦煌遗书中共有 16 号为伪卷。这些伪卷，既有通卷作伪，也有部分作伪，其中 BD15058《太子须大拏经》，纸张与字体不协调，真伪尚需进一步考证。此文为系统研究国家图书馆藏敦煌伪卷奠定了坚实的基础[6]。

二、BD00721《金刚般若波罗蜜经》的鉴伪

事实上，对敦煌遗书真伪需要进一步考证的尚不止 BD15058《太子须大拏经》一号，方广锠先生曾一度列为“通卷作伪”的 BD00721《金刚般若波罗蜜经》，真与伪的判断也一直困扰着他。2005 年出版的《国家图书馆藏敦煌遗书》第 10 册，《条记目录》著录 BD00721《金刚般若波罗蜜经》“纸色黄艳，墨色浮，纤维浮扎。折叠栏”，“似 7—8 世纪。唐写本”[7]，可以看出编者非常谨慎，尽管对纸张、墨色、写本时代等有所怀疑，但并未轻易断为伪卷。2014 年，方广锠先生在《中国国家图书馆藏敦煌遗书》中断为“通卷作伪”。2016 年，方广锠、李际宁、黄霞著《中国国家图书馆藏敦煌遗书总目录·馆藏目录卷》著录 BD00721，写本抄写年代修改为“归义军时期写本。9—10 世纪”，特别说明“初因本卷纸张、字体、风格均有可疑，在《国家图书馆藏敦煌遗书》中著录为现代伪卷。再经考察，定为现代伪卷依据不足，改定为归义军时期写本”[8]。这里需要纠正的是，《国家图书馆藏敦煌遗书》的《条记目录》中并未著录为现代伪卷。从 BD00721《金刚般若波罗蜜经》真伪鉴定过程的一波三折，也反映出鉴定专家凭借长期积累的实践经验，依据纸张、墨色、字体、版式风格等传统方法鉴定敦煌遗书面临的困境。方广锠先生等前辈学者对敦煌遗书真伪鉴定的审慎态度，也值得我们后辈效法学习。

2024年1月25日,为做好《中国国家图书馆藏敦煌文献》出版的审定①,国家图书馆古籍馆专门组织本部门纸张研究专家、古籍修复专家、敦煌文献研究专家就BD00721《金刚般若波罗蜜经》展开专题研讨。展开原卷即可发现其与一般敦煌遗书不同,外观目测存在多处疑点:一是纸张染黄,但黄色略鲜艳,而且染色不均匀。敦煌遗书多以黄檗染黄,这种染料初染时颜色黄亮,经千年自然老化后变成土黄色,BD00721纸色偏鲜黄,明显存疑。二是纸张质地粗松,纤维浮扎。宋以前写经纸多经过捶打、研光等工序,纸质紧致坚滑,本卷纸张质感亦不符合,墨色浮在纸面,不够厚重沉着,且略泛黑亮的油光,与敦煌经卷的墨迹特征不符。三是每纸长32.2—32.7厘米,这种纸张规制在敦煌遗书中非常少见。本卷纸张是两张纸托裱在一起,卷尾两纸脱离,再细看纸张上下边缘,可以发现两纸托裱的痕迹。四是背有两处裱补纸,与原卷纸张一致,敦煌遗书裱补纸一般与原卷不同。五是没有画界栏,而是折叠栏,上下边栏使用硬物刻画。六是从纸张颜色以及上下边栏看,本卷是先进行染黄,然后粘连成卷,进行折叠,并用尖锐硬物画上下边栏。七是经文抄写不规范,每段经文或另起行,或空两字接续抄写。

三、BD00721《金刚般若波罗蜜经》纸样纤维分析

在汇总了这些疑点之后,为了确证该号所用纸张及其真伪,我们收集了三份微量的经卷表面散落的纸张碎片或浮出纸面的纸毛,准备采用纤维显微分析的方法,对BD00721《金刚般若波罗蜜经》所使用的纸张进行深入分析和鉴别。纸张纤维显微鉴别是近年逐渐发展起来的一种基于纸张载体的辅助鉴别手段,能够通过微量样品分析古纸的纤维成分、老化状态和加工特征来推测其大致年代并判断真伪,为古籍文献及纸质文物的真伪鉴别提供参考。此次从BD00721《金刚般若波罗蜜经》表面提取的三份微量纤维样品具体信息如下:

样品1:经卷末纸正面浮出纸面的一小撮纸毛,仅余几根纤维与纸面相连,表明其为原卷纸张的一部分。

样品2:经卷背部补纸边缘几将脱落的小碎片。

样品3:经卷背面中部纸张表面附着的一团纤维束,与纸面无连接,但颜色与纸色一致。

---

① 全国古籍整理出版规划领导小组主持开展的《敦煌文献全集》出版项目,以高清全彩方式高水平集成刊布、高质量系统整理散藏世界各地的敦煌文献,是敦煌文献系统性保护整理出版工程的重点项目。《中国国家图书馆藏敦煌文献》则是《敦煌文献全集》之一种。

2024年1月26日，3份样本被送往国家图书馆古籍保护实验室开展纤维显微分析。每份纸样经热水润胀后，使用赫兹伯格（Herzberg）染色剂染色，制成纤维显微装片，置于尼康（Nikon90i）显微镜下以透射光模式观察样品纤维显微形态特征，得到如下分析结果：

（一）样品1和样品2不符合写本时期纸张应有的纤维微观形态特征和工艺特征

样品1（见图1）和样品2（见图2）的纤维染色后呈暗酒红色，纤维较长，多呈圆柱形，表面有浅疏的横节纹，部分横节纹为斜向，少数纤维表面可见胶质膜，纤维间偶见无定形黄色蜡状物，杂细胞较少。根据纤维尺寸及微观形态特征，可判断这两种纸的原料都是桑皮[9]，且二者纤维形态几乎一致。

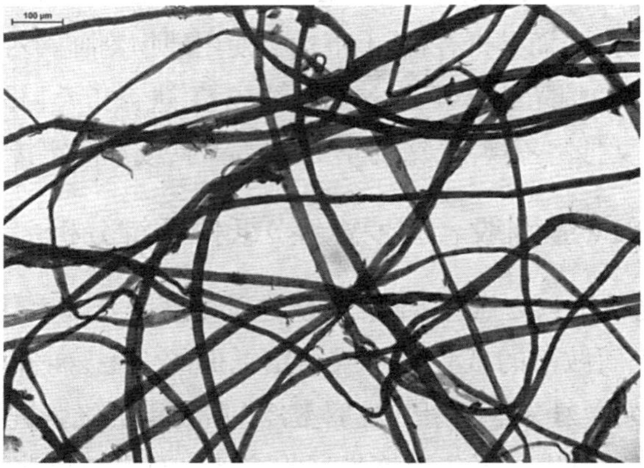

图1　BD00721 末纸正面浮出纸毛（样品1）纤维显微形态

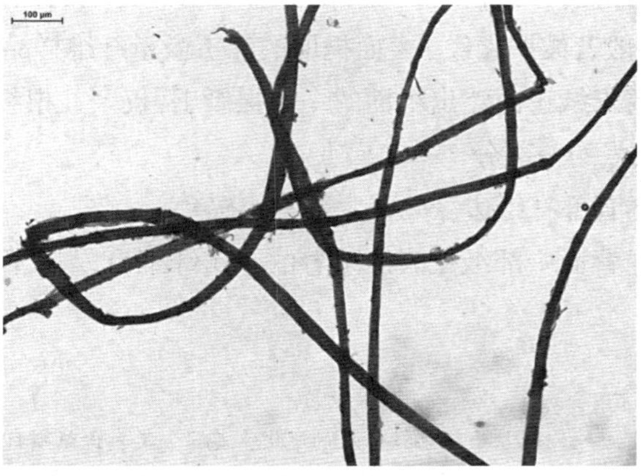

图2　BD00721 背面补纸边缘碎片（样品2）纤维显微形态

一般而言，敦煌遗书的纸张留存至今已经历近千年的自然老化，其纤维大多会出现老化断裂、酥脆碎裂等现象。而且宋代之前的写本时期的纸张常经过加工处理，纤维间可见明显的加工物特征。例如国家图书馆藏五代后唐天成二年（927）刻本《佛说观弥勒菩萨上生兜率天经》残片样本的纤维显微图中便可见多处纤维断点，断头处呈齐头断裂状，符合老化断裂的形态特征，且纤维间有明显的蜡状物、淀粉类胶质等加工物特征（见图 3）[10]。反观样品 1 和样品 2 的纤维形态都非常完整，表面纹理清晰，未见明显的断裂、酥脆等纤维老化特征；纤维也非常纯净，间质很少，纤维间未见明显的加工物特征，显然不符合写本时期纸张应有的纤维微观形态特征和工艺特征。

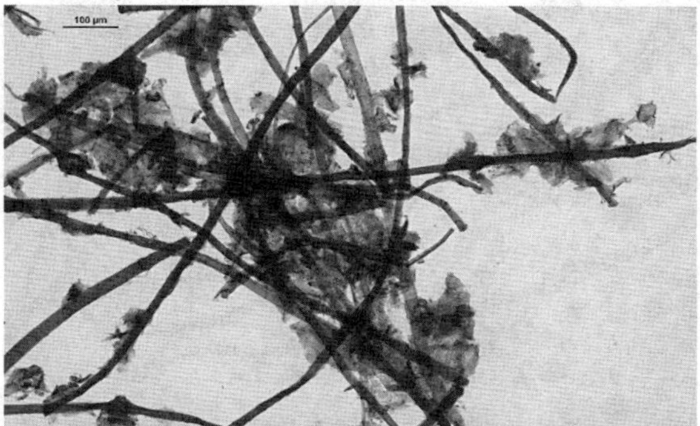

图 3　国家图书馆藏《佛说观弥勒菩萨上生兜率天经》残片样品纤维显微图

（二）样品 3 的纤维可能是纸张染色前附着于纸背的一团棉絮

样品 3 的纤维染色后呈酒红色，整体为飘带状，粗细不一，表面无纹理，细胞腔较大，符合棉纤维的微观特征（见图 4）[11]347-352。且棉纤维表面平滑形态完整，无造纸过程的打浆特征，亦无老化断裂特征。根据样品 3 与原卷纸张相近的染色状态，推测其可能是纸张染色前附着于纸背的一团棉絮。

从 BD00721《金刚般若波罗蜜经》原卷观察结果和 3 份样品的纤维显微分析结果来看，虽然手工桑皮纸是敦煌遗书常用的纸张类型，但该卷所用纸张无论是外观颜色、纸面质感，还是纤维微观状态，都不符合敦煌遗书纸张应有特征，而是近现代所制新纸。从背面补纸与原卷纸张一致看，也不符合常理。而纸背附着的与原卷同色的棉絮为新棉，同样说明纸张染色时间较近。这些互相印证的特征都证明此写卷乃“通卷作伪”，但其作伪的手法与 BD00337《维摩诘所说经》卷中等国家图书馆藏其他几件已经炭化的遗书略有不同。BD00337《维摩诘所说经》卷中等已炭化的遗书伪卷所用纸张为机制木浆纸，其材质与敦煌遗书真品有非常明显的区别，很容易目测分辨，作伪手法比较拙劣。而 BD00721《金刚般若波罗蜜经》则采用敦煌遗书中比较常见的手工桑皮纸作伪，并对纸张进行染色处理，从材质和色泽层面都具有一定的迷惑性，作伪手段相较而言更加高明，这也是该经卷多年来一直未能有定论的重要原因。

图 4　经卷背面中部附着纤维束（样品 3）纤维显微形态

四、结语

本次通过纤维显微分析的手段对 BD00721《金刚般若波罗蜜经》经卷用纸进行分析，不仅考察其纸张纤维成分，还重点分析了纤维的老化状态和加工处理特征，通过这两点确定了该经卷用纸为新纸。尽管敦煌学界总结有非常全面的伪卷鉴定方法，但是遇到 BD00721 这种刻意作伪的写卷，难免“望卷兴叹”。对于这类案例，利用现代科学的纸张材料分析以及加工技艺分析，可以为真伪鉴定提供最客观的证据。

注：本文写作过程中得到刘波、胡泊、常荩心等帮助，谨致谢忱。

（易晓辉，国家图书馆古籍馆副研究馆员；林世田，国家图书馆古籍馆研究馆员）

参考文献：

[1] 荣新江 . 敦煌学十八讲 [M]. 北京：北京大学出版社，2001.

[2] 陈垣 . 敦煌劫余录 [M]. 南京：中央研究院历史语言研究所，1931.

[3] 周珏良 . 我父亲和书 [J]. 文献，1984（3）：171.

[4] 杜伟生 . 北京图书馆藏敦煌遗书赝本八种概述 [J]. 文献，1998（3）：126-131.

[5] 方广锠 . 国家图书馆藏敦煌遗书北敦 00337 号小考 [J]. 文献，2006（1）：65-72.

[6] 方广锠 . 中国国家图书馆藏敦煌遗书 [J]. 敦煌研究，2014（3）：130-131.

[7] 任继愈 . 国家图书馆藏敦煌遗书：第 10 册 [M]. 北京：北京图书馆出版社，2005：15.

[8] 方广锠，李际宁，黄霞 . 中国国家图书馆藏敦煌遗书总目录·馆藏目录卷：第 1 册 [M]. 北京：中国人民大学出版社，2016：460.

[9] 王菊华 . 中国造纸原料纤维特性及显微图谱 [M]. 北京：中国轻工业出版社，1999：177-178.

[10] 国家图书馆古籍馆 . 国家图书馆三件早期雕版印刷佛经修复与保护 [M]. 北京：国家图书馆出版社，2019：81.

[11] 易晓辉 . 中国古纸与传统手工纸植物纤维显微图谱 [M]. 桂林：广西师范大学出版社，2022：347-352.

宋写本《放光般若波罗蜜经卷》述略

A Study of the Song Dynasty Manuscript Scroll of the *Prajnaparamita Sutra*

安 琪

摘 要：我国历代写本藏经传世不多，宋人写经更是凤毛麟角。贵州省博物馆藏宋写本《放光般若波罗蜜经卷》所书内容为《问摩诃衍品第十九》《陀邻尼品第二十》两篇，主旨是佛教的性空思想。书法特点为楷体书写，笔画规整、明确可辨，给人带来平衡和谐的美感。卷内有李恩庆、周寿昌、徐树铭、乐嘉荃钤印或题跋，增加了宋代写本藏经的文献价值。

关键词：宋代；写经；书法；价值

宋代是中国从写本时代迈向刻本时代的重要时期，自北宋开宝年间我国第一部刻本佛教大藏经《开宝藏》问世后，佛教藏经也逐渐从传抄过渡到刊刻，但仍有零星宋代写本藏经传世，除为数不多的苏轼、王安石等名家抄经或富贵人家出钱请人誊抄的经卷外，还有北宋末年江南地区的金粟山藏经、海惠院藏经、法喜寺藏经、崇明寺藏经等寺院写经留存。据海内外收藏单位公开数据及各大拍卖会公布的拍品统计，流传至今的宋写本藏经不超过 100 部。

贵州省博物馆有两部宋人写经入选《国家珍贵古籍名录》，一是北宋写金粟山广惠禅院大藏经本《大般若波罗蜜多经册》（存一卷），二是宋写本《放光般若波罗蜜经卷》（存一卷）。前者属金粟山写经，在宋人写经中存量最多，因“金粟笺”一纸难求，所书“僧院体”自成一格而被后人关注研究较多。后者系宋写本无疑，出自何处，尚待考证，但从书写形态来看，与金粟山写经极为相似，当属同一时期产物。现笔者就贵州省博物馆藏宋写本《放光般若波罗蜜经卷》所书内容、书法特点、题跋钤印等做一个粗浅的解读，不当之处，敬请指正。

一、《放光般若波罗蜜经卷》馆藏情况

贵州省博物馆藏《放光般若波罗蜜经卷》二十卷，存一卷（五）。西晋无罗叉、竺叔兰译。宋写本。全卷有朱丝栏为界，楷体书写，文三百八十二行，每纸三十行，行十七字。质地为硬黄写经纸。封面题签“宋人写放光般若波罗蜜经卷”，文末有李恩庆、周寿昌题跋。卷端及卷末有多枚收藏及鉴定印。卷轴装一幅，高 751.4 厘米，宽 29.3 厘米。据李恩庆题记，其在收藏此经时，曾将前人作伪部分截去重装。1965 年，该经卷因脱缝脱浆、虫蛀等原因送往上海博物馆揭裱修复，形成如今装帧样式。

宋写本《放光般若波罗蜜经卷》为贵州省博物馆第一批入藏文物，原为汪精卫私藏，1952 年由民革贵州省分部筹备委员会移交贵州省人民政府文教厅。1953 年，贵州省博物馆筹备委员会成立，接收由省文教厅拨交文物 2000 多件，其中就包含此卷。2009 年，由国家鉴定委员会定为一级文物。2016 年 9 月，藏品被迁至新馆，存藏与利用管理进一步得以加强。此卷作为珍贵纸质文物放置于恒温恒湿柜保存，馆内外研究人员可从贵州省博物馆数字化藏品系统中查询相关信息。

2009 年，宋写本《放光般若波罗蜜经卷》入选第二批《国家珍贵古籍名录》，名录号 02972。

二、《放光般若波罗蜜经》在中国历史上的传播和应用

《放光般若波罗蜜经》，又称《放光般若经》《放光摩诃般若经》《摩诃般若放光经》《放光经》，是较早传译到中国的般若经典。据南朝佛教史书《高僧传》记载，汉土第一个受戒沙门朱士行在西域求得此经，辗转送回洛阳，后于西晋元康元年（291），由释无罗叉和释竺叔兰共同译成汉文。

《放光般若波罗蜜经》的传译，不仅影响了佛教义学的传播，还对当时的文化阶层也产生了巨大的影响，使得佛教教义逐渐与中国传统文化相融合，并初步形成了独特的中国佛教体系。两晋是中国历史上一个动荡的时期，但也是佛教的黄金时期。东晋兴宁元年（363），晋哀帝司马丕令义学僧竺道潜入宫讲解大品《般若经》（《放光般若波罗蜜经》），是中国政治、文化与佛学交流的一个重要节点。竺道潜的演讲在当时受到了广泛的赞誉和欢迎，他宣扬的觉悟、慈

悲、智慧等佛教核心价值观，以及修行和超越个人欲望，引导人们摆脱烦恼的理念，恰好与魏晋玄学中通过超越表面现象，通过沉思、冥想、修炼心性，提高自身境界，实现自身修行成就的理念相一致，得到了崇尚玄学的皇室及士族阶层的支持与推崇。

统治阶级对佛教的支持态度及士族阶级将佛教视为寻求超越世俗苦难、修身养性的一种方式，使得佛教的传播逐渐从中央向地方蔓延。寺庙的修建和繁荣在这一时期达到顶峰，为僧侣们提供了讲经和庇护场所。他们收藏、传抄和讲解佛经，广泛传播佛法，佛教经典体系得以进一步完备化。一些具有中国特色的佛教理论，如《大方广佛华严经》《妙法莲华经》等被传译出来，各种宗派和学派开始分立和形成，中国特色佛教理论框架在这一时期逐渐完备，这些都为隋唐佛教的鼎盛发展奠定了基础。

三、《放光般若波罗蜜经》的内容

《放光般若波罗蜜经》是大品般若传入中国的四个译本之一，在比它晚一个世纪的《摩诃般若经》译出之前，《放光般若波罗蜜经》一直是人们了解般若义理的最为全面的经典。作为大品般若经的一部分，《放光般若波罗蜜经》是佛教般若思想最早传入中国的关键，它详细阐述了般若波罗蜜的六度，包括布施、持戒、忍辱、精进、静坐和智慧，并对每一度进行了深入的剖析和说明，这为后来佛教徒提供了一个完整可行的修行路径。尽管《摩诃般若经》被认为更全面和深奥，但在它译出之前，中国的佛学界对般若境界的理解以及实践方法的学习主要来自《放光般若波罗蜜经》的教导。甚至在鸠摩罗什大师译出《摩诃般若经》后，其弟子僧肇还多次引用《放光般若波罗蜜经》的经文。此外，《放光般若波罗蜜经》的传世译文相对较完整，完整保留了原文的结构和内容，有利于人们准确理解和传承般若思想。

《放光般若波罗蜜经》共二十章，九十品，主要思想体现在对般若的实践和理论阐述，涵盖“性空、诸法如幻、万法皆是假名、方便、二谛、法性”思想等，其中“性空思想”是般若学和般若经的基础思想。贵州省博物馆藏《放光般若波罗蜜经卷》内容为《问摩诃衍品第十九》《陀邻尼品第二十》两篇，其中《问摩诃衍品第十九》就解说了何为性空：“诸法所有性及有为无为性，非罗汉辟支佛诸佛世尊所不作，是为性空。”在佛教中，“空”不是指虚无或不存在，而是指缺乏独立、固定、永恒的自性，即一切事物和现象，并没有固有的、本真的实体，所有的存在都是相对的、依存的，由因缘和条件而生，并且是在变化、流转中的。无论是物质世界中的万物，还是人类的感受、意识、认知等心理现象，都是无常、无我、无性的。《放光般若波罗蜜经》中的“性空思想”并不是简单地否定存在的意义，而是指导人们超越表面现象，洞察事物的真实本性，从而摆脱执着与痛苦。通过实践般若智慧，让众生可以体验到世界的真实性质，并以此来指导修行和生活。

四、《放光般若波罗蜜经卷》的书法特点

在书写规则上，贵州省博物馆藏宋人写《放光般若波罗蜜经卷》遵循唐人写经体样式。写经体产生于六朝，在唐代逐步完善，其是在佛经被广泛流传和大量需求的背景下，由专业受雇的写经生们通过快速、流畅的书写方式抄经，逐渐形成的一种书法风格。首先，写经体有其固定格式，须先在纸张上画好横竖间距一致的朱丝栏或乌丝栏再书写，通常一纸二十八行、每行十七字为多。这样的标准格式，便于计算一部经的字数和用纸多少，避免纸张的浪费。其次是用正书体（即楷体）书写，佛经最初翻译成汉文，便是用正书体书写，一方面，正书体易于辨别和识读，且作为模板传抄时，能避免讹误产生；另一方面，写经意在积累功德，抄经者严谨、虔诚的态度也决定了写经书法必须规范、端庄。

此卷文字在朱丝栏内用正体书写，字字横平竖直、笔画规整、不偏不倚，字的结构明确可辨，不见急促或慌张的笔画。一纸三十行，行列对称、间距均匀、行高一致。一行十七字，全篇共六千四百六十五字，数千字终如一律，不失行次，在视觉上给人带来平衡和谐的美感。

在书法形态上，此卷有明显的时代特征，这与正体书法的发展是基本一致的。在存世的敦煌写经中不难看出，从东晋以迄唐代，其书法体态展现出了汉字在隶变完成以后向唐楷过渡的全过程，也记录了“写经体”演进完善的过程。如甘肃敦煌博物馆藏西晋《法句经》，就很好展现了写经体楷法初期的特有风姿，起笔重而收笔轻，字势显得稳健而富于节奏变化，与隶书左波右磔的结体已有不同。此后的魏碑楷书《妙法莲华经》《大方等陀罗尼经》则已摆脱隶书的风格，字形开始趋向规整，线条更加流畅，结构更加均衡。然从欧阳询《化度寺碑》《九成宫醴泉铭》成就了唐楷新书体以来，写经体也随之带上了唐人的“法度”，形成秀润清丽、工整优雅的成熟楷书字体。盛唐后，颜（真卿）体风格

逐渐在书坛上占主导地位，书体形态也从初唐纫瘦、中唐清秀、晚唐雄壮、五代轻肥逐渐向越来越“丰腴团厚”的风格发展。

宋代以后，刊本藏经逐渐代替写本藏经，但仍有一些寺庙和信徒坚持抄写经文，此时的写经虽然还是唐代写经的传承与延续，但并不拘泥于唐楷的法度与庄严，而是更注重个性与自由。米芾《海岳名言》说：“开元以来，缘明皇字体肥俗，始有徐浩，以合时君所好，经生字亦自此肥。”此卷宋人写经，字体延续了“开元渐肥”的特点，与金粟山写经体格同类，总体顿圆，显得丰满，虽在字形的收拾和用笔的渊源上，可以看出是对《灵飞经》和《多宝塔碑》的传承，但仍有明显的宋人笔意。行笔走势上流畅随意，细节上横笔收势时有明显向下的顿笔，折肩处有较强的斩切感，还有一些特殊的连笔，都让这卷宋人写经看起来更加“恣意”，十分符合“宋人尚意”的美学特点。

据李恩庆和周寿昌题跋，认为此卷与金粟山写经出自同一时期经生之手，虽笔势稍弱，但非寻常钞胥所能及，颇有收藏研究价值。

五、《放光般若波罗蜜经卷》题跋及钤印释读

此卷有题跋两段，均位于卷末，见图1。前为李恩庆题。李恩庆（？—1864），字季云，一作寄云，号集园，别署李季子，又号“三盘老民”，斋名“爱吾庐”，直隶遵化（今河北遵化）人。清道光十三年（1833）进士，官至两淮盐运使。精鉴别，富收藏。辑有《爱吾庐书画记》《清画家诗史》《八旗画录》。李恩庆题跋内容是：“宋时写经，悉宗唐人。结体用笔，大抵出于兜沙经，按行排字，都以十七为数。余以道光甲辰得金粟山广惠禅院大藏转轮及无量寿经卷，订为宋人写本。复于次年得是卷，较前卷笔势差弱而体格同类，自出一时经生之手。作伪者乃于卷尾妄加熙宁暨眉山苏轼、苏辙补写云云；又有赵氏子昂、允明、华亭董氏各印。因重装，悉从节去，合计写经二卷，连十四纸，三百八十二行，其卷首应阙标题数行。乙巳重午北平李恩庆记。”末钤印：“廉吏之子”（朱文）、“臣庆之印”（白文）。

又有周寿昌跋。周寿昌（1814—1884），字应甫，一字荇农，号友生、自庵等，湖南长沙人。道光二十五年（1845）进士。官任内阁学士兼礼部侍郎。善诗，富收藏。著有《思益堂集》《汉书注校补》（见《清代学人列传》）。周寿昌题跋为：“余旧藏唐人写《涅槃经》一册，笔势劲锐，颇有欧褚法度。此卷虽出宋经生而结体不与相远，虽用笔微嫌掩沓，其沉着处断非钞胥所能及，故可宝也。光绪元

年乙亥中秋夜灯下长沙周寿昌并识。”末钤印:“自庵”(朱文)、“寿昌”(白文)。

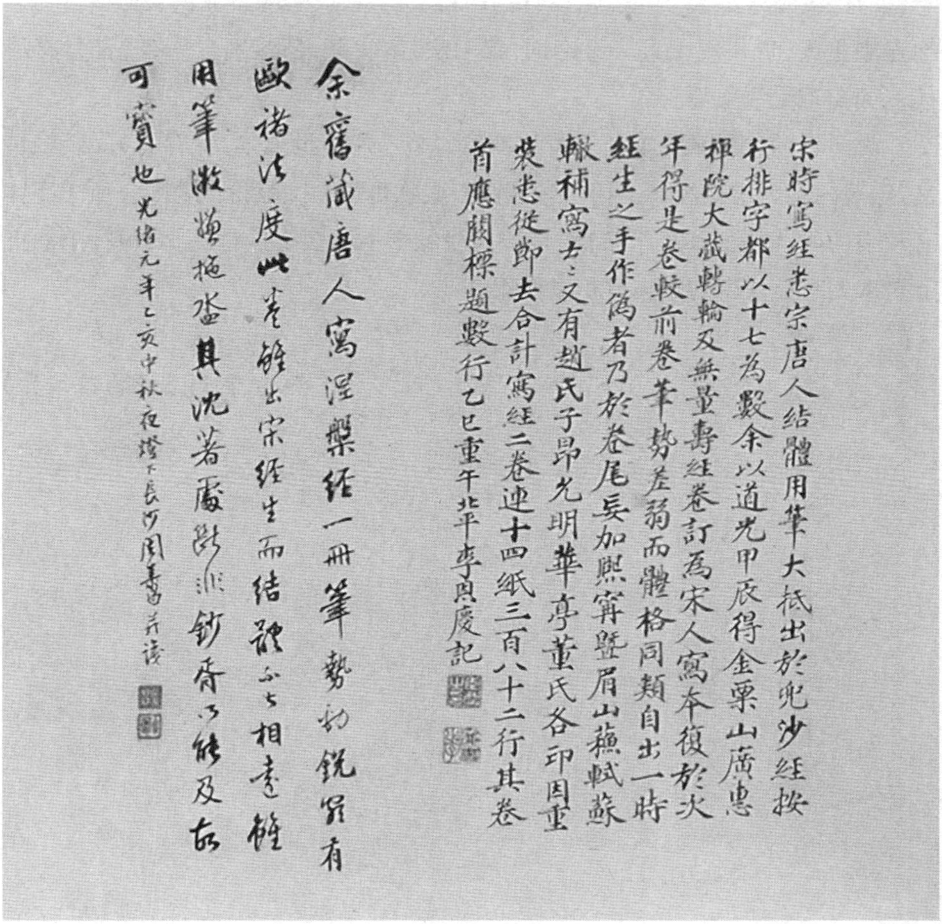

图 1 《放光般若波罗蜜经卷》李恩庆和周寿昌题跋

卷端有钤印三枚:“稼泉”(朱文)、“息园”(朱文)、“树铭之印”(白文)。卷尾钤印六枚:“徐寿衡审定印”(朱文)、“长沙周氏鉴藏”(白文)、“北平李氏珍藏图书”(朱文)、“商羊华阁”(朱文)、“十壶双琴之馆”(朱文)、“稼泉曾观”(白文)。其中“稼泉”“息园”“稼泉曾观”为贵阳人乐嘉荃藏书印;“树铭之印”“徐寿衡审定印”属长沙人徐树铭;“长沙周氏鉴藏”即周寿昌藏书印;“北平李氏珍藏图书”为李恩庆藏书印。

据钤印及题跋的位置,此卷应由李恩庆、周寿昌、徐树铭、乐嘉荃递藏,流传脉络清晰。徐树铭(1824—1900),字伯澄,号寿衡,又号澄园,湖南长沙人。

道光二十七年（1847）进士，官至工部尚书。徐树铭嗜钟鼎书画，藏书数十万卷，著有《澂园诗集》。乐嘉荃（1871—1932），字良丞，号稼泉亚侠、寿红轩主人、抱壶庵主人，贵州贵阳人。工诗词，善书法，富收藏，精鉴别。著有《湘梦楼诗稿》《寿红轩诗稿》等。

贵州省博物馆藏《放光般若波罗蜜经卷》为传世孤本，保存完好、装帧精良，记载内容为佛教经典，且有名人题跋，文物价值与文献价值兼具。所书字体有较强的时代特征和美学特征，是宋人写经中不可多得的精品，对填补书法史上对宋人写经认识的缺失有积极作用。

（安琪，贵州省博物馆馆员）

常熟周大辅鸽峰草堂抄书补考 *

A Supplementary Examination of the Transcripts of the Gefeng Caotang by Zhou Dafu in Changshu

刘晓丽

摘　要:2015年,郑伟章先生发表《常熟周大辅鸽峰草堂钞书藏书知见录》一文,搜集常熟周大辅鸽峰草堂抄校本67种,藏本29种,凡96种。今检中国科学院图书馆藏周氏鸽峰草堂抄本13种,皆未见郑氏著录,甚至不见于《中国古籍总目》。这些抄本据以抄录、校勘的底本大多源自藏书名家,如惠氏红豆斋、丁氏八千卷楼、劳氏丹铅精舍、刘氏味经书屋、瞿氏清吟阁等等,且书中皆有周大辅校勘记,朱笔钩改,浮签甚多。故不揣谫陋,略加考论,续貂于此。

关键词:周大辅;鸽峰草堂;抄书;补考

周大辅(1872—1932),字左季,号都庐,别号鸽峰外史,江苏常熟人。周大辅为清末民初著名藏书家,抄本积万卷,多抄自稿本或稀见之本,甚至包括清代的禁书。2015年,郑伟章先生在《版本目录学研究》(第六辑)发表《常熟周大辅鸽峰草堂钞书藏书知见录》一文(以下简称"郑文"),称:"近年来,我在国家图书馆等处阅读善本胶卷及普通古籍中,碰见不少周氏藏书、钞书、校书。又台北'国家图书馆'《善本书志初稿》亦颇有著录。又近年来古籍善本拍卖市场亦异常活跃,不断涌现周氏所钞、所校、所藏。我统加以综合整理,大体分为:

*　本文为国家社科基金青年项目"晚清方濬师日记整理与研究"(20CZS010)阶段性成果。

一、周氏钞校本六十七种；二、周氏藏本二十九种，两部分共九十六种。”[1]466 今有幸参与中国科学院图书馆（中国科学院文献情报中心）古籍普查登记，见馆藏周氏鸽峰草堂抄校本皆未见郑文著录，甚至不见于《中国古籍总目》，故不揣谫陋，略加考论，以期方便同好做进一步深入研究。

中国科学院图书馆藏常熟周氏鸽峰草堂所抄古籍主要集中在史部，子部、集部也有一些，因部分古籍未注明抄录时间，只能大致推测，故仍依郑文旧例，按部类略加梳理如下。

一、史部

（一）弘光实录钞四卷附弘光大臣月表一卷

（清）黄宗羲撰　清光绪二十六年（1900）常熟周氏鸽峰草堂抄本（索书号：史 /100 /4438）

黄宗羲（1610—1695），字太冲，号南雷，世称梨洲先生，余姚（今浙江省余姚市）人。《清史稿》有传。

开本尺寸 26.6 厘米 ×17.1 厘米，版框尺寸 18.6 厘米 ×12.4 厘米。乌丝栏，半叶九行，行二十四字，黑口，四周双边，单黑鱼尾，版心下方镌“郗公锺室钞本”。周大辅“常熟周 / 左季家 / 钞本书”白文方印、“郗公 / 锺室”朱文亚字形印，以及“中国科学院 / 图书馆藏”朱文方印，王绶珊“杭州王氏九峰 / 旧庐藏 / 书之章”朱文方印。

王绶珊即王体仁（1873—1938），字绶珊，浙江绍兴人，藏书数十万卷。

首卷卷端顶格题“弘光实录钞卷一”，次行下署“古藏室史臣黄宗羲撰”，卷前有戊戌冬十月甲子朔黄宗羲《弘光实录钞叙》，次黄宗羲撰《弘光大臣月表》。书中“弘”字阙末笔。

《弘光实录钞》起自明崇祯十七年（1644）夏五月庚寅福王即位于南京，讫于南明弘光元年（1645）秋七月“江西巡抚旷昭迎降，万安知县梁于涘不下”。

书中有周大辅朱笔校记并夹有周大辅所撰校勘浮签数页，其中有浮签云：“壬子正月十五日冒雨赴禾，十六日即归，而雨未至。夜始取沪上所刻《痛史》本校对。十六日卷一始校毕，十七、十八两日校第二卷，十九天晴校第三卷，二十日第三卷始校完，二十一日灯下校第四卷竣。郗庐记于杭州□□□□张氏老屋。”又云：“庚子年秋从八千卷楼丁氏假得瞿氏清吟阁抄本传录，今十二年方校，得讹字不少。”庚子即光绪二十六年（1900），壬子即民国元年（1912）。

据校勘记可知，光绪二十六年周大辅据丁氏八千卷楼藏瞿氏清吟阁抄本抄得此本，民国元年正月十六日夜始以《痛史》校之，六日校毕。又浙江图书馆藏大兴傅氏长恩阁校钞本一部，《续修四库全书》据以影印。此本末有清光绪三年七月既望傅以礼题跋云："此本从丁松山大令丙所藏武林瞿颖山良［玉］清吟阁旧钞传录。"瞿颖山即瞿世瑛，字良玉，号颖山，清钱塘人。"手钞罕见古书，以为日课。"周氏鸽峰草堂抄本、傅氏长恩阁抄本皆据丁丙八千卷楼藏瞿世瑛清吟阁抄本抄录。瞿氏清吟阁抄本，现藏湖北省图书馆，有清傅以礼校并跋。

此本《中国古籍总目》未见著录。1955年6月21日，购自文海书店，一册18元。

（二）甲申日纪八集

（清）李清撰　清末常熟周氏鸽峰草堂抄本（索书号：史 /220.6/4035）

开本尺寸 26.6 厘米 ×17.1 厘米，版框尺寸 18.6 厘米 ×12.4 厘米。半叶九行，行二十字。黑口，四周双边，版心中记书名（如"甲申日纪"）及叶次，下方镌"都公锺室钞本"。书中钤有周大辅"常熟周 / 左季家 / 钞本书"白文方印、"虞山 / 周辅"白文方印、"难寻 / 几世 / 好书人"白文方印、"鸽峰草堂 / 钞传秘册"朱文长方印，王绶珊"杭王氏九峰 / 旧庐藏 / 书之章"朱文方印以及"中国科 / 学院图 / 书馆藏"朱文方印。

卷端顶格题"甲申日纪金集"，次行低二格题"哀帝"，第三行顶格接正文。卷前抄录《越缦堂日记》同治丁卯八月二十四日"《南渡录》"条，次《甲申日纪引》一篇。该书分金、石、丝、竹、匏、土、戈、木八集。

《甲申日纪》又名《甲乙编年录》《南渡录》，此书记弘光一朝史事，起于崇祯十七年（1644）四月福王至淮安府，迄于乙酉（1645）七月唐王即位于福州，改元隆武。《清代禁书知见录·外编》："《甲申日记》八卷，兴化李清撰。旧钞本，分金、石、丝、竹、匏、土、戈、木凡八集。"[2]16

书中有周大辅所撰浮签数纸，其中有浮签云："壬寅十一月十七日归自四明，适内子肝病甚剧，愁闷无聊，勘此排遣。廿一日校讫记。"又云："壬子正月初五重阅一过，随手校此。其中尚有不可解者，盖仍其旧，不敢妄改也。"壬寅即光绪二十八年（1902），壬子即民国元年（1912）。知周大辅光绪二十八年十一月十七日已校勘此书，民国元年正月初五又重阅一过。由此可知，此本抄录的时间当在光绪二十八年十一月之前。

此本钤有王绶珊"杭王氏九峰 / 旧庐藏 / 书之章"朱文方印，《浙江藏书史》载，民国二十五年（1936）杭州举办浙江文献展会，其中有明鄞县丰坊手稿本《鲁诗世学》不分卷，此书递经卢氏抱经楼、虞山周大辅递藏[3]477。知周大辅的部分藏书曾流入王体仁处。惜王氏故去后，其书四散，“至解放初期，因急需钱，不得不又将剩下明版书千余种不管刻本先后和内容好坏，均已五角钱一本贱价售出。……亦当废纸秤给杭州文汇书店。书店亦当废纸秤脱，作为包装烟丝之用纸，真十分可惜”[3]476-477。此本1955年6月6日购自文海书店，计24元。此本未与烟丝一同焚尽，而辗转入藏中国科学院图书馆，亦是一幸！

（三）庄氏史案丛钞二卷

（清）傅以礼辑　清光绪常熟周氏鸽峰草堂抄本（索书号：2990807—8）

傅以礼（1827—1898），字节子，山阴（今属浙江绍兴）人，原籍大兴（今北京市大兴区），居山阴。清藏书家、目录学家、史学家。

开本尺寸26.1厘米 ×17.4厘米，版框尺寸18.5厘米 ×12.2厘米。乌丝栏，半叶九行，行二十二字。黑口，四周双边，单鱼尾。版心中记书名（如“庄氏史案”）并叶数，下镌“都公锺室钞本”。书中钤有“常熟周/左季家/秘本书”白文方印、“虞山周/大辅字/左季印”白文方印、“此是左/公所置/田”朱文方印、“若公/锺室”白文长方印、“光绪庚子/后所钞书”朱文长方印以及“奎公/书楼”朱文方印、“中国科/学院图/书馆藏”朱文方印。

首卷卷端顶格题“庄氏史案丛钞卷上”，次行接正文。书名据首卷卷端题名。卷前有佚名抄录已翁跋文，次《庄氏史案本末目次》，次傅以礼丙子（光绪二年，1876）跋。卷末署“大兴傅以礼节子编纂，仁和范烈镜溪缮录”。末有周大辅撰校勘记。

此书选取《恭庵笔记》《榴龛随笔》《研堂见闻杂记》《亭林文集》《鲒埼亭集外编》《秋思草堂遗集》《香祖笔记》《觚賸》等书中所载庄氏史案之故实，整理成编，内容颇为详赡。

天头有朱笔批校，从墨色浓淡及字迹来看，当出于二人之手。墨色较淡者，字体方正秀丽，以《浔志》校此本。如卷上第三页第十七行：“刑内中尚有来拜年亲戚及邻舍来看者。”天头朱笔批校云：“‘刑’，《浔志》作‘册’。”又第四叶第五行：“仅将朱史氏即朱祐明改刊一条呈首。”天头批校云：“‘祐’，《浔志》作‘佑’。”第二十三页第四行：“刻工汤达甫。”天头批校云：“按‘刻工汤达甫’，《浔志》列‘齐康成’前。”墨色较深者，字体修长挺立，所校多为文中所涉人物履历、著述。如二十一页十三行：“潘力田柽章居平望。”天头批注云：“潘与吴著有《国史考异》三卷，著录《四库》，不署撰人名氏。”十七行：“韦元介全祉，一字真长。"批注云:"韦著有《鲁国监国宰臣卿年表》。"卷下第五页第十六行:"旧礼部侍郎李令晳曾作序。"天头批注云:"李宏光时礼部主事非侍郎。"该笔迹与卷末周大辅所写校勘记笔迹相似,疑为周大辅所校。行间有周大辅朱笔批校,如卷上第四页第九行:"盖具书中朱史氏下无'即朱祐明'四字也。""具"朱笔改为"以其"。

书中有周大辅所撰浮签二则。一在第十六页第五行"而以书估王云蛟处斩"处,浮签云:"'王云蛟'二页九行作'起蛟'。"一在卷末,云:"周季贶跋校讹。六行'旧'下是'已'字。七行'读'误,元作'续'。九行'康熙'下是'间'字。十二行'灭'上恐是'毁'字。左记。二页傅节子跋一行'月'疑是'日'之讹。卷上十三页七行'噟官拜他'句疑有讹字。卷下十页十五行'禹川姓'疑是'禹川娙'之讹。卷下廿四页九行'饥'《觚賸》作'饿'。十七页五行'己巳'讹,当作'乙巳'。"

郑文称:"周大辅不同阶段所钞书,有三枚印章标分开来。一曰'光绪庚子所钞书'白文方,正是他在甬江司榷时(28岁)所钞书;一曰'周左季宣统纪元后所钞之书'朱方,这是宣统三年中所钞之书;一曰'虞山周左季辛亥以后写书记'朱长方,这是周氏作遗民之后所钞书。"[1]466 今此本所钤"光绪庚子/后所钞书"朱文长方印,郑文并未著录,当是周氏光绪庚子(二十六年,1900)至宣统元年(1909)间所抄书。如此一来,周大辅抄书的时间便连贯起来,亦足见其抄书不辍,勤勉之至。

此本《中国古籍总目》未著录。《中国古籍总目》著录辽宁省图书馆藏清光绪虞山周氏鸽峰草堂抄本《庄氏史案丛钞》二卷,有沈汝瑾批并跋,惜未得见。

(四)海虞妖乱志三卷

(明)冯舒撰　清末民初常熟周氏鸽峰草堂抄本(索书号:1196972)

冯舒(1573—1622),字定远,号钝吟老人,江苏常熟人。喜抄书,家富藏书。少为诸生,明亡不仕。

开本尺寸26.5厘米×17.2厘米,版框尺寸16.6厘米×11.6厘米。乌丝栏,半叶九行,行二十字。黑口,左右双边,单黑鱼尾,版心下方镌篆书"鸽峰草堂"。左栏外下方镌"常熟周左季家写本"八字。书中钤有周大辅"周左/季校/正图书"朱文方印、"为流/传勿/损污"白文方印、"常熟周/左季家/钞本书"白文方印,"中国科学院/图书馆藏"朱文长方印。

首卷卷端顶格题"海虞妖乱志",次行顶格接正文。每卷末尾题"海虞妖乱志（上/下）终”。卷末有佚名跋，抄录叶廷琯《吹网录》，次附《张汉儒揭钱瞿奏稿》及顾仲恭为钱瞿呈稿。

《海虞妖乱志》一名《虞山妖乱志》，记崇祯中张汉儒诬告钱谦益、瞿式耜二人事情始末。此本工楷抄录，“宁”字阙笔避讳，偶有周大辅朱笔批改。如第一页第八行：“生平不敢畜妾”，“妾”，改作“媵”。第十行“豪横里中”，“里”上补“于”字。第十一行“次曰孺安”，“曰”上补“女”字。十三行“长大美好”，“美”改“姣”字。

《海虞妖乱志》多以抄本流传。孙殿起辑《清代禁书知见录外编》云：“《海虞妖乱志》三卷，不著撰人姓名，乌丝格抄本，版心下有‘鸽峰草堂’四字篆书，版左边线外有‘常熟周左季家写本’八字。”[2]38 今检台北“国家图书馆”也藏有一部鸽峰草堂抄本。版心镌“鸽峰草堂”四字，左栏外下方镌“常熟周左季家写本”八字，书中钤“有清/周季/子”朱文方印、“吾生/之后/逢此/百罹”白文方印、“常熟周/左季家/钞本书”白文方印、“常熟周氏鸽峰草堂藏书印”朱文长方印记[4]267–268。行款与中国科学院图书馆藏抄本同，卷前有康熙癸亥（二十二年，1683）闰六月晦前一日虞山陆灿湘灵氏撰《妖乱志序》。台北“国家图书馆”藏鸽峰草堂抄本中钤有周大辅“吾生/之后/逢此/百罹”一印，知抄录时间应在辛亥革命以后。而中科院图书馆藏抄本没有直接可以推定抄写时间的证据，故著录为清末民初抄本。

此本《中国古籍总目》未著录。1956年10月26日购于来薰阁，一册25元。

（五）明史断略一卷

题（清）钱谦益撰　清末常熟周氏鸽峰草堂抄本（索书号：史220.6/8308）

钱谦益（1582—1664），字受之，号牧斋，苏州府常熟（今属江苏）人。明万历三十八年（1610）进士，官至吏部侍郎。后降清，仍居原职。明末清初文学大家。著有《初学集》《有学集》《列朝诗集小传》等。《清史稿》卷四百八十九、《清史列传》卷七十九有传。

版框尺寸26.8厘米×17.3厘米，开本尺寸17.6厘米×12.6厘米。乌丝栏，半叶十行，行二十一字。黑口，左右双边，单黑鱼尾。版心下镌“虞山周氏鸽峰草堂抄藏”。钤有周大辅“难寻/几世/好书人”白文方印、“虞山/周辅”白文方印、“虞山周/氏鸽峰草/堂写本”朱文方印，“中国科/学院图/书馆藏”朱文方印。

卷端顶格题“明史断略”，次行下署“海虞钱谦益”。前有《明史断略目次》。

此书论明洪武至嘉靖朝事，起自“洪武起兵”，终至“追戮仇鸾”，凡 67 条，其中“平定东南”条阙。书中有周大辅朱笔校勘，如“平定南南”条，改“南南”为“东南”；“洪武平吴”条，“与太至详攻伐”，改“太至”为“太祖”；“北定中原洪武”条，“宜为所之所与欤”改作“宜为天之所兴欤”。

此本孙殿起《清代禁书知见录外编》曾著录，云：“《明史断略》无卷数，海虞钱谦益撰。虞山周氏鸽峰草堂抄本，乌丝格。版心下有‘虞山周氏鸽峰草堂抄藏’十字。目录前钤有‘虞山周辅’印一方，又首页钤有‘虞山周氏鸽峰草堂写本’印一方。”[2]28 关于《明史断略》的作者，杨连民、杨绪敏等称署名钱谦益的《明史断略》并非钱谦益所撰，而是根据彭而述《明史断略》删节而成。书中一些论述、评价与钱谦益的态度相左。[5]35

题钱谦益撰《明史断略》，除本馆尚有传本外，其余皆仅见于著录。如徐绪典《钱谦益著述被禁考》云：“《明史断略》，《借月山房汇钞》本。传抄本。原刊本。瞿氏铁琴铜剑楼抄本。《国粹学报》本。”[6]109 另曹大铁藏有“《明史断略》冯简缘写定本”[7]191。曹培根《曹大铁〈藏书目录〉辑注》云：“《明史断略》，钱谦益著，自洪武至嘉靖八朝中事，冯武钞本二册，自补钞，卷耑有绛云楼椭圆印，曹大铁题跋两则附书末尾。”[8]128

此本《中国古籍总目》未著录。1956 年 10 月 14 日购自来薰阁，1 册 20 元，后收入《四库未收书辑刊》第三辑第 15 册。杨连民《〈明史断略〉作者考辨》[9]19，杨绪敏、姜明会《〈明史断略〉作者考辨——兼论〈明事断略〉与《明史断略》的关系》[5]35，郑伟章《常熟周大辅鸽峰草堂钞本藏书知见录》[1]469 皆称《四库未收书辑刊》据中共中央党校图书馆藏本影印，误。

（六）启祯宫词二卷

（明）秦兰徵撰（清）王誉昌撰　清末常熟周氏鸽峰草堂抄本（索书号：史/940/6624=1）

秦兰徵，字符芳，明末直隶常熟人。王誉昌，字露湑，清初直隶常熟人，诸生。

版框尺寸 26.6 厘米 ×17.1 厘米，开本尺寸 17.6 厘米 ×12.6 厘米。乌丝栏，半叶十行，行二十一字。黑口，左右双边，单黑鱼尾。版心中间记书名、卷第（如“启祯宫词卷上”）及页次，下方镌“虞山周氏鸽峰草堂抄藏”。书中钤有周大辅“周印 / 大辅”朱文方印、“虞山 / 里民”白文方印、“壬申 / 周季”白文方印、“难寻 / 几世 / 好书人”白文方印，“中国科 / 学院图 / 书馆藏”朱文方印。

上卷卷端顶格题“启祯宫词卷上天启”，次二行下署“秦兰徵楚芳氏撰，瞿绍基荫棠氏校”；下卷首行顶格题“启祯宫词卷下崇祯”，次二行署“王誉昌露湑氏撰，瞿绍基荫棠氏校”。卷末皆有尾题“卷上/下终”。卷前有清嘉庆十五年（1810）岁次庚午三月朔云峰屈振镛撰《启祯宫词合刻序》，次明崇祯癸未（十六年，1643）冬日秦兰徵《天启宫词自序》，再次清康熙辛未（三十年，1691）夏日王誉昌《崇祯宫词自序》。书末有清嘉庆十六年（1811）岁次辛未孟春荫棠瞿绍基跋。

《启祯宫词》二卷，包括《天启宫词》一卷《崇祯宫词》一卷，仿宫词体例，杂咏明末天启、崇祯两朝的宫闱轶事。《天启宫词》收诗一百首，《崇祯宫词》收诗一百八十六首。每首之下均有自注，详析典故，记官书所不载，实为明末宫史。因书中涉及边事，有污蔑努尔哈赤之语，多犯清人忌讳，遂于乾隆间禁毁。关于《天启宫词》的作者，《香祖笔记》《日下旧闻》《四库全书总目》等皆著录陈悰撰。

公私藏书目录主要将《启祯宫词》归入在史部、集部。归入集部更侧重其强调其诗歌的体例。如《八千卷楼藏书目》入集部总集类、《贩书偶记》入集部别集类，总集、别集的类目差异，是因为《启祯宫词》二卷为秦兰徵、王誉昌二人合著，一卷独撰则入别集类，二卷合著则入总集类，故《中国古籍善本书目》一卷本入集部别集类、二卷本入集部总集类。归入史部者则更强调它的史学价值，注明史所未见。《清史艺文志拾遗》即归入史部史评类。而《中国古籍总目》集部别集类、史部史评类皆著录《启祯宫词》。集部仅山东省图书馆有藏本。今查阅山东图书馆，内容与它本相同，内封面有佚名题“《启祯宫词》一本，入集部别集类”之语。又检《中国古籍总目·编纂说明》并无互见例，故宜合为一部，皆归入史部史评类。

此书1956年10月26日购自来薰阁，一册20元。

（七）厉樊榭先生年谱不分卷

（清）朱文藻辑　清光绪二十七年（1901）常熟周氏鸽峰草堂抄本（索书号：史/420.7/7167）

开本尺寸26.6厘米×17.1厘米，版框尺寸18.6厘米×12.4厘米。乌丝栏，半叶九行，行二十一字，黑口，四周双边，单黑鱼尾，版心中记书名（如“厉樊榭先生年谱”）及叶次，下方镌“鸹公锺室钞本”。书中钤有周大辅“常熟周/左季家/钞本书”白文方印、“鸹公/锺室”朱文亚字形印，以及“中国科/学院图/

书馆藏”朱文方印。

厉樊榭即厉鹗(1692—1752),字太鸿,号樊榭,浙江钱塘(今属杭州市)人。清康熙五十九年(1720)举人。乾隆元年(1736)应博学鸿词科试。《厉樊榭先生年谱》始自康熙三十一年(1692),终至乾隆十七年(1752)。

书中有周大辅朱笔批校,卷末有周大辅撰校勘浮签一张。浮签云:“朱朗斋辑厉樊榭年谱校字。按:厉征君系壬申年丙午月辛亥日壬辰时生。光绪辛丑从朱朗斋手稿录出,并重对勘记此。四月十六灯下时在魏塘榷舍。十四页后半页‘留宿悬斋’讹‘悬齐’。二十一页后半张‘按’字一段当提行低一格写。二十三页前半张‘按’文集一段亦当提行写。二十四页后半张,‘字之曰月上’,‘曰’讹作‘日’;又‘婵媛’讹作‘婢媛’;又‘乌氏酒’恐系‘乌戍’之讹。二十五页前半张,‘按’字一段似宜后。前又‘按齐召南’云云当提行低一格写。二十六页前半张‘考试后’,‘后’讹作‘从’,后半张‘蒋丈’讹作‘蒋大’;又‘穆堂阁学欲为道地’,‘为’字上脱一‘欲’字。二十七页前半张‘左都御史’,‘左’讹作‘右’;又‘齐召南’讹‘齐召’,又‘夏客扬州’讹‘夏容’。卅页后半叶‘吹竹弹诗’讹‘顺竹弹诗’。卅一页‘先生’讹‘光生’。卅二页‘马半槎’讹‘马半□’。卅四页后半张‘孙嶰谷诗’,‘孙’字衍。卅九页‘全祖望撰墓碣铭’讹‘碣’。”卷前有抄手所录丁氏八千卷楼题跋,云:“《樊榭征君年谱》朱文藻辑。唐栖劳氏丹铅精舍藏朗斋先生注《樊榭山房诗集》后附《年谱》,皆未成之书也。劫后益残,不可卒读。介秦澹如观察来售,以议直未妥,归之。亟录是谱,藏之八千卷楼。戊辰五月松老记。”由此可知,同治七年(戊辰,1868)五月,丁丙欲从秦澹如处购劳氏丹铅精舍旧藏《厉樊榭先生年谱》,因议价未妥,故抄录一部。秦澹如即秦缃业(1813—1883),字澹如,江苏无锡人。道光副贡生,官浙江候补道。又检《八千卷楼藏书目》,卷五著录有《厉樊榭先生年谱》一卷,稿本。周大辅校记也称“光绪辛丑从朱朗斋手稿录出”。由此推断丁氏八千卷楼或许藏有两部《厉樊榭先生年谱》,一部据劳氏丹铅精舍藏本抄出的八千卷楼抄本,一部稿本,即周大辅鸽峰草堂抄本所据稿本。

现存朱文藻辑《厉樊榭先生年谱》有上海图书馆藏手稿本、稿本,另有缪荃孙补订《嘉业堂丛书》本,《北京图书馆藏珍本年谱丛刊》据以影印。此本《中国古籍总目》未著录。1956年10月16日以一册10元的价格购自来薰阁。

(八)金姬传一卷

(明)杨仪撰　清末常熟周氏鸽峰草堂抄本(索书号:2992167)

杨仪（1488—？），字梦羽，号五川，明常熟人。嘉靖五年（1526）进士，官至山东按察副使。著有《南宫集》《高坡异纂》等。

开本尺寸 26.1 厘米 ×17.4 厘米，版框尺寸 18.5 厘米 ×12.2 厘米。乌丝栏，半叶九行，行二十二字。黑口，四周双边，单鱼尾。版心中题书名（如“金姬传”）并叶次，下镌“郘公锺室钞本”。书中钤有周大辅“郘公 / 锺室”白文方印、“守中 / 珍藏”白文方印、“常熟周 / 左季家 / 秘本书”白文方印，及“中国科 / 学院图 / 书馆藏”朱文方印。书中“玄”作“元”。

卷端顶格题“金姬传”，下署“明杨仪撰”。卷前有杨仪撰《金姬传序》。

《金姬传》又名《李金儿》《李姬传》，为明代中篇传奇小说。它以元末战乱为背景，以张士诚的成败兴衰为线索，讲述了金姬传奇的一生。关于此文的创作缘由，杨仪跋文中称：“嘉靖乙巳（二十四年，1545）夏，予撰《庆安镇平寇记》方成，适闻太仓江寇窃发，杀戮守帅。因重有所感而述为此篇。”

书中有周大辅朱笔批校。如《金姬传》：“五世祖嘉谟豫”下朱笔补入“伪齐刘”三字。“至正十四年甲午张士诚”下朱笔补入“伪称周诚王六月己酉兵陷四州，李生一家悉被游兵所捕，金儿”二十五字。又“心恨椿旧宅祠宇尚在”，“旧寨”上朱笔补入“又见椿”三字。

明李鹗翀《明良记小引》云：“其稗官诸著《金姬传》，公所自刻，《高坡异纂》，公没后吴门刻之。”[10]239 杨仪生前，《金姬传》已经付梓。明天启间，潘之恒撰《亘史》时，据以录入，后附《别记》一篇。又有《借月山房汇钞》《泽古斋重钞》本。

另《中国古籍总目》史部传记类别传之属著录“金姬（李金儿）传一卷　明杨仪撰　清抄本（邓邦述跋）国图”；子部小说类文言之属著录“金姬传一卷别记一卷　明杨仪撰　清抄本　国图 / 抄本　北大 / 民国九年上海博古斋影印本　北大”。今检国图藏清抄本（邓邦述跋）《金姬传》一卷，末附《金姬小传》一卷，卷前有邓戢《金姬传序》，末有杨仪跋，与子部小说类文言之属著录“金姬传一卷别记一卷”为一书，是一书分属两部类，当一并归入子部小说文言之属。此本 1960 年购得，一册 5 元。

（九）玄陵纪二卷

（明）盛时泰撰　民国元年（1912）常熟周氏鸽峰草堂抄本（索书号：1199956）

盛时泰（1529—1578），字仲交，号云浦，明上元（今属南京市）人。明嘉靖贡生，工书画，喜藏书。著有《城山堂集》《秣陵盛氏族谱》等。

开本尺寸29.9厘米 ×18.3厘米，版框尺寸17.7厘米 ×12.6厘米。乌丝栏，半叶十行，行二十一字。黑口，左右双边，单黑鱼尾。版心中记书名、卷次（如“元牍纪卷一”）及叶次，下镌“虞山周氏鸽峰草堂抄藏”。书中钤有“贾竖藏/货贝儒/家惟此耳”白文方印、“人为伤/心才/学佛”白文方印、“虞山/周辅”白文方印、“周左季/壬子岁/所钞书”朱文方印、“鸽峰/草堂”朱文方印、“虞山周左/季鸽峰草/堂藏书印”白文长方印，“中国科学院/图书馆藏”朱文长方印。

首卷卷端顶格题“元牍纪卷一”，次行下署“秣陵盛时泰”，再次行低两格接篇名“周穆王篆书吉日癸巳”。卷前有明嘉靖丙辰（三十五年，1556）十一月三日盛时泰《元牍纪序》；卷末有明嘉靖戊午（三十七年，1558）九月廿一日盛时泰《元牍纪后序》。末有周大辅朱笔题跋并附校勘记。

该书记载了明嘉靖三十三至三十九年（1554—1560）盛时泰所见碑帖墨迹，上至三代汉魏碑刻，下至时人碑帖墨迹，犹以金陵六朝诸碑刻者为多。《玄牍纪》一名《苍润轩碑跋》，《四库全书》史部目录类存目。《拾经楼紬书录》云：“《玄牍纪》一卷、《续》一卷，明盛时泰撰，即《四库全书总目存目》著录之《苍润轩碑跋》也。……然观此书前时泰自序，末题‘嘉靖丙辰十一月三日’，云：‘点窜之以存，题曰《玄牍纪》，作《玄牍纪序》。’则《玄牍纪》之名乃时泰嘉靖三十五年所自题也。后序称：‘嘉靖戊午九月二十一日雨中苍润轩对酒，信笔写，不减增一字’云。‘戊午’为三十七年，则苍润轩之名在后矣。且其后序仍称《玄牍纪》，而未改题，知苍润为其轩名，其书名固应仍题《玄牍纪》。后人未绎其前后序文，因石田之题句遂并其书名而改之，失其本意矣。”[11]第2册57

天头有陈淡如朱笔批校，如“汉泰山都尉孔彪碑”条，条目中“彪”字旁有朱点，天头上注“宙”字。正文：“其人无复者。”“者”上标补入符号，叶眉上注“书”字。又“魏”条，朱笔改“状演”为“装潢”。叶眉注云：“‘来者’下有‘嘉靖甲寅四月望日记’九字。”周大辅题跋云：“壬子二月从刘燕庭钞本传录，丙辰九秋叚扈上书友旧抄本重校一过，烦陈君淡如注于上方。都庐记，时客西泠。”知此本据刘喜海藏本传钞，民国五年（1916）又据旧抄本校勘，陈淡如记校勘记于天头上。陈淡如（1884—1953），原名履熙，以字行，又字坦如，浙江嘉兴人。

今台北“国家图书馆”藏清诸城刘喜海味经书屋抄本，作《苍润轩玄牍纪》，绿丝栏，半叶十行，行二十一字。书衣题："《苍润轩玄牍纪》，明秣陵盛时泰撰。"卷端题"元牍纪卷一"，次行署"秣陵盛时泰"。前有明嘉靖三十五年（1556）十一月三日盛时泰《元牍纪序》。卷末有明嘉靖三十七年（1558）九月廿一日盛时泰《元牍纪后序》。书中夹浮签一张，为宣统三年（1911）杨宝镛手跋二则。以此本校馆藏抄本，行款、文字皆相同。知确据刘氏味经书屋抄本传钞。台北"国家图书馆"还藏有清康熙抄本，为法式善旧藏，有清刘益跋。书中钤有"翰林院印"汉满文大方印，知为四库进呈本。现存《玄牍纪》多以抄本流传，除以上三部之外，国家图书馆藏清抄本三部：其中两部一有清周星诒、魏锡曾校并跋，一为清光绪七年（1881）南陵徐乃昌抄本；南京图书馆藏清抄本，清丁丙跋；湖南图书馆藏清抄本，有清顾贤庚跋。

此本《中国古籍总目》未著录。1956年10月16日购自来薰阁，一册25元。

二、子部

续墨客挥犀十卷

题（宋）彭乘撰　清末常熟周氏鸽峰草堂抄本（索书号：子871/4220）

彭乘（985—1049），字利建，益州华阳（今属四川省成都市）人。宋大中祥符五年（1012）进士及第，累迁至工部郎中。《宋史》卷二九八有传。

开本尺寸27.7厘米×17.6厘米，版框尺寸17.9厘米×12.5厘米。朱丝栏，半叶十行，行十八字。红口，左右双边，单鱼尾。版心下镌"虞山周氏鸽峰草堂抄藏"。书中钤有周大辅"虞山周/氏鸽峰草/堂写本"朱文方印、"周左/季"朱文方印、"大辅/私印"白文方印、"虞山周/大辅字/左季印"白文方印、"此是左/公所置/田"朱文方印、"周左/季校/正图书"朱文方印、"为流/传勿/损污"白文方印，及"中国科/学院图/书馆藏"朱文方印。

首卷卷端顶格题"续墨客挥犀卷第一"，次行空三格接"母子妻三人并行卒"，卷末有尾题作"续墨客挥犀卷之×"。卷十末有提要七行，抄自清阮元《四库未收书目提要》。卷末有周氏校勘浮签两纸，详记版本异同，如："卷一四页十行'有所致也'讹，一本作'有所自也'。"除此之外，浮签中还提及校勘所据底本及时间。一云："从友人叚得吾乡惠红豆旧钞本校此。"一云："乙巳六月十五日挥汗校毕，计两日也。""乙巳"即光绪三十一年（1905），知此本抄录时间在光绪三十一年之前。

书中所记多遗闻轶事，兼及诗话、文评，凡197条。陈振孙《直斋书录解题》

著录，云："《墨客挥犀》十卷，《续》十卷，不知姓氏。"[12]306《宋史·艺文志》著录《墨客挥犀》二十卷。[131]5231 明商浚《稗海》始题彭乘撰。《四库全书》仅著录《墨客挥犀》，称"而止有十卷，则已佚其续集矣"。指出书中所载，多出《冷斋夜话》，又全录《晋书》《北魏书》，"疑原本残阙，后人又有窜入。"[14]1196 阮元《四库未收书提要》收录《续墨客挥犀》，称"足补前编之作未备"。张文虎《复朱述之大令书》中对《续墨客挥犀》进行了细致的考察，称其多掇拾他书，疑非真本。所引之书有《梦溪笔谈》《冷斋夜话》《遁斋闲览》《闲窗括异志》《东轩笔录》等。

此本《中国古籍总目》未著录。1956 年 10 月 14 日从来薰阁购得，一册 20 元。郑伟章《常熟周大辅鸽峰草堂钞书藏书知见录》[1]465-484 未著录此本，但著录了另一部周氏鸽峰草堂抄本。乌丝栏，半叶十二行，行十八字，白口，双顺鱼尾，四周单边，版心下镌"鸽峰草堂钞传秘册"八字，卷内有周氏校勘签条数十条，末条云："光绪庚子三月从无锡朱达夫大令假吾乡惠氏红豆斋钞本校勘一过，记此，左翁。"[15] 书中钤有"周辅私印""虞山周氏鸽峰草堂写本""鸽峰草堂钞传秘册"诸印。此书先后现身于上海国际商品拍卖有限公司 2007 秋季艺术品拍卖会、中国书店 2009 年秋季书刊资料拍卖会、上海博古斋 2015 春季艺术品拍卖会。

三、集部

（一）素兰集二卷

（明）翁孺安撰　清末常熟周氏鸽峰草堂抄本（索书号：1199852）

翁孺安（？—1672），字静和，号素兰，常熟翁太常之女。工诗，性情恣意为世儒所诋，钱谦益《列朝诗集》、朱彝尊《明诗综》虽收翁孺安诗，但改"翁"姓为"羽"姓，入香奁、妓女之类。清光绪间，张继良将《苏兰集》收入《佚丛甲集》，并在跋文中批评诸公刻薄。

开本尺寸 31.4 厘米 ×19.9 厘米，版框尺寸 19.9 厘米 ×13.9 厘米。蓝丝栏，半叶十行，行二十一字。白口，左右双边，单鱼尾。版心上记书名（如"素兰集"），中间记卷第及叶次，下方镌"虞山周氏鸽峰草堂写本"。书中钤有周大辅"难寻 / 几世 / 好书人"白文方印、"虞山周 / 氏鸽峰草 / 堂写本"朱文方印、"壬申 / 行年"朱文方印、"周 / 大辅"白文方印及"中国科学院 / 图书馆藏"朱文长方印。

首卷卷端顶格题“素兰集”，次行低一格题“卷上”，下署“翁孺安静和”。前有《素兰集序》，署“中山计隆”；次冯舒作翁孺安传。书中“弦”阙末笔，有周大辅朱笔批校。

此本收翁孺安诗84题139首，古今体诗杂厕，末附翁孺安词《浣溪沙秋日》《减字木兰花题日涉园》《鹧鸪天》3首。《续修四库全书总目提要（稿本）》云：“其诗清丽悱恻，极疏秀缠绵之致，古体如《神弦曲》《北风行》《秋闺吟》《石城晓湘江曲》皆为上乘之作。今体以《落花诗》三十首最负盛誉。”[16]268 邓之诚《骨董琐记全编》云：“素兰即翁孺安，事详冯舒《虞山妖乱志》。舒并序其《素兰集》二卷刻之，予曾得之。其诗中有《送家太常北上》一章，决非孺安所作。度舒以己所作羼入，或滥列夸多，不足计较也。”[17]19 今以国家图书馆藏清抄本（索书号：A01769，以下简称“国图本”）校之，第一，国图本所收翁孺安诗较中国科学院图书馆藏抄本（以下简称“科图本”）要多。科图本无《追古述怀兼妄评己事》《登九莲庵》《送张斗鹤北上征辽》《古寺闲吟》《野望》《拟南宫试宴》《孺安年及二八尚未适顾春日出游云麓桃园涧与婿邂逅抚今追昔不胜动怜旧之感》7首。第二，二本诗题不同。如科图本“送人”，国图本作“送人之京”。“赋仙”，国图本作“仙家”。“兰花”，国图本作“兰”。“侠少年”，国图本作“侠少”。“久旱逢甘雨”，国图本作“赋得久旱逢甘雨”。

此本《中国古籍总目》未著录。1956年10月16日以一册12元的价格购自来薰阁。

（二）圭美堂集二十六卷（存卷十九至二十三）

（清）徐用锡撰　民国元年（1912）常熟周氏鸽峰草堂抄本（索书号：1199955）

徐用锡（1657—1736），字坛长，号昼堂，宿迁（今江苏省宿迁市）人。清康熙四十八年（1709）进士，官翰林院编修。善乐律、音韵，尤工书法，“精于鉴别古人，言笔法亦多新得”。《清史稿》卷四八五有传。

开本尺寸32.1厘米×19.8厘米，版框尺寸18.1厘米×12.2厘米。乌丝栏，半叶九行，行二十一字。白口，左右双边，单黑鱼尾。版心上记书名（如“圭美堂集”），中记卷第、卷目及叶次，下方镌“学佛盦钞藏”。左栏外上方有书耳，镌“虞山周氏文房”。钤有周大辅“抱残/守缺/斋”白文方印、“周左季/壬子岁/所钞书”朱文方印“学/佛盦”朱文方印、“常熟周/左季家/钞本书”白文方印、“壬申/周季”白文方印、“虞山周/氏鸽峰草/堂写本”朱文方印、“常熟周氏鸽峰草堂藏书印"朱文长方印、"人为伤心才 / 学佛"白文方印、"周大辅 / 印字 / 为左季"朱文方印以及"中国科学院 / 图书馆藏"朱文长方印。

首行顶格题书名（如"圭美堂集卷十九"），次行低二格题卷目（如"字学札记上"），第三行低二格题篇目（如"论书法"），第四行顶格接正文。封面破损，仅存其半，题："圭美堂集"，封面右侧靠近书脑处有"岁在元黓困顿叚沈□□抄本录副"二行。

《圭美堂集》为徐用锡所撰诗文集，凡诗集十卷，文集十六卷。雷鋐《圭美堂集·序》云："圭美堂者，鲁南徐先生读书讲学之堂也。"[18]序此本仅存卷十九至二十三，包括《字学札记》二卷、《题跋》二卷、《书后》一卷，辨评拓墨，品论书法，颇有精到之言。

书中夹有浮签一张，为周大辅所撰校跋，记版本异同及抄本来源，跋云："此书元本藏沈子封处，封面题签出翁大年叔均手，盖当时仅存此五卷也。此五卷中论书及金石跋为多，可作单行本。先生全集不易见，来日当向藏书家求之。壬子夏五月廿四日抄竣，廿五日校讫记。左季客杭州。"张宗祥曾见过沈氏藏旧抄本，《铁如意馆手抄目录》云："《圭美堂集》二十六卷，存卷十九至卷二十三，五卷。……此五卷系旧钞，原在沈子封先生处，封面题签出翁大年叔均手笔。"[19]沈子封即沈曾桐。"岁在元黓困顿"为太岁纪年，所对应的干支纪年为壬子年，与周大辅所言"壬子夏五月"吻合。知原抄本藏于沈曾桐家，封面有翁大年题签，民国元年（壬子）五月二十四日周大辅客居杭州时据以抄录一部，次日校毕。

此本《中国古籍总目》未著录。此书有清乾隆十三年（1748）徐氏刻本，传世甚多，国家图书馆、中国科学院图书馆、清华大学图书馆等皆藏。《四库全书存目丛书补编》《清代诗文集汇编》皆据乾隆本影印。另《东北地区古籍线装书联合目录》著录大连市图书馆藏清嘉庆三年（1798）刻本[20]2685，惜未得见。

（三）思无邪斋遗文不分卷

（清）周砎撰　清宣统三年（1911）常熟周氏鸽峰草堂抄本（索书号：1197738）

周砎，清嘉庆、道光时人，字介然，常熟人，监生。事见《清仁宗睿皇帝实录》卷四十七。

开本尺寸 26.5 厘米 ×17.2 厘米，版框尺寸 16.6 厘米 ×11.6 厘米。乌丝栏，半叶九行，行二十字，黑口，左右双边，单黑鱼尾，版心下方镌"鸽峰草堂"。左栏外下方镌“常熟周左季家写本”八字。书中钤有周大辅“常熟周 / 大辅家 / 世守印”白文方印、“辛 / 亥”白文方印、“周大辅 / 奉守遗 / 书之印”朱文方印、“周左季 / 宣统纪 / 元后所 / 钞之书”朱文方印、“两世名宦 / 清白传家 / 虞山周氏”朱文方印，以及“中国科学院 / 图书馆藏”朱文方印。

卷端顶格题“思无邪斋遗文”，次行署“常熟周砎介然”，第三行低一格题“目录”，下接目录，目录后另起一页为正文。卷前有陆庆楹隶书题书名“思无邪斋遗文”，下署“庆楹”，钤“陆印 / 庆楹”白文方印。末有周大辅校勘记。

书中收录周砎所作策论、墓志、碑记、序跋等，策论多涉漕运，如《与江苏粮道陶君论漕政书》《与苏松道论漕政书》《漕政论》等。清嘉庆间，周砎曾上书陈事，《仁宗睿皇帝实录》卷四十七：“（嘉庆四年六月下）江苏监生周砎具折言事，胪列数十款。朕详加披阅，所言大抵难行。其稍有可采者，皆业经施行之事。复命军机大臣等悉心核议。兹据按款议驳具奏：周砎以诸生而妄言国政，指陈利弊，多系空谈，甚且欲变乱旧章。以峻法绳人，以操切为政，本当治以应得之罪。特因广开言路之时，不欲以言语罪人。……但周砎身居卑贱，逞臆渎陈，而又不切时要。着即将该监生送至费淳处，交地方官约束，毋许出外滋事。沿途送往时，着从宽不必照递籍之例押解。”

书中行间有周大辅朱笔批校，如《与两县尊论劝修城工书》“或三五户合修一段”下，朱笔补：“其工段之大而费巨者，或十余户，二三十户合修一段。”又如《朱将军墓志铭》“即阖户绝吭”下，朱笔补“一死塞责”。

《中国科学院图书馆藏中文古籍善本书目》[21]598-599《中国古籍总目》[21]1802著录此本为“清宣统元年（1909）常熟周氏抄本”。此本卷末虽有周大辅校记，但并未明确注明抄录、校勘时间。但书中钤有“周左季 / 宣统纪 / 元后所 / 钞之书”“辛 / 亥”两方印章。依照周大辅抄书钤印的习惯，此本当为清宣统三年（1911）所抄之本。此书 1956 年 10 月 16 日以一册 25 元的价格购自来薰阁。

周大辅喜藏抄稿本及稀见善本，每遇善本，必极力搜罗，倩人缮写。以上 13 部中国科学院图书馆藏周氏鸽峰草堂抄本，其中 10 部未见《中国古籍总目》著录。从这些抄本来看，周氏据以抄录、校订的底本大多源自藏书名家，如惠氏红豆斋、丁氏八千卷楼、劳氏丹铅精舍、刘氏味经书屋、瞿氏清吟阁等等，且书中皆有周大辅校勘记，朱笔钩改，浮签甚多，足见周氏校书之勤，用力之深。《杭垣旧事》云：“左季先生（周大辅）对古帙之流传，厥功至伟，穷而坚志不堕，洵难能可贵，艰苦卓绝精神，盖世诚不多。”[23]29 诚哉斯言！

（刘晓丽，中国国家博物馆馆员）

参考文献：

[1] 郑伟章．常熟周大辅鸽峰草堂钞书藏书知见录[G]// 沈乃文．版本目录学研究：第六辑．北京：北京大学出版社，2015：465-484.

[2] 孙殿起．清代禁书知见录[M]. 北京：商务印书馆，1957：38，16.

[3] 顾志兴．浙江藏书史[M]. 杭州：杭州出版社，2008：476-477.

[4] 台北“国家图书馆”．“国家图书馆”善本书志初稿（史部）[M]. 台北：“国家图书馆”，1996：267-268.

[5] 杨绪敏，姜明会．《明史断略》作者考辨——兼论《明事断略》与《明史断略》的关系[J]. 史学史研究，2014（3）：35.

[6] 徐绪典．钱谦益著述被禁考[J]. 史学年报，1941（2）：109.

[7] 拓晓堂．嘉德亲历：古籍拍卖风云录[M]. 上海：上海书画出版社，2018：191.

[8] 曹培根．曹大铁《藏书目录》辑注[G]// 齐鲁书社．藏书家：第十辑．济南：齐鲁书社，2005：128.

[9] 杨连民．《明史断略》作者考辨[J]. 聊城大学学报（社会科学版），2009（4）：19.

[10] 李鹗翀．藏说小萃[M]// 北京图书馆古籍珍本丛刊：第83册．北京：书目文献出版社，1998：239.

[11] 叶启勋．拾经楼紬书录[M]// 湖南近现代藏书家题跋选：第2册．长沙：岳麓书社，2011：57.

[12] 陈振孙，徐小蛮，顾美华．直斋书录解题[M]. 上海：上海古籍出版社，2015：306.

[13] 脱脱，阿鲁图．宋史[M]. 北京：中华书局，1985：5231.

[14] 永瑢，纪昀．四库全书总目[M]. 北京：中华书局，1965：1196.

[15] 彭乘．续墨客挥犀十卷[EB/OL].（2015-06-28）[2020-07-14].https://auction.artron.net/paimai-art5073791646/.

[16] 中国科学院图书馆．续修四库全书总目提要（稿本）[M]. 济南：齐鲁书社，1996：268.

[17] 邓之诚，邓珂．骨董琐记全编[M]. 北京：北京出版社，1996：19.

[18] 徐用锡．圭美堂集十卷[M]. 刻本．北京：周毓仑等，1748（清乾隆十三年）.

[19] 张宗祥．铁如意馆手抄目录：集部［M］. 油印本．杭州：铁如意馆，1950.

[20] 辽宁省图书馆，吉林省图书馆，黑龙江省图书馆．东北地区古籍线装书联合目录［M］. 辽宁：辽海出版社，2003：2685.

[21] 中国科学院图书馆：中国科学院图书馆藏中文古籍善本书目［M］. 北京：科学出版社，1994：598-599.

[22]《中国古籍总目》编纂委员会．中国古籍总目：集部 4［M］. 北京：中华书局，2012：1802.

[23] 政协杭州市委员会文史委．杭垣旧事［G］// 杭州文史资料：第 25 辑．浙江：浙江人民出版社，2001：29.

中国国家图书馆藏宋蜀刻本《李太白文集》补配考

A Study on the Replacement Blocks of the Shu Edition *Li Taibai Wenji* Published in the Song Period Held in the National Library of China

袁 涛

摘 要: 中国国家图书馆藏朱之赤旧藏宋蜀刻三十卷本《李太白文集》今存二十卷,所缺卷十五至二十四以清康熙五十六年(1717)缪曰芑影宋蜀刻本补配。国家图书馆出版社所编"中华再造善本"及"国学基本典籍丛刊"相继将其影印出版。调查发现,其中配补的缪刻本的版本面貌极不纯粹,实为书贾利用缪刻后印本,描润行栏断口痕迹、除去卷末重刊字样、涂改若干异文、替换个别版叶、钤盖朱之赤藏书伪印以冒充宋刻之本。因书贾仅是为了冒充宋本,故所作涂改有将缪刻本改正宋本讹误之处又重新改回者。这一补配本并不能很好地反映缪刻原版的面貌,读者在使用相关影印出版物时必须有所留意。

关键词:《李太白文集》;缪曰芑影宋刻本;后印本;伪造

一、引言

南宋初蜀刻本《李太白文集》传世仅存两部,其中一部为全帙,经明王世懋、清徐乾学、缪曰芑、黄丕烈、汪士钟、蔡廷相、陆心源递藏,现为日本静嘉堂文库所有。康熙五十六年,吴县缪曰芑双泉草堂将其影刻于世,书末有缪氏自序交代影刻经过:"癸巳秋得昆山徐氏所藏临川晏处善本,重加校正,梓之家塾。"是缪氏于康熙癸巳(1713)从徐乾学处收得此本,随后加以校正重刊。其封面题“吴门缪武子重刊宋本,双泉草堂藏板”,各卷之尾镌“吴门缪曰芑武子甫重刊宋本”。

传世缪刻本有初印、后印之别。民国初年,吴江叶振宗曾在苏州书肆收得一缪刻本,随后交与叶德辉审定印次。是书见于西泠印社 2013 年秋拍(编号 0037),书末有民国八年(1919)叶德辉跋:

> 此本为康熙丁酉吴门缪曰芑仿宋刻,《四库全书》著录即此本。……试取初印、后印两本校之,初印多黄纸印,后印多白纸印。后印者往往据别本刓改,而与初印本大有异同。……此本却是初印,吾家印濂丈得之吴门市中,持以示余,审其为初印、后印。余据所见书之。[1]

叶德辉指出缪刻初印本与后印本的用纸以及文本内容皆存在一定的差异,即初印本多用黄纸而后印本多用白纸。后印本又往往据别本刓改,遂致与初印本“大有异同”。

现代学者郭立暄亦曾对缪刻本之印次给予关注。通过比勘,郭立暄发现“初印本与宋本违异者约五十处,未见剜痕,盖写样时所校改”,而后印本校改“凡一百四十二处,较之前改不啻三倍之”,得出“缪刻初印本与宋本较为近似,后印时复加校正”的结论,这一结论与叶德辉的看法大致相合。郭立暄还指出光绪十四年(1888)湖北崇文书局曾翻刻缪本,所据之本即缪刻后印本[2]。

由于缪刻本据宋本影刊,且镌刻颇为精善①,以致书贾往往将其改头换面以充宋本。与缪曰芑同时代的王琦即已指出:

> 会姑苏缪氏获昆山传是楼所藏宋刊本,重梓行于时,其书字画悉仿古刻,精整可玩。贾人渍染之,宛然故纸,翦去卷尾重刊诸字及弁首小序,伪作宋板以欺人,不知者多以重价购去。[3]

王琦所谓渍染纸张、剜去重刊信息以及首尾序跋,皆书贾伪造版本的惯用伎俩。

---

① 实则缪刻本与宋本原貌颇有差别,傅增湘《藏园群书经眼录》以为“缪刻极精湛,而气息朴雅则远逊”。

除了静嘉堂文库所藏并曾作为缪刻底本的这部宋蜀刻本外，中国国家图书馆藏有第二部宋蜀刻本（善 01021），与静嘉堂本同属一版。国家图书馆出版社 2004 年所编“中华再造善本”将其彩色影印出版，2022 年又收入“国学基本典籍丛刊”灰度影印出版。是本存卷一至一四及卷二五至三〇共二十卷，内钤“朱之赤”“朱之赤印”“朱之赤鉴赏”“休宁朱之赤珍臧图书”“二知斋”“留耕堂”“水镜堂居士”“择木亭印”“卧庵道士”“卧菴”“卧菴老人”“卧庵所藏”“朱卧菴收藏印”“卧翁”“月潭”“子孙保之”诸藏书印，经明末清初休宁朱之赤递藏。而所缺卷一五至卷二四据云以缪刻本补配，如《北京图书馆古籍善本书目》即著录为“宋刻本〔卷十五至二十四配清康熙五十六年缪曰芑刻本〕”，葛景春在“国学基本典籍丛刊”影印本的前言中亦袭此说。今取此补配本与现存缪刻初印、后印本相较，发现其版本面貌极不单纯，乃是书贾据缪刻后印本复加伪造以冒充宋刻之本，故略陈管见于下，希望能对学界认识或利用此本提供帮助。

通过现存缪刻诸印本的核查并参考郭立暄先生对初印、后印异文的统计结果，本文在以下讨论中所使用的缪刻初印本为国图藏本（善 17101），书中钤“吴县陈墫”“墫印”“墫”“古吴”“蕙汀”“许珩”“君耆”诸印，经清末吴县陈墫、民国许珩（郡望不详）递藏。后印本亦为国图藏本（善 08383），书中钤“松江读有用书斋金山守山阁两后人韩德均钱润文夫妇之印”“甲子丙寅韩德均钱润文夫妇两度携书避难记”诸印，经民国松江韩德均、钱润文夫妇递藏。以上两种在中国国家图书馆“中华古籍资源库”中皆有全书影像公布，便于查验。

二、补配本与缪刻初印、后印本的文本异同

参稽静嘉堂文库所藏宋蜀刻原本，补配本与初印、后印本的文本异同可见下表：

表 1 《李太白文集》诸本文字异同表

序号	位置［卷.面.行］	静嘉堂宋本	缪刻本		
			［初印］国图 17101	［后印］国图 08383	补配本
1	15.03a.09	将投崔冠军	同	“崔”作“霍”	“崔”作“霍”
2	15.03a.11	［目］礼部员外辅国之子	同	“辅国”作“国辅”	“辅国”作“国辅”

续表

序号	位置［卷.面.行］	静嘉堂宋本	缪刻本		
			［初印］国图 17101	［后印］国图 08383	补配本
3	15.03b.09	碧山青江几超忽	同	“青”作“清”	“青”作“清”
4	15.04b.11	吴王垂舞袖	同	“吴”作“定”	“吴”作“定”
5	15.05a.03	四代五公族	同	“五”作“三”	“五”作“三”
6	15.05b.01	［目］送萧二十一之鲁中	“二”作“三”	“二”作“三”	同
7	15.08a.10	流水浙江心	同	“浙”作“折”	“浙”作“折”
8	15.08b.07	苍卒解汉纷	同	“苍”作“仓”	“苍”作“仓”
9	15.09a.03	未迟杳若仙	同	“未”作“来”	“未”作“来”
10	15.09b.04	东泣似长川	同	“泣”作“注”	“泣”作“注”
11	16.01b.10	［序］仆与倩公面不忝	同	“公”后有“一”	“公”后有“一”
12	16.02a.08	胡入汉东国	同	“胡”作“路”	“胡”作“路”
13	16.04b.01	恐伤中国葵	“国”作“园”	“国”作“园”	“国”作“园”
14	16.05a.07	［注］崔八丈水亭送崔二	“丈”作“文”	“丈”作“文”	同
15	16.06b.07	能取辽城功	同	“辽”作“聊”	“辽”作“聊”
16	16.07a.11	兰麝疑珍墨	同	“疑”作“凝”	“疑”作“凝”
17	16.08a.02	灭琴听霜猿	同	“灭”作“拂”	“灭”作“拂”
18	16.08a.02	拂烛乃星饭	同	“拂”作“灭”	“拂”作“灭”
19	16.08a.07	［目］左司郎中崔宗之	“之”后有“附”	“之”后有“附”	同
20	16.08b.05	［目］酬崔五郎中崔诗附	无“崔诗附”	无“崔诗附”	同
21	16.09b.08	缘溪见绿条	同	“条”作“篠”	“条”作“篠”
22	16.10b.04	我昔□林丘	“□”作“辞”	“□”作“辞”	“□”作“辞”
23	16.10b.05	尔来□□□	“□□□”作“得茂彦”	“□□□”作“得茂彦”	“□□□”作“得茂彦”
24	16.10b.05	□□□□余	“□□□□”作“七叶仕汉”	“□□□□”作“七叶仕汉”	“□□□□”作“七叶仕汉”

续表

序号	位置[卷.面.行]	静嘉堂宋本	缪刻本		
			[初印]国图17101	[后印]国图08383	补配本
25	16.11a.08	万物何嚚喧	“嚚”作“器”	“嚚”作“器”	“嚚”作“器”
26	16.11a.10	上陈樵鱼事	“鱼”作“渔”	“鱼”作“渔”	同
27	16.11b.03	自言羲和人	同	“和”作“皇”	“和”作“皇”
28	17.02a.07	[目]崔成甫	“甫”后有“附”	“甫”后有“附”	同
29	17.02a.10	[目]酬崔侍御崔诗附	无“崔诗附”	无“崔诗附”	同
30	17.05a.01	持赠解人忧	“解”作“何”	“解”作“何”	同
31	17.07a.03	西耀遊水流	同	“遊”作“逐”	“遊”作“逐”
32	17.07b.05	□是山阴雪后来	“□”作“疑”	“□”作“疑”	“□”作“疑”
33	17.09a.11	[目]携妓登梁王楼霞山	“楼”作“棲”	“楼”作“棲”	“楼”作“棲”
34	18.01b.10	叠嶂忆青猿	同	“青”作“清”	“青”作“清”
35	18.02b.10	湖阔数千里	同	“千”作“十”	“千”作“十”
36	18.03b.02	[目]送谢氏山亭	同	“送”作“遊”	“送”作“遊”
37	18.03a.08	今乃人□苏	“□”作“樵”	“□”作“樵”	“□”作“樵”
38	18.03a.08	感此□一觞	“□”作“劝”	“□”作“劝”	“□”作“劝”
39	18.06a.07	[序]其相磨灭焉	“其”作“共”	“其”作“共”	“其”作“共”
40	18.09a.05	[目]陪族叔当涂宰	“宰”作“宰”	“宰”作“宰”	同
41	19.01b.04	古□翔气多	“□”作“木”	“□”作“木”	同
42	19.02b.05	一别武公去	同	“公”作“功”	“公”作“功”
43	19.06b.01	芳州□□□青青	“□□□”作“之树何”	“□□□”作“之树何”	“□□□”作“之树何”
44	19.06b.02	迁□□□徒极目	“□□□”作“客此时”	“□□□”作“客此时”	“□□□”作“客此时”
45	19.06b.03	[目]□□□□陵置酒	“□□□□”作“九日登巴”	“□□□□”作“九日登巴”	“□□□□”作“九日登巴”

续表

序号	位置［卷.面.行］	静嘉堂宋本	缪刻本		
			［初印］国图 17101	［后印］国图 08383	补配本
46	19.06a.04	［目］望黄鹤楼	同	“楼”作“山”	“楼”作“山”
47	19.06a.07	□朝向蓬海	“□”作“一”	“□”作“一”	同
48	19.06a.09	兹岭不可疋	“疋”作“匹”	“疋”作“匹”	“疋”作“匹”
49	19.07a.10	洒明甘露言	“明”作“以”	“明”作“以”	同
50	19.07b.04	［目］挂席上待月有怀	同	“席”后有“江”	“席”后有“江”
51	20.01a.07	色涨桃李然	同	“李”作“花”	“李”作“花”
52	20.01b.01	有如桃李源	同	“李”作“花”	“李”作“花”
53	20.02a.07	装鸾驾鹤又服□	同	“□”作“远”	“□”作“远”
54	20.02a.07	何必长从七贵□	“□”作“遊”	“□”作“遊”	“□”作“遊”
55	20.03a.01	远声何我啼	同	“远”作“连”	“远”作“连”
56	20.03a.06	岂见三桃园	“园”作“圆”	“园”作“圆”	“园”作“圆”
57	20.10b.02	圣□□去就	“□□”作“达有”	“□□”作“达有”	“□□”作“达有”
58	20.10b.03	当□□□□	“□□□□”作“时板筑辈”	“□□□□”作“时板筑辈”	“□□□□”作“时板筑辈”
59	20.10b.04	铜宫放太甲	同	“铜”作“桐”	“铜”作“桐”
60	21.01b.08	搴窥临众芳	“搴”作“褰”	“搴”作“褰”	“搴”作“褰”
61	21.03b.11	我行植木落	同	“植”作“值”	“植”作“值”
62	21.03b.11	月苦青猿哀	同	“青”作“清”	“青”作“清”
63	21.04a.11	［注］碧松与其吟	同	“其”作“共”	“其”作“共”
64	22.02b.10	取掇世上艳	同	“取”作“耻”	“取”作“耻”
65	22.05b.04	［目］秋夜放怀	“放”作“旅”	“放”作“旅”	“放”作“旅”
66	22.06a.02	徒占清露辉	“占”作“沾”	“占”作“沾”	“占”作“沾”
67	22.06a.09	观书散遗袟	“袟”作“帙”	“袟”作“帙”	“袟”作“帙”
68	22.08b.02	覆盂傥举	同	“盂”作“盆”	“盂”作“盆”
69	22.08b.10	舜昔受禹	同	“受”作“授”	“受”作“授”

续表

序号	位置[卷.面.行]	静嘉堂宋本	缪刻本		
			[初印] 国图 17101	[后印] 国图 08383	补配本
70	22.09a.03	[目]荆州贼辞	同	"辞"作"乱"	"辞"作"乱"
71	23.01b.09	中涵玉体虚	同	"体"作"醴"	"体"作"醴"
72	23.03a.01	疑入嵩丘梦綵云	同	"嵩"作"高"	"嵩"作"高"
73	23.04a.08	巫山枕障书高丘	同	"书"作"画"	"书"作"画"
74	23.05b.08	白道向姑苏	同	"苏"作"熟"	"苏"作"熟"
75	23.06b.11	[序]山高数十丈	同	"十"作"千"	"十"作"千"
76	23.07b.04	好马迎春歌后院	同	"马"作"鸟"	"马"作"鸟"
77	23.09b.08	白田已搔丝	同	"搔"作"缫"	"搔"作"缫"
78	24.01a.11	殷勤道相亿	"亿"作"忆"	"亿"作"忆"	"亿"作"忆"
79	24.02a.01	昔在春陵东	"春"作"舂"	"春"作"舂"	"春"作"舂"
80	24.02a.03	相思愁落辉	"辉"作"晖"	"辉"作"晖"	同
81	24.03b.07	肠随回纹结	同	"纹"作"文"	"纹"作"文"
82	24.05b.01	折芳州之瑶草	"州"作"洲"	"州"作"洲"	"州"作"洲"
83	24.07b.08	双双语前詹	同	"詹"作"簷"	"詹"作"簷"

比勘可知，补配本的文字与初印、后印本都存在着一定区别。其中初印本合于宋刻本、而后印本有所改动之处，补配本全部同于后印本，据此则补配本当出自后印本；而初印本改动宋刻本并为后印本所因袭之处，补配本却有十三例（6、14、19、20、26、28、29、30、40、41、47、49、80）独与宋刻本相合，这似乎又意味着补配本的部分面貌比起初印、后印本而言更为接近宋刻原本。然而通过仔细观察补配本的版面信息可以发现，补配本独与后印本相合者并无可议，而补配本独与宋本相合者，其所在纸叶竟然都存在着涂改痕迹，今揭涂改较为明显的七例如下（以下图片取自"国学基本典籍丛刊"灰

度影印本。“中华再造善本”彩印本对图像进行了处理，无法体现原有的涂改信息）：

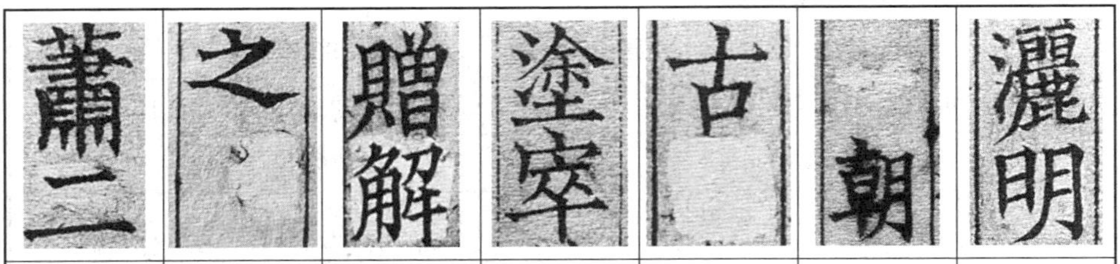

例 6“二”	例 19“□”	例 30“解”	例 40“卒”	例 41“□”	例 47“□”	例 49“明”

图 1　补配本中的涂改现象

如上图所示：“萧”下“二”字、“之”下小注“□”字、“赠”下“解”字、“涂”下“卒”字、古下“□”字、“朝”上“□”字及“洒”下“明”字处皆有涂改痕迹。这些涂改痕迹并不是在印刷的过程中产生的，而是补配本持有者在纸面上自行加以涂抹的结果。涂改之后的补配本文字与宋刻本一致而与初印、后印相违。由此反推，补配本确从后印本出，涂改之前的文字实际上正与初印、后印本一致。

补配本与初印、后印本的文本差异还表现为一处篇目排列顺序上的不同：宋刻本卷十七《赠李十二摄监察御史崔成甫》《酬崔侍御（崔诗附）》前后相次，初印本将两者调换顺序，删去《酬崔侍御（崔诗附）》题下小注“崔诗附”三字，又在《赠李十二摄监察御史崔成甫》下增一小注“附”字。后印本仍之。而补配本的排序却又同于宋刻本。粗看之下，这似乎又是补配本保留了宋刻原本的面貌。但仔细辨识这两首诗所在的卷十七第二叶，发现补配本中此叶的字体与初印、后印本皆有明显不同：

表 2　缪刻本与补配本卷十七第二叶字形差异表

初印本	后印本	补配本	初印本	后印本	补配本	初印本	后印本	补配本	初印本	后印本	补配本
然	然	然	令	令	令	仰	仰	仰	陵	陵	陵
似	似	似	翻	翻	翻	包	包	包	海	海	海
荡	荡	荡	寒	寒	寒	莽	莽	莽	泰	泰	泰

续表

初印本	后印本	补配本	初印本	后印本	补配本	初印本	后印本	补配本	初印本	后印本	补配本
捨	捨	捨	昨	昨	昨	南	南	南	傲	傲	傲
袂	袂	袂	吴	吴	吴	浪	浪	浪	陵	陵	陵

可以看到，刷自同一版片的初印、后印本的字形几乎完全一致，而补配本的字形却明显呈现出一种与前者不同的整体向左倾斜的趋势，其中个别文字如“今”“吴”“陵”“昨”等甚至连笔画都已改变，由此足以证明此叶绝非来自缪刻原版，而是补配本持有者自行替换的版叶[①]，目的就是为了使其与宋刻原本相合。此外，补配本此叶的板框、界栏的印色也较前后版叶显得更为崭新，亦足以说明此叶实为后配。

综上所述，补配本实际上是在缪刻后印本的基础上又据宋刻本的异文信息复加涂改文字、替换版叶而形成的本子。考虑到改动的部分为数甚少，修改时所据宋本当非宋刻原本，而更可能是某个包含了少量宋本异文的过录本或批校本（且其校勘底本必为缪刻初印本，否则所改从宋本之处不应俱与初印本相违）。其中个别异文的处理通过涂改即可解决，篇目前后顺序的不同则必须替换版叶方可做到。

三、补配本版本信息的补充论证

版本视域下的异文比勘可以帮助我们推定补配本与初印、后印本的先后关系，而以下关于版本信息的补充论证将为我们进一步揭示补配本的性质。首先，今存缪刻后印本版面行栏多有断口痕迹，取之与补配本相较，其中部分断口与补配本一致，足证补配本所据之版确为缪刻后印原版；然而大部分的断口则在补配本中消失，明显是经过了补配者的描润：

① 补配本此叶字形与宋刻本及崇文书局翻刻缪本则更是有明显的差异，兹不赘述。

表 3　缪刻本与补配本断口异同表

补配本与后印本断口痕迹一致					
后印本	补配本	后印本	补配本	后印本	补配本
	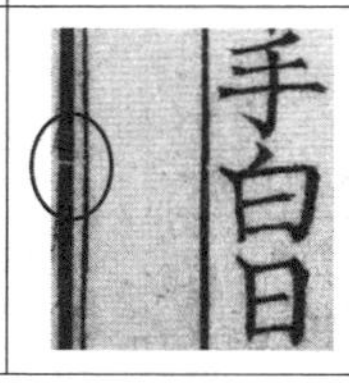		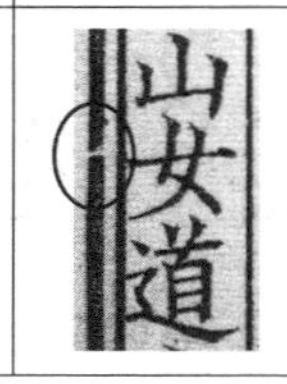		
补配本描润后印本之断口					
后印本	补配本	后印本	补配本	后印本	补配本
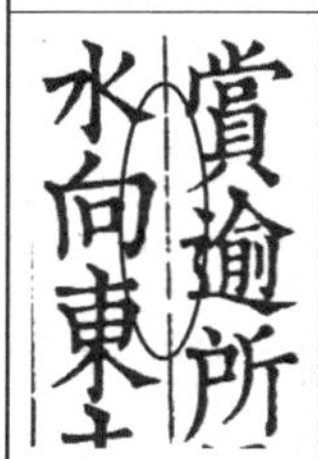		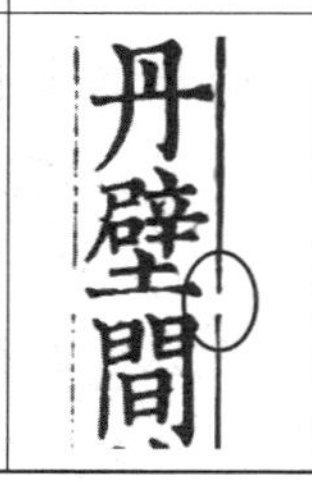		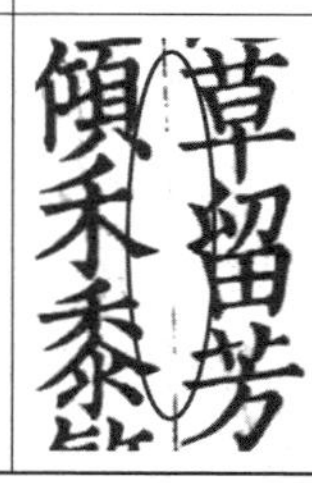	

其次，王琦曾谓书贾以缪本充宋时“翦去卷尾重刊诸字”。郭立暄先生亦曾见到一缪刻后印本，“卷末缪氏刊记缺失，盖垫印所致”。今检补配本卷末并无重刊字样，然如其中卷十九、卷二十二之末栏却留下了明显的涂抹痕迹，显然是经过了补配本持有者的改动，试图以此掩盖其为缪本而非宋刻原本的真相（以下补配本图片亦取自“国学基本典籍丛刊”灰度影印本，“中华再造善本”彩印本同样对此类痕迹进行了消除处理）：

表 4　缪刻本与补配本卷末“重刊”异同表

卷一九重刊记			卷二二重刊记		
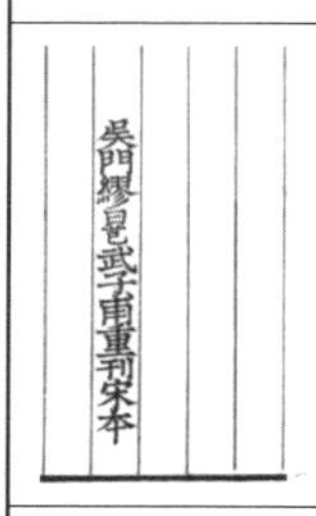	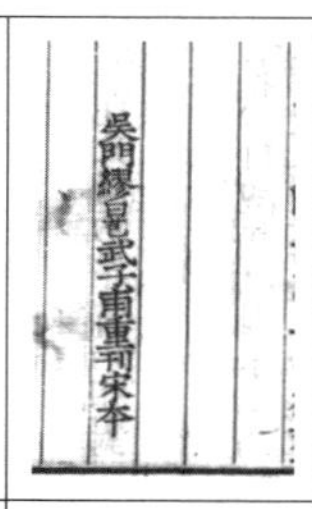	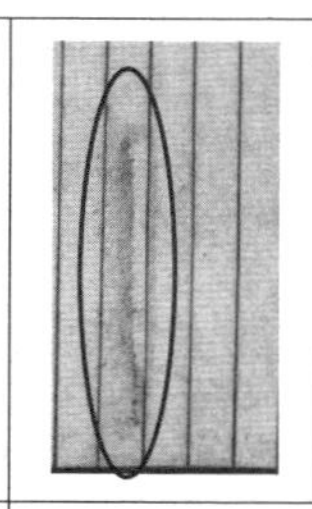			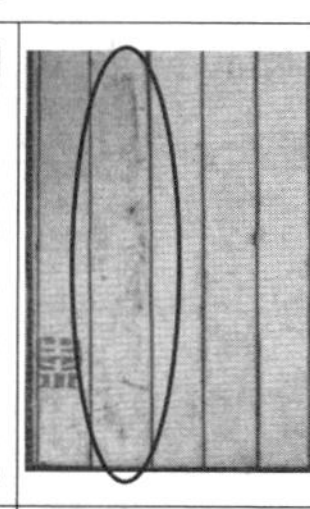
初印本	后印本	补配本	初印本	后印本	补配本

复次，宋蜀刻残本原为休宁朱之赤旧藏，而补配本中亦钤有“休宁朱之赤

珍臧图书”“朱之赤印”“朱之赤鉴赏”“朱”“之赤”“留耕堂印”诸印。按朱之赤生于明万历四十一年（1613），卒年虽仅可推定在清康熙二十七年（1688）以后[4]，但应不可能见到康熙五十七年（1718）方才印行的缪刻本，何况补配本又属后印。今取宋刻原本藏印及它处所见真印加以比较，发现补配本所钤朱之赤印当皆系伪造，如：

表 5　补配本伪印对照表

<table>
<tr><td colspan="5">“休宁朱之赤珍臧图书”（按补配本印制作粗糙，“宁”字失真尤其明显）</td></tr>
<tr><td></td><td></td><td></td><td></td><td></td></tr>
<tr><td>赵孟頫
《红衣西域僧图》</td><td>曾鲸
《箴敂肖像卷》[5]259</td><td>宋刻本
《李太白文集》</td><td>补配本印 1</td><td>补配本印 2</td></tr>
<tr><td colspan="5">“朱之赤鉴赏”（按“鉴赏”二字补配本印与真印皆有不同）</td></tr>
<tr><td></td><td></td><td></td><td></td><td></td></tr>
<tr><td>赵孟頫
《红衣西域僧图》</td><td>马愈行书
《暑气帖》</td><td>宋刻本
《李太白文集》</td><td>补配本印 1</td><td>补配本印 2</td></tr>
<tr><td colspan="2">“朱之赤印”</td><td colspan="3">“留耕堂印”（按补配本印 2 有明显走泥现象）</td></tr>
<tr><td></td><td></td><td></td><td></td><td></td></tr>
<tr><td>元刻本
《清容居士集》</td><td>补配本印</td><td>金琮行书卷[5]258</td><td>补配本印 1</td><td>补配本印 2</td></tr>
</table>

讨论至此，补配本性质已经昭然若揭。补配本实乃书贾据缪刻后印本加以改造以冒充宋刻之本。盖书贾收得朱之赤旧藏宋蜀刻本《李太白文集》，因已

缺失十卷，于是取一缪刻后印本，描润绝大部分行栏断口痕迹，抹除卷末重刊字样，又伪刻朱之赤藏印钤于其上，据此配入宋蜀刻残本，使之宛若朱之赤旧藏宋刻“完璧”以欺人耳。

明乎此，补配本对后印本进行文字涂改的现象亦能得到更加准确的理解。后印本对初印本的校改原是为了改正初印本所因袭的宋刻本的讹误，如例4“吴王垂舞袖”出《送长沙陈太守（其二）》，宋刻本、初印本作“吴王”误，后印本改作“定王”是，定王舞袖之事典出《汉书·长沙定王刘发传》；例71“中涵玉体虚”出《咏山樽二首（其一）》，宋刻本、初印本作“玉体”误，后印本改作“玉醴”是，此句写樽，“玉醴”指樽所盛美酒。余例多类此。然而补配本的文字涂改却并不以文义为旨归，故又有改正为误者，如例41“古□翔气多”出《大庭库》，“古”下一字宋刻本原阙，初印、后印本补作“木”，元至大勤有堂刻《分类补注李太白诗》亦作“木”字（《分类补注李太白诗》即从宋蜀刻本出），然而补配本又回删此字。例49“洒明甘露言”出《登巴陵开元寺西阁赠衡岳僧方外》，宋刻本作“明”误，初印、后印本改作“以”是。“洒以甘露言”及后句“清凉润肌发”典出《法华经》“如以甘露洒，除热得清凉”，然而补配本又改回“明”字。盖书贾通过某些途径得到了一小部分宋刻本的异文信息，因其目的只是为了将缪本伪造成宋本的模样，遂径据此异文涂改缪本，固无所谓文义之确否。

总之，此经过伪造的补配本不但与缪刻初印本相去较远，即便与后印本相比亦多差异，并不足以反映缪刻原版面貌。读者在使用“中华再造善本”及“国学基本典籍丛刊”影印宋蜀刻残本时，必须对这一问题有所留意。

（袁涛，清华大学历史系博士研究生）

参考文献：

[1] 郭明芳．叶德辉集外题跋补遗［J］．中国典籍与文化论丛，2017（1）：338.

[2] 郭立暄．中国古籍原刻翻刻与初印后印研究（实例编）［M］．上海：中西书局，2015：143–149.

[3] 王琦．李太白全集［M］．北京：中华书局，1977：1690.

[4] 郭文静．朱之赤生卒年新考［J］．美术教育研究，2022（5）：92–93，96.

[5] 上海博物馆．中国书画家印鉴款识［M］．北京：文物出版社，2002.

《松荫轩藏印谱简目》前言

The Preface of the *Songyinxuan Cang Yinpu Jianmu*

吴 格

摘 要:《松荫轩藏印谱简目》于2022年由复旦大学出版社出版,是揭示松荫轩藏印谱文献的一部目录。吴格先生在前言中介绍了该简目的内容、印谱文献的发展源流、印谱文献的收藏与编目,并介绍了松荫轩主人林章松对印谱文献收藏的贡献以及复旦大学“印藏”数据库的建设进展情况。

关键词:松荫轩藏印谱简目;林章松;印谱;“印藏”

《松荫轩藏印谱简目》(下称《简目》),著录林章松先生松荫轩所藏历代印谱三千余种。2018年以来,承先生高谊,慨允将所藏印谱全部数字化并赠予复旦大学图书馆,作为本馆“印藏”(印谱文献虚拟图书馆)建设之基本资料,目前移交并上网之印谱已逾一千五百种,故《简目》又为复旦大学“印藏”之基础目录。

中国古代书籍史源远流长,精彩纷呈,为民族文化发展命脉所系。印谱作为传世古籍中之特殊门类,集篆刻钤拓、纸墨印泥、序记题跋、装帧设计等于一炉,其制作、收藏、传播及编目均具特色,精粹者堪比良金美玉。较诸国人使用印章之悠久历史,印谱形制成熟相对滞后。与此相应,历代公私藏书目录中著录印谱,及汇录印谱之专目,亦较其他门类晚出。明清以来,印学发展波澜起伏,印谱制作技艺日益精湛,出版形式日趋多样,新印重编,数量激增,其势至今未衰。印谱成学,久已呼之欲出,而《简目》问世,适逢其会。

近世中国经历剧变,自古延续之私家藏书传统,逐渐转为以公藏为主导,与此相应之各图书馆目录，莫不兼赅四部，包罗古今。依据一般经验，古代图书存藏至今者，大部分已进入公众视野，然检阅各家古籍书目，略具规模之印谱收藏，仍属可遇而不可求。印谱因手工钤拓，复本有限，善本珍贵，藏者宝爱，私人收藏之比例较高。已入藏图书馆、博物馆者，或因矜秘，或由疏失，亦多有未见揭示者。至各家之印谱著录，多属附庸，未为大国，或见于史部考古类、目录类，或归于子部艺术类、谱录类，分类歧出。因各家藏品有限，参照为难，不仅著录之详略、良窳有别，内容及版本之误判亦甚多。印谱之收集与汇藏，既为印学发展所必需。印谱目录之编纂，自应以较大之收藏规模为基础。印谱之著录分类，又需以长于鉴赏、熟悉编目者合作从事，始有望合于规范。《简目》著录松荫轩藏印谱三千余种，就数量而言，各家藏谱尚未见有逾于此者。松荫轩所藏各类型印谱，现经统一术语、整齐格式，均已登录为复旦大学图书馆馆藏数字资源，将长久得以保藏。由于印谱内容、形式多样，《简目》对相关术语之定义、格式之整理，犹未一一浃洽，有待修订提高。又《简目》对入录印谱之编次，因内容及版本信息缺失较多，虽经目验电子文本，无论以内容分、以著者分、以时代分，皆难安排妥帖，故现仍以书名笔画为序编次，辅以书名著者索引，以便于检阅为优先考虑，庶合于“简目”之旨。《简目》初稿辑自先生《世界各地公私藏印谱目录》，嗣经复旦图书馆同人及先生弟子整理，定稿时又吸收先生修订意见。《简目》编纂既成，先生坚辞个人署名，而愿与“印藏”工作小组共享此编目成果。先生治事谨严而性情乐易，春风化雨，感人至深，与事诸君，无不深受教益。

先生名章松，字秉承，室号松荫轩。广东海丰人，1950年生于香港。早年毕业于香港岭海艺术专科学校，曾随曾荣光先生习书法篆刻、任真汉先生习绘画。篆刻作品曾多次参加海内外各类篆刻展，并任多个书画篆刻学会会员。中年从事实业，藏身商海，现任香港某公司董事及经理，传见《中国当代艺术界名人录》。先生力学好古，精进勇迈，世事洞明，人情练达，而尊师重道、急公好义，一禀先贤之教。先生于印谱收藏，初以笃志书画篆刻，本地资源奇缺，乃发愿搜集海内外印章、印谱，旁及各类金石杂件。际遇时势，倾力收购，铢积寸累，新旧兼蓄，积数十载之力，所获倾箱溢架，蔚为大观。印谱本属文房雅玩，小众收藏，至先生白手起家，竭蹶营求，广收博取，遂至众流归海，印学研究资料馆屹然以成。先生收藏印谱之业绩，深符宋欧阳公“物常聚于所好，而常得于有力之强”之名论。先生夙志在弘扬印学，聚之而益思所以传之，故藏弆同时，勤于编目，考订研究，用心殊苦，《松荫轩印谱提要》《世界各地公私藏印谱目录》黾勉从事，积稿杀青有待。先生年逾古稀，仍精神矍铄，常年操劳，而所事无一不与印学相关：搜集印石，时制新谱；旧谱残损，躬自修缮；电脑编目，心目劳瘁；友人借阅，不吝通假；复制出版，有求必应；展示推介，不遗余力；终日矻矻，乐而忘倦。先生藏谱、编目既有端倪，遂思借助科技手段，更谋化私为公、供众利用之新途术。先生之志伟矣，印谱之学幸矣。

复旦大学图书馆建馆已逾百年，所藏文献，古今中外，堆山积海，近年又注重数字化及特藏文献建设。自松荫轩藏印谱数字化文本入藏本馆，“印藏”虚拟图书馆遂初具规模，向海内外读者全面开放，至今已越三载。“印藏”发布与《简目》出版，既为向松荫轩主人慷慨赠予之致敬，又为对先生推动印学事业发展之接力，更属图书馆职责之自我践履。际此《简目》出版之期，复旦大学图书馆同人暨先生及门弟子谨掬悃忱，共祝先生康强胜昔，并愿“印藏”事业日新而月异。岁在壬寅新春吴格记于复旦大学图书馆。

（吴格，复旦大学图书馆研究馆员）

研究生论坛

江苏省公共图书馆古籍宣传推广现状调查与思考

A Survey and Reflection of the Current Status of the Publicity and Promotion of Ancient Books of the Public Libraries in Jiangsu

李铭晖

摘　要：近年，古籍活化利用的重要性被社会所认识。本文以江苏省的公共图书馆为研究对象，主要从古籍展览、体验活动、新媒体宣传、文创产品等方面出发调查江苏省古籍宣传推广工作的现状，了解江苏省各公共图书馆在古籍宣传推广工作中所面临的挑战以及自身的发展优化，旨在展现江苏省的公共图书馆在古籍的宣传推广工作上做出的努力。

关键词：江苏；公共图书馆；古籍；宣传推广

一、引言

近年来，我国社会日益重视对古籍的活化利用。2022 年印发的《关于推进新时代古籍工作的意见》，提出要统筹古籍普及推广工作，加快古籍资源的转化利用，加大古籍宣传推广的力度，多渠道、多媒介、立体化做好古籍大众化传播[1]。《2021—2035 年国家古籍工作规划》进一步指出，要促进古籍资源的普及，统筹运用多种方式推广古籍资源，挖掘古籍所蕴含的多重价值，开发古籍类创意产品，以达到“让书写在古籍里的文字活起来”的目的[2]。

为了解公共图书馆在古籍推广研究方面的情况，笔者于 2023 年 10 月在知网内以“公共图书馆”“古籍”“阅读推广”“宣传”为关键词进行组合检索，得到 40 多篇相关的研究论文。但同时发现针对某一地区古籍宣传推广整体情况进行研究的文章却较少，笔者家乡所在的江苏省也同样如此，当笔者将“江苏”一词加入检索后并没有直接得到太多有效信息。但实际上，拥有深厚的历史文化背景的江苏省十分重视古籍的宣传推广工作。据笔者所知，2020年，江苏省古籍保护“十四五”规划专家咨询会在南京召开，提出要在古籍文化宣传方面创新思维。2023年为贯彻落实《关于推进新时代古籍工作的实施意见》，江苏省文化和旅游厅结合实际情况制定了《关于推进新时代古籍保护工作任务分工方案》，指出要推进“让古籍里的文字活起来”系列活动[3]，促进古籍的宣传推广；同年，江苏省古籍保护工作会议对“江苏省古籍类文物定级细则”进行了讨论，针对省内部分古籍收藏机构对古籍的活化利用的情况进行调研。

因此，笔者对江苏部分公共图书馆近几年的古籍展览、文创以及2023年举办的古籍体验活动形式等进行了一番统计分析，旨在能更好地了解近年江苏省公共图书馆古籍宣传推广工作的情况。

二、江苏省公共图书馆古籍宣传推广的现状调查

公共图书馆作为古籍存藏、保护的重要机构，担负着古籍的普查、整理、修复、利用等重任。古籍宣传推广的目的是实现古籍的活化利用，采用线上＋线下结合模式，在保证原件古籍不受损害的前提下，多媒体、多渠道、多种方式地积极展示馆藏古籍特色，引导读者加大对馆藏古籍的了解、研究、利用[4]，为古籍注入新的活力。

江苏省共有各级公共图书馆122家，收藏古籍超过320万册，占全省古籍藏量的三分之二以上，2022年南京图书馆联合全省13家市级公共图书馆举办江苏省公共图书馆馆藏珍品联巡展，笔者通过浏览这14家公共图书馆的官网、公众号，发现这些公共图书馆在近些年积极开展多样的古籍宣传推广活动，其中古籍藏量较大的南京图书馆、苏州图书馆和无锡市图书馆举办活动的数量较多，活动类型主要是古籍展览和各类体验活动，并利用新媒体的渠道进行宣传，一些公共图书馆还开展了馆校合作、对馆藏古籍进行文创产品设计。

（一）古籍展览情况

1. 古籍线下展览

展览是公共图书馆向社会大众展示、宣传古籍类藏品的一种重要形式，从江苏公共图书馆古籍展览开展的时间分布（图1）来看，江苏省公共图书馆古籍展览数量正逐渐增多，2021年以后江苏古籍展览数量呈明显的上升趋势，这

一方面是由于各公共图书馆重视对本馆馆藏的展示，积极利用地方文献向公众展现地域特色，弘扬地方文化；另一方面，由国家古籍保护中心主办的“册府千华”系列展览结合各地所藏文献于2021年之后多次在江苏举办，对江苏的古籍保护起到了积极的推动作用。

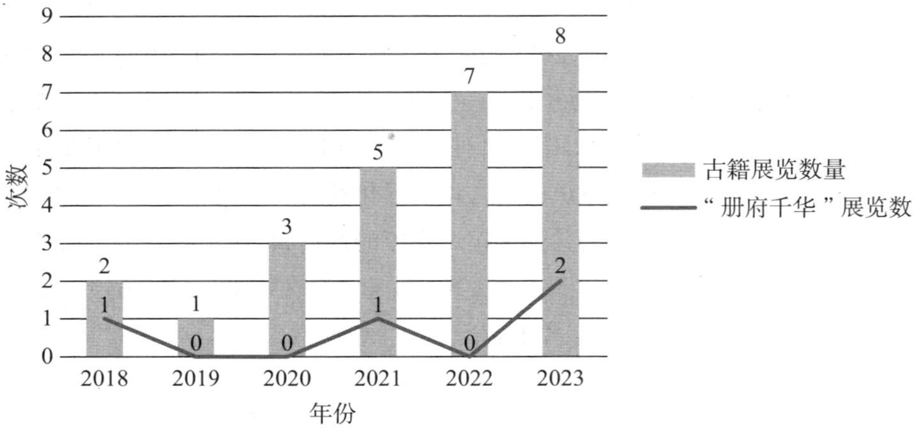

图1　江苏省公共图书馆古籍展览开展时间分布图

2. 古籍线上展览

为打破时空对展览的限制，江苏部分公共图书馆开始尝试利用多媒体、VR技术开展“云观展”，将线下展览同步至“云端”，例如2021年由苏州图书馆承办、苏州第二图书馆开展的“册府千华”珍贵古籍特展采用声、画、文相结合的方式展出苏州各古籍收藏单位入选《国家珍贵古籍名录》的善本，介绍古代苏州的刻书事业，并实现了永久线上古籍展览；2023年由苏州图书馆等机构联合举办的“册府千华——《永乐大典》与苏州文献展”采用了线上线下同步展出的形式，让观众可以通过电子设备足不出户地逛展厅。

《永乐大典》展并不是江苏省公共图书馆第一次进行的线上展览尝试，早在2019年连云港市图书馆就已在线上开展了“珍贵古籍雕版特展——雕版的发明和发展”；2020年镇江市图书馆举办了线上展览“古籍藏书印展”；2021年“楮墨流辉——南京图书馆藏国家珍贵古籍”采用了线上模式，向公众展示南图所藏珍贵古籍的特色和价值；同年，盐城市图书馆承办的“珠还合浦　历劫重光——《永乐大典》的回归和再造”主题展览让读者在云端就可以了解展览的相关内容。

（二）图书馆古籍体验活动

近几年，江苏省的南京图书馆、苏州图书馆、无锡市图书馆、宿迁市图书馆等单位依托馆藏资源，利用馆内场地积极举办丰富的体验活动以激发读者对古籍的兴趣，例如：

1. 南京图书馆

南京图书馆作为全国第三大公共图书馆在 2023 年开展了多次古籍探秘："小小文献修复师"体验活动，向小读者们提供古籍修复和装帧的知识介绍与体验服务；结合"百年'过云楼'古籍书画精品合璧展"选取《元曲选集》的部分开展描红体验，让体验者感受古籍文字、版刻之美；利用暑假以卡片目录为主题展开目录卡片的制作，将古籍活动的主题从古籍知识本身拓展到了古籍检索工具。

2. 苏州图书馆

苏州图书馆在 2022 年揭牌了古籍馆，并设有古籍主题空间；之后苏州图书馆多次举办"吴门缥缃"和"古籍里的吴江——古籍小达人"系列活动，每次都有不同的主题，将古籍与古代服饰、饮食、游戏等内容结合，让学生了解我国传统文化；此外，苏州图书馆还在暑假根据"册府千华——《永乐大典》与苏州文献展"举办"册府千华"主题活动，让参与者了解古籍装帧形式的演变，并亲自制作包背装，体会装帧的乐趣。

3. 无锡市图书馆

2023 年无锡市图书馆利用该馆典籍文化推广周开展了"妙手书医——古籍修复体验""巧手生书——线装书制作体验"等古籍宣传活动，让读者能近距离地感受古籍修复技艺和装帧技巧；11 月开展了"阅享非遗　传承文明"活字印刷亲子研学活动，带领 2—4 年级的小学生家庭探访印刷厂，了解现代纸张的制作，并开展主题讲座，让学生学习雕版印刷与活字印刷的发展历史，之后还带领学生体验活字印刷，让参与的学生能够在实践中近距离感受中国古籍印刷技艺，了解古籍的印刷过程。

4. 宿迁市图书馆

宿迁市图书馆在古籍活动的举办方面十分热情，在 2023 年依托馆藏开展各种主题的宣传活动，举办古籍研学体验，并计划到年底举办传统印刷装帧体验系列活动 18 场，参与者能在这些活动中体验手工造纸、活字印刷、雕版印刷等技艺。宿迁市图书馆还积极宣传由国家图书馆、中国图书馆学会开展的"阅

读百部经典　点亮历史星河”——《中华传统文化百部经典》阅读推广活动，邀请读者积极参加答题竞赛。

（三）馆、校合作

为了更好地提升青少年对古籍的关注度，江苏的一些公共图书馆积极推动古籍走进校园，为学生开展各种主题讲座、体验活动，例如：苏州图书馆将结合各学校的特点，举办“古韵书香——古籍文化进校园”活动，开展雕版印刷、拓片制作、古籍装帧等课程，用馆、校合作的方式发挥文化资源优势，并有意识地打造校园文化品牌；2023 年南通市图书馆在江苏省南通师范学校第一附属小学举办“飞花入纸香”古籍保护系列活动，带领学生体验古法造纸；同年，宿迁市图书馆与宿迁学院合作，让“阅见经典　刻印传统”系列活动走进学院，向学生展示套色印刷等传统印刷技艺；镇江市图书馆曾将展览“千年宋韵——宋词与宋画的绝美邂逅”带入江苏大学的校园之中。

（四）古籍的新媒体宣传

随着互联网技术的不断发展，电子产品已成为生活必不可少的一部分，越来越多的人依赖便携的电子产品来进行信息的获取。在这种趋势下，江苏省各地图书馆主动探寻公众的阅读模式，尝试对古籍进行现代化表达，利用视频号、公众号等新媒体平台，将馆藏古籍和活动信息图文并茂地推送给公众，通过讲故事的方式，生动形象地展现古籍文字中蕴藏的习俗、文化，例如：南京图书馆利用受年轻人喜爱的短视频来复刻《随园食单》中的美食，推出“食光机——《随园食单》菜品复制”系列；苏州图书馆在公众号上发布了“江南深处是姑苏”系列文章，利用微信的宣传力，由二十四节气出发，依托古籍讲述苏州人的春夏秋冬，凸显地方文化特色，让读者通过电子设备就感受到古籍中的四季之美；无锡市图书馆在微信公众号中的“锡图典籍”系列带领读者领略古代无锡人的生活，在 2020 年传统晒书活动中和 2021 年的世界读书日上，无锡图书馆偕同各大网站策划进行了“序昭穆传家风——走进锡图家谱馆”直播活动和“‘吉光片羽’锡图典籍文化推广——荣氏文库”主题直播活动，通过直播的形式向大众宣传江南谱牒文化和无锡市图书馆馆藏珍本。

（五）古籍文创利用

随着公众的文化需求日益增加，文创产品广受关注，江苏部分公共图书馆围绕馆藏古籍特色进行了文创产品设计，例如：无锡市图书馆在第九届中国（无锡）国际文化艺术产业博览交易会上展示古籍插画书签、殿试卷笔记本等文创产品；南京图书馆在南图文创艺术中心线上线下销售十竹斋、民国系列折叠伞、书签、帆布包等文创；苏州图书馆曾以馆藏 124 部入选《国家珍贵古籍名录》的古籍为对象，设计销售“似水流年　芸帙传香”文创套装。

三、古籍宣传推广工作面临的挑战

（一）各馆的古籍线下推广情况差距较大

由于各馆在古籍藏量、资金支持、业务方向等方面存在差异，江苏各地的公共图书馆在举办古籍专题展览、体验活动等线下宣传推广方面的情况差距较大，例如：藏有 160 万册古籍的南京图书馆作为江苏省内古籍藏量最多的单位在近几年内不断举办各种古籍专题展览，还联合江苏其他地区举办古籍联展，但对于仅藏有 1.33 万册古籍的淮安市图书馆而言古籍并不是它的业务重心，所以极少开展相关的线下活动。笔者通用各馆官网简要统计了参与江苏省公共图书馆馆藏珍品联巡展的 14 家省、市级公共图书馆古籍宣传推广活动的主要内容（表 1），从中可以发现，主题展览和体验活动是江苏各地的公共图书馆古籍阅读线下宣传推广的主要方式，并且以南京图书馆、苏州图书馆等为首的古籍藏量较大的公共图书馆开展的古籍展览数量和体验活动相对较多，其他图书馆则相对较少。

表 1　江苏部分公共图书馆古籍宣传推广活动的主要内容

机构名称	古籍藏量	古籍宣传推广活动的主要内容
南京图书馆	160 万册	举办“册府千华——2018 江苏省藏国家珍贵古籍特展”“楮墨流辉——南京图书馆藏国家珍贵古籍”“笺彩生绮　卷墨流丹——南京图书馆藏套印本展”“江苏省公共图书馆馆藏珍品联巡展”“霞晖映世　源远流长——百年‘过云楼’古籍书画精品合璧展”等展览；开展“小小文献修复师”“过云楼合璧展活动——描红体验”以及雕版印刷、目录卡片制作等体验活动；推出“食光机——《随园食单》菜品复制”系列短视频；开发古籍文创产品；打造“文化走读”品牌

续表

机构名称	古籍藏量	古籍宣传推广活动的主要内容
无锡市图书馆	约 30 万册	举办"'片羽存真　传本扬学'无锡市图书馆馆藏瑰宝图片展暨影印古籍、特色文创实物展""珠还合浦　历劫重光——《永乐大典》的回归和再造主题展""典籍里的中国智慧——《中华传统文化百部经典》阅读推广展"等展览；在无锡市图书馆典籍文化推广周开展古籍修复、线装书制作、馆藏古籍书画临摹等体验活动；微信推广"锡图典籍"系列；开发古籍文创产品；联合其他网站策划直播活动
苏州图书馆	约 20 万册	举办"册府千华——苏州市藏国家珍贵古籍特展""九如巷三号张氏文献展""印见风华——苏州藏书家印鉴展""册府千华——《永乐大典》与苏州文献展"等展览；多次开展"吴门缥缃"系列、"古籍里的吴江——古籍小达人"系列体验活动，组织"册府千华"主题活动；发布"江南深处是姑苏"系列微信推文；开发古籍文创产品；促进古籍进校园
镇江市图书馆	约 18 万册	举办"古籍藏书印展"和"一本书的诞生"系列展览；促进古籍进校园
南通市图书馆	16.8 万册	举办"江流万古　文润千年——南通市图书馆藏珍贵古籍书影展"；促进古籍进校园
扬州市图书馆	约 11.2 万册	举办"碧落银河——扬州市图书馆馆藏古人七夕诗词图片展""册府千华——扬州运河文化典籍展"
金陵图书馆	约 5 万册	联办"江苏省公共图书馆馆藏珍品联巡展"；开展雕版印刷、古籍装帧体验活动
泰州市图书馆	约 5 万册	举办"守藏百代　与时舒卷——泰州市图书馆百年馆史暨馆藏珍品展"
常州市图书馆	约 4 万册	联合苏州图书馆举办"册府千华——《永乐大典》与苏州文献展"；多次开展古籍装帧体验
盐城市图书馆	约 2 万册	举办"《中华传统文化百部经典》出版成果展""'珠还合浦　历劫重光——《永乐大典》的回归和再造'主题展览"；组织"探寻历史痕迹，体验非遗拓印"手工活动
宿迁市图书馆	125 册	举办"书香古韵"馆藏精品文献展；打造"阅见经典　刻印传统"品牌系列活动，多次开展"时空印记"系列印刷体验、传统印刷装帧体验系列活动以及研学体验；促进古籍进校园

续表

机构名称	古籍藏量	古籍宣传推广活动的主要内容
连云港市图书馆	约3000册（含民国文献）	举办“珍贵古籍雕版特展——雕版的发明和发展”“市图书馆古籍珍品展”
徐州市图书馆	近10万册	联办“江苏省公共图书馆馆藏珍品联巡展”
淮安市图书馆	约1万册	联办“江苏省公共图书馆馆藏珍品联巡展”

（二）古籍体验活动形式相似度高且参与人数较少

为了解江苏省各市公共图书馆古籍体验活动的开展情况，笔者通过各图书馆官网、微信公众号等途径对2023年江苏省开展古籍体验活动较多的4家公共图书馆的活动内容形式进行统计（表2），可以发现体验活动的内容形式相似程度较高，多以传统印刷和装帧为主，尤其是以雕版印刷和活字印刷体验为多，而有关体验古籍修复方面的活动则较少，这也许是因为相比起修复实践，印刷、装帧等体验活动较容易开展、操作较简单，参与者更容易沉浸其中，成品也更容易出效果，而效果较好的成品又能提升参与者的积极性，增加参与粘性。

表2　2023年江苏4家公共图书馆古籍体验活动的内容形式

活动形式 / 机构	印刷	装帧	修复	其他
南京图书馆	√		√	√
无锡图书馆	√	√	√	√
苏州图书馆	√	√		√
宿迁图书馆	√	√		

此外，由于受到场地、材料、经费等因素的限制，每次古籍体验活动参与的人数并不多，基本控制在5个家庭左右，加之活动的目标群体一般年龄较小，有时甚至将参与者的年龄限制在16岁以下，这使公共图书馆开展的古籍体验活动产生的社会影响力不大，很难引发广泛关注。

（三）古籍文创同质化严重，宣传与销售渠道单一

虽然江苏的部分公共图书馆已在基于馆藏资源开发文创产品，但许多市级图书馆的馆藏特色还没有得到充分利用。各图书馆的营销模式也较单一，一

般仅在馆内或活动中线下销售本馆的古籍文创，通过线上微店销售的还是少数；而且图书馆对其产品的宣传也有待加强，除了小部分读者外，许多人并不知道哪些图书馆开发了古籍文创产品，也不清楚有哪些系列的古籍文创正在销售。

此外，从南京图书馆、苏州图书馆和无锡市图书馆的文创产品来看，产品间的同质化较为严重，大部分是将馆藏古籍元素直接或作简单排版后印在帆布包、书签、笔记本等日用品、饰品之上，各系列产品所用载体缺乏创意，较难引起消费者的购买欲望。

四、江苏图书馆对古籍宣传推广工作的发展优化

江苏省各省市级公共图书馆在近几年的古籍宣传推广工作中不断优化自身，从中可以窥见其未来的发展趋向。

在举办古籍展览方面，江苏各公共图书馆不断加强馆际合作，并与其他社会机构、当地古籍收藏单位进行深入交流，共同策划举办古籍展览，使展品内容更加丰富；而在数字化的大环境中，为了能给予观众深刻的印象、达到古籍知识推广普及的理想效果，江苏各公共图书馆正在努力探索“古籍展览 +X”模式，利用视频、动画等形式来对古籍背后的故事进行展示，增加观赏性，用多样的展示方式吸引参观者。

在开展活动方面，江苏省古籍藏量较大的公共图书馆正在探索更多的活动主题，将体验活动从古籍印刷、装帧等内容扩展到其他领域，例如南京图书馆就将古籍目录卡片制作与读者体验活动相结合，苏州图书馆结合当地的非遗技艺开展了桃花坞木刻年画体验；一些古籍藏量较少的公共图书馆也逐渐开展了古籍印刷、装帧等体验活动，将古籍的宣传体验纳入了自己的业务范围。

在文创产品开发方面，江苏部分公共图书馆努力挖掘馆藏古籍的文献价值和艺术价值，通过创意设计赋予产品美感与实用性；江苏各公共图书馆也在逐步拓宽古籍文创产品的销售渠道，运用各种新媒体平台开展宣传推广，利用各种活动、节日发布相关主题的古籍文创，增加产品知名度，扩大产品影响力。

此外，发掘古籍资源、促进文旅融合也是公共图书馆不可忽视的一项工作，江苏作为一个有着历史沉淀的地区，具有文化与旅游相融合的有利条件，南京图书馆已打造了文旅融合的阅读推广品牌——“文化走读”，在这一品牌

的古籍篇里将馆藏古籍和明城墙等南京当地文化景点相结合，通过讲解等方式将古籍中蕴含的文化内容融入人们的旅行，以达到宣传古籍中所蕴含地方文化的目的。

五、结语

通过对江苏部分公共图书馆古籍宣传推广情况进行调查统计，可以看到江苏省公共图书馆在古籍保护宣传推广方面已经取得了许多成果。江苏各公共图书馆通过古籍展览、古籍体验活动、古籍新媒体宣传、古籍文创产品开发等方式，多渠道、多方式地进行古籍的大众化传播，向公众呈现古籍中蕴含的传统文化和精神内涵，让古籍中的文字“活”起来，虽然还存在着各馆古籍线下活动开展情况差距大、古籍体验活动形式相似度高、文创产品同质化等问题，但各公共图书馆已在实践中积极优化改进，充分发挥自身馆藏优势，不断推进古籍保护与利用工作的开展。

（李铭晖，天津师范大学历史文化学院/古籍保护研究院2022级古籍保护学硕士研究生）

参考文献：

[1] 中国政府网．中共中央办公厅 国务院办公厅印发《关于推进新时代古籍工作的意见》[EB/OL].（2022-04-11）[2024-02-11]. http://www.gov.cn/zhengce/2022-04/11/content_5684555.htm.

[2] 国家新闻出版署.2021—2035年国家古籍工作规划[EB/OL].（2022-10-12）[2024-02-11]. http://china.gansudaily.com.cn/system/2022/10/12/030642491.shtml.

[3] 江苏省文化和旅游厅．《关于推进新时代古籍保护工作任务分工方案》[EB/OL].（2023-01-10）[2024-02-11]. http://wlt.jiangsu.gov.cn/art/2023/1/10/art_48956_10723499.html.

[4] 李巍，黄英，郭春玲．基于“中华古籍保护计划”的古籍传承性保护利用[J]. 图书馆，2021，(10)：90-95.

编 后 记

王振良

2024年2月1日至2日，习近平总书记来到天津，深入农村、历史文化街区、革命纪念馆考察调研。总书记天津讲话指出：中国式现代化离不开优秀传统文化的继承和弘扬，必须在推动文化传承发展上善作善成，而且要以文化人、以文惠民、以文润城、以文兴业。

作为优秀传统文化的重要载体，中华古籍的保护特别是传承性保护，显然在中国式现代化过程中，将扮演越来越重要的角色。如何深刻把握传统文化传承发展的内在规律，找准并打通古籍保护与现代生活的链接通道，已是古籍保护事业需要面对的重大课题。《古籍保护研究》第14辑的编辑，即希望对此作出一些探索和回应。本辑共刊出稿件24篇，分别纳入9个专栏。

“古籍保护综述”专栏刊文2篇。庄秀芬《首届古籍保护人才发展论坛综述》，对2023年6月27日至28日在苏州举办论坛进行了全方位介绍。论坛分为主旨报告、分论坛研讨两大板块，其中分论坛又包括公共图书馆分论坛、高等院校分论坛、社会组织分论坛三场。来自全国31个省、自治区、直辖市公共图书馆、高校图书馆及社会团体的百余名专家学者，围绕古籍保护学科建设、创新古籍保护人才培养形式、古籍保护人才职业发展路径、社会力量如何参与古籍保护人才培养等问题进行了深入研讨，其中部分观点和设想为今后古籍保护人才培养提供了可资借鉴的思路。安平《江流万古　文润千年》是2023年中华传统晒书活动综述。中华传统晒书活动于2019年启幕以来社会反响良好，2023年国家图书馆（国家古籍保护中心）继续在全国范围号召，以“江流万古　文润千年”为主题组织晒书活动。文章梳理了2023年活动开展的基本情况，总结了活动特色亮点与社会成效，同时肯定了宣传推广工作中，各古籍收藏单位在转变思想、贴近群众、推陈出新方面进行的有益探索。

"探索与交流"专栏刊文1篇。罗利曼、刘汝诺《贵州省民族院校古籍保护学科建设的实践与探索》梳理了古籍保护学科的定位与归属问题，缕述了贵州省民族院校古籍保护学科建设的基础与现状，同时指出学科建设和人才培养过程中面临的困境。文章认为在新时代背景下，贵州省民族院校应结合地方古籍保护工作特点，加快推进古籍保护学科的构建，朝着优化古籍学科专业布局、深化民族古籍保护学科理论、加强学科交叉融合、探索多单位联合培养模式等方向发展，以培养适应时代需求的古籍专业人才队伍。

"王重民研究"专栏刊文5篇。王重民是著名文献学家、版本目录学家和图书馆学家，对其研究是中国目录学理论与历史研究的重要课题。本组论文均为姚伯岳主持的国家社科基金一般项目"王重民生平与学术思想研究"（19BTQ054）成果，其中除李思文一篇外，还都在2023年10月北京大学信息管理系举办的"王重民先生诞辰120周年纪念大会"上交流过。姚小燕《21世纪以来的王重民研究述略》，综合评述并客观归纳了21世纪以来王重民研究的主要进展。20世纪80年代，刘修业及王重民的友生从目录学、图书馆学、敦煌学等角度，刻画了其辉煌学术成就和崇高道德情操。21世纪以来，随着2003年"纪念王重民先生诞辰100周年学术研讨会"举办，学界对王重民生平与学术越来越关注，研究逐步向纵深化、专精化发展。李超然《王重民目录学教学述略》，探讨了王重民在北京大学图书馆学系创办过程中付出的巨大心血，其撰写讲义、授课教学、带领学生实践学习等，对目录学理论框架的奠定、目录学学科的建设、中国目录学史的研究，都发挥了重要作用。研究其目录学教学实践及讲义，总结其目录学教学及在此过程中产生的目录学思想，对全面认识王重民具有积极意义。王宝森《王重民撰〈续修四库全书总目提要〉与〈中国善本书提要〉比较研究》，针对王重民参与撰写的《续修四库全书总目提要》及撰写的《中国善本书提要》，从撰写背景、时间、文献存藏来源、体例、著录特点及影响等方面进行比较研究，认为其不同时期撰写的两种不同模式古籍提要，既有一定的延续性，又有各自的风格特点，在吸收清代以来古籍提要体例特点基础上，根据撰写实际作了变革创新。李思文《王重民古籍版本辨伪研究——以普林斯顿大学葛思德东方图书馆为例》指出，20世纪40年代，王重民到美国普林斯顿大学整理流失海外的中国善本书，通过撰写提要等方式揭示了这批珍贵的中国古籍收藏。文章通过全面整理、归纳、分析相关内容，总结了王重民对葛思德东方图书馆藏古籍在版本辨伪方面所作的贡献。殷雅琪、周余姣《王重民〈清代两个大辑佚书家评传〉考略》，对王重民在辑佚学研究方面的建树进行探讨。王重民发表有九篇探讨辑佚工作和辑佚学家的文章，以《清代两个大辑佚书家评传》最为精深。章宗源和马国翰均为清代辑佚大家，在辑佚学界流传有“马窃章”之说，王重民对此进行讨论并加以辩驳。文章通过查阅王重民与王献唐往来手札，还原了《清代两个大辑佚书家评传》形成经过，并以此为例探讨王重民辑佚研究实绩，认为其辑佚研究思路和方法可启迪后人。

“修复与装潢”专栏刊文5篇。王岚《古籍书签修复初探》指出，古籍书签是记录书名、卷次等信息的重要标识，破损古籍书签会随书体病害呈现缺损、污渍、粘连等损伤。对于纸质书签，修复时需进行揭纸、修补、托纸、压平等操作。而对于绢质等丝织品书签，因材料更薄软，老化后趋于糟朽，边缘常有丝线脱出，揭签过程中容易拉抻变形，修复时需采用薄皮纸代替绢等，对破损处进行接补，以解决脱丝问题，起到加固作用的同时，可有效还原书签原貌。袁坤《严重褶皱古籍整体平整的修复方法》，以浙江省博物馆藏《钱氏宗谱》修复为例，探索古籍严重褶皱情况下的修复方法。文章认为传统古籍修复虽有较为完备流程，但遇到特殊状况修复效果并不理想。如《钱氏宗谱》整体褶皱变形严重，前后书叶破损，而且开本大、尺寸厚、页数多，病害种类复杂，传统方法难以达到预期修复目的。经过专业咨询和实践探索，最终有效完成这部褶皱严重古籍的平整，对同类境况古籍修复具有借鉴意义。崔志宾《古籍絮化书叶的修复实践及拓展思考》指出，絮化是较为复杂的古籍破损问题之一，目前业界普遍采用托裱加固技术来处理，但对于加固材料、加固程度等并无规范性指导。文章结合典型絮化的明抄本《法书要录》修复过程，明确了絮化古籍的修复原则、修复材料及修复后的质量评估等，并针对加固方式、加固材料选择、加固程度等问题进行了探索与思考。霍艳芳、薛艳春、杨林玫《知往鉴今　以启未来——古籍修复档案管理与利用现状》认为，古籍修复档案作为修复过程的原始记录，具有极大的凭证价值和参考价值，对于古籍本体、古籍收藏单位及古籍修复事业的发展至关重要。文章基于调研发现，不同图书馆的修复档案各有特色，但也存在建设步伐缓慢、记录不完整和不规范、管理和保管不科学、数字化平台各自孤立、利用程度低等问题，建议从加大对古籍保护工作支持力度、建设技术过硬的修复队伍、制定完善的法规标准和制度、加强全国性数字化平台共建共享、深化修复档案开发利用等方面改进。夏阳洋、蔡梦玲《中日韩传统书籍装帧形式比较研究》指出，早期的日本和古朝鲜书籍均以汉字书写，且中日韩三国传统书籍装帧形式具有很大相似性，给相关的古籍版本鉴定和保管、修复、装裱等带来挑战。文章在分析中日韩书籍从卷轴到册页，再到西式装帧的整体发展脉络基础上，梳理了中日韩三国因文化偏好、市场需求、材料特性、技术发展等因素形成的不同装帧形式及特点。通过认识中日韩书籍装帧形式的不同文化和技术特征，不仅能为东亚古籍的版本鉴定、保管、展览、修复等提供参考，而且可在借鉴日本、韩国传统书籍装帧特点基础上，开展当代书籍装帧设计，进而实现东亚传统装帧文化可持续发展。

“保藏与利用”专栏刊文3篇。赵大莹、刘炳梅《古籍特藏文献安全利用刍议》认为，在古籍特藏文献提取和使用过程中，取、放、翻、收等动作都须规范。文章以非纸本文献以及纸本文献中的单张、折叠、卷轴、册叶等为例，通过详细描述操作细节，藉此总结经验教训，为安全利用纸质与非纸质善本特藏文献提供借鉴，以促进文献长久保存。杨鑑、单亦姣《新时代古籍战备装具初探》从传统古籍装具存在的问题出发，对跨领域、跨行业整合航天技术资源支撑古籍保护事业目标的可行性进行实证。文章探讨了利用航天器防烧蚀隔热技术、北斗通信定位技术、新型复合材料技术、飞行器轻质高强度设计技术、航天密封技术与低氧气调技术、分布式数字化管理技术等航天技术的集成化设计，完成古籍战备装具创新研发并形成古籍整体战备库系统解决方案。吴娱、段筱筱《泰然阁古籍收藏初探》调查指出，甘肃省庆阳市泰然阁私人古籍收藏，超过所在市（县）公共图书馆所藏古籍总量，其间包括稀见的明刻本、晚清民国的医书抄本、地方文人的稿抄本，还有文化价值和学术价值较高且存世颇少的丛书等。文章认为泰然阁编有古籍藏书目录，而且大多记录有书籍来源，作为当代民间古籍藏书实例，其古籍收集、编目、保管、利用等情况值得关注与研究。

“再生与传播”专栏刊文2篇。高雅、王君婕《大汉雄风——上海图书馆藏汉碑善本展运营工作报告》，介绍了这次碑帖展览运营让“冷门绝学”登上大众舞台的经验。上海图书馆动员社会力量，构建“馆员＋志愿者”服务团队，为展览顺利进行保驾护航。出于传播普及金石文化目的、满足观众获取相关知识的需求，展览在线下推出多种公众导览模及专家讲堂，在线上制作相关视频、数字展览、专业图录以扩大影响，形成前所未有的“金石热”。展览还设计有多种配套文创，拉近了观众与碑帖文化的距离。许甜新、褚静《以文化共性实现海外共情——对古籍海外传播的探究与思考》指出，作为国家重要的文化遗产，古籍所承载的内容与思想不仅有民族性，也具世界性，其蕴含的智慧与财富对当代中国与世界发展都具有不可忽视的作用。而唤醒古籍文化特质并推动其海外传播，仍是当前古籍研究与保护实践的薄弱环节。鉴于文化共性的客观存在以及古籍海外传播的现状，文章建议从文化共性角度出发，为古籍海外传播寻找新的出路与方向。

"版本与鉴赏"专栏刊文 4 篇。易晓辉、林世田《BD00721〈金刚般若波罗蜜经〉真伪鉴定略谈》指出，敦煌遗书在流传过程中出现过一些伪卷，对此学界已有辨别真伪的全面方法。但对于极少数精心作伪的经卷，传统方法仍难以形成确切结论。文章围绕国家图书馆藏 BD00721《金刚般若波罗蜜经》辨伪过程展开，最初方广锠对此卷提出疑问，但因依据不足无法定论。2024 年 1 月，借助《中国国家图书馆藏敦煌文献》出版审定，国家图书馆古籍馆组织专家对其展开专题研讨，现场查看经卷外观及装帧特征，并提取碎片样品进行纤维显微分析，明确纸张为新制桑皮纸，并无敦煌纸张应有的纤维老化特征和纸张加工特征，从而断定此卷为"通卷作伪"。安琪《宋写本〈放光般若波罗蜜经卷〉述略》指出，中国历代写本藏经传世不多，宋人写经更是凤毛麟角。贵州省博物馆藏宋写本《放光般若波罗蜜经卷》，内容为《问摩诃衍品第十九》《陀邻尼品第二十》两篇。文章对该写本进行了初步探讨和赏鉴，认为其书法特点为楷体书写，笔画规整，明确可辨，给人带来平衡和谐的美感。而卷内之李恩庆、周寿昌、徐树铭、乐嘉荃钤印或题跋，则增加了写本的文献价值。刘晓丽《常熟周大辅鸽峰草堂抄本补考》一文，在郑伟章《常熟周大辅鸽峰草堂钞书藏书知见录》基础上，新发现中国科学院图书馆藏周氏鸽峰草堂抄本 13 种。这些抄本据以抄录、校勘的底本大多源自藏书名家，如惠氏红豆斋、丁氏八千卷楼、劳氏丹铅精舍、刘氏味经书屋、瞿氏清吟阁等，而且书中皆有周大辅校勘记，朱笔钩改，浮签甚多，具有较高文献价值。袁涛《中国国家图书馆藏宋蜀刻本〈李太白文集〉补配考》指出，国家图书馆藏朱之赤旧藏宋蜀刻三十卷本《李太白文集》今存二十卷，所缺卷一五至二四以清康熙五十六年缪曰芑影宋蜀刻本补配。国家图书馆出版社影印《中华再造善本》和《国学基本典籍丛刊》时据以收录。文章调查发现，配补的缪刻本版本面貌极不纯粹，实为书贾利用缪刻后印本，描润行栏断口痕迹、除去卷末重刊字样、涂改若干异文、替换个别版叶、钤盖朱之赤藏书伪印以冒充宋刻之本。书贾为冒充宋本，有将缪刻本改正宋本讹误之处又改回者,故补配本无法反映缪刻本原貌。

"书评与书话"专栏刊文1篇。《松荫轩藏印谱简目》是揭示松荫轩所藏印谱文献的目录书,2022年由复旦大学出版社出版。吴格《〈松荫轩藏印谱简目〉前言》,考察了这部简目的内容、印谱文献的发展源流、印谱文献的收藏与编目等,同时介绍了松荫轩主人林章松对印谱文献收藏的贡献,以及复旦大学"印藏"数据库建设进展情况等。

"研究生论坛"专栏刊文1篇。李铭晖《江苏省公共图书馆古籍宣传推广现状调查与思考》调查了江苏省公共图书馆古籍宣传推广工作现状,从古籍展览、体验活动、新媒体宣传、文创产品开发等方面,分析了其间面临的挑战及其自身发展优势,意在总结经验教训,探索古籍宣传推广的创新路径。

时值清明,窗外春光明媚。摩挲众文,浮想联翩,忽然意识到本辑恰是天师大古保院接手本刊后编辑的第十辑。昔日筚路蓝缕,而今本刊编辑阵容强大,稿源充沛,作者队伍也呈现年轻化趋势,本辑在读博士、硕士研究生甚至本科生作者即达7人之多,古籍保护事业后继有人。展望前景,内心充满了希望。

2024年4月4日